POTSDAM

Mit Ausflügen nach Werder und ins Havelland

Kristine Jaath

4.5. - 6.5. 2017
Pfaueninsel
P. Barberini

1. Auflage 2014

Trescher Verlag
Reinhardtstr. 9
10117 Berlin
www.trescher-verlag.de

ISBN 978-3-89794-272-1

Herausgegeben von Bernd Schwenkros und
Detlev von Oppeln

Reihenentwurf und Gesamtgestaltung:
Bernd Chill
Lektorat: Sabine Fach
Mitarbeit: Johanna Bohnsack-Fach
Stadtpläne und Karten: Johann Maria Just,
Martin Kapp
Druck: Druckhaus Köthen

Gedruckt auf chlorfrei gebleichtem Papier

Printed in Germany

Alle Angaben in diesem Reiseführer wurden sorgfältig recherchiert und überprüft. Dennoch können Entwicklungen vor Ort dazu führen, dass einzelne Informationen nicht mehr aktuell sind. Gerne nehmen wir dazu Ihre Hinweise und Anregungen entgegen. Bitte schreiben Sie an **post@trescher-verlag.de**.

ANNÄHERUNG AN POTSDAM

STADTSPAZIERGÄNGE

AUSFLÜGE IN DIE UMGEBUNG

POTSDAM-INFORMATIONEN

ANHANG

Essays

Im Holländischen Viertel

Vorwort

Für viele zählt Potsdam zu den schönsten Städten in Deutschland. Von zahlreichen Seen und den sanften Hügeln des Havellands umgeben, liegt die brandenburgische Landeshauptstadt eingebettet in einem märchenhaften Flickenteppich aus Wasser und Land. Brandenburgische Kurfürsten, preußische Könige und deutsche Kaiser ließen hier prachtvolle Residenzen erbauen – ein ›preußisches Arkadien‹, dessen Schlösser- und Gartenlandschaften heute Teil des Weltkulturerbes der Menschheit sind.

Große Baumeister, Künstler und Einwanderer aus vielen Ländern haben in der Havelmetropole ihre Spuren hinterlassen. Neben der barocken und klassizistischen Innenstadt legen das Holländische Viertel, die böhmische Weberkolonie Nowawes oder die russische Kolonie Alexandrowka Zeugnis ab von der sprichwörtlichen Toleranz, wie sie in einer berühmten Sentenz von König Friedrich dem Großen Ausdruck gefunden hat: ›Hier muss ein jeder nach seiner Fasson selig werden!‹

Die ›Insel Potsdam‹, wie man das in allen vier Himmelsrichtungen von Wasser umzogene Stadtgebiet nennt, ist aber nicht nur eine an bedeutender historischer Gebäude- und Landschaftsarchitektur reiche Stadt. Mit dem Studio Babelsberg schaut sie auf über 100 Jahre Filmgeschichte zurück, und ein spannender Blick hinter die Kulissen der Filmproduktion darf bei einem Potsdam-Besuch nicht fehlen. Als traditionsreicher Standort für Wissenschaft und Forschung spielt die Havelmetropole bereits seit der Einweihung des Astrophysikalischen Observatoriums 1874 international in der ersten Liga, aktuell mit weltweit führenden High-Tech-Institutionen der Geo- und Klimawissenschaften. Die Universität Potsdam, die Fachhochschule und auch die Hochschule für Film und Fernsehen ziehen junge Menschen von überall her zum Studium an den Havelstrand.

Und auch das kulturelle Angebot kann sich sehen lassen. Ob Hochkultur oder Off-Szene, ob für Kunstbeflissene, Musikliebhaber oder Partygänger, der Veranstaltungskalender der brandenburgischen Landeshauptstadt ist über das Jahr prall gefüllt – gekrönt von der Potsdamer Schlössernacht, wenn an einem lauschigen Sommerabend vor der Kulisse der prächtig illuminierten Schlösser im Park Sanssouci Konzerte, Tanz und Theater zur Aufführung kommen.

Ein Vierteljahrhundert nach dem Fall des Eisernen Vorhangs sind die Narben, die die innerdeutsche Teilung verursacht hat, im Stadtbild immer noch auszumachen; gleichwohl unentwegt irgendwo Neues entsteht, DDR-Erbe abgerissen und Historisches nach alten Plänen wieder aufgebaut wird. Stets begleitet von lebhaften Diskussionen ist die preußische Paradestadt Potsdam, im Spannungsfeld zwischen Tradition und Moderne, mittlerweile eine Stadt auf der Überholspur geworden.

Potsdam wächst, wirtschaftlich und – selten in Ostdeutschland – sogar demografisch. Denn nirgendwo lebt man so gerne in Brandenburg wie in der bildschönen Landeshauptstadt. ›Ein Ensemble voller Poesie‹, hat sie der Verleger und Publizist Wolf Jobst Siedler einmal genannt, ›diese Welt zwischen dem Heiligen See und dem Jungfernsee und den milde sich weitenden Buchten der Havel‹. Landschaftlich zauberhaft. Als Stadt viele Reisen wert.

Herausragende Sehenswürdigkeiten

▲ Park und Schloss Sanssouci
Die legendäre Sommerresidenz König Friedrichs des Großen und der gleichnamige Park mit seinen zahlreichen weiteren majestätischen Bauwerken ist ein Höhepunkt jedes Potsdam-Besuchs. (→ S. 76)

Neuer Garten
Den traumhaft gelegenen Park und seine Schlösser ließ König Friedrich Wilhelm II. schaffen. Das Marmorpalais ist ein Juwel des preußischen Frühklassizismus. Im Schloss Cecilienhof wurde mit dem ›Potsdamer Abkommen‹ der drei Siegermächte 1945 Weltgeschichte geschrieben. (→ S. 112)

▲ Park und Schloss Babelsberg
Die Lieblingssommerresidenz Kaiser Wilhelms I. am östlichen Havelufer gehört wie Sanssouci und der Neue Garten zum Weltkulturerbe der Menschheit. (→ S. 139)

Alter Markt
Mit der imposanten klassizistischen Nikolaikirche und dem rekonstruierten historischen Stadtschloss, 2014 als Landesparlament neu eingeweiht, zählt der Alte Markt zu den bedeutendsten Sehenswürdigkeiten in der Potsdamer Innenstadt. (→ S. 56)

▲ Holländisches Viertel
Vier Karrees mit 134 roten Giebelhäuschen im typisch holländischen Stil legen ein malerisches Zeugnis der Besiedlungsgeschichte Potsdams im 18. Jahrhundert ab. (→ S. 69)

Krongut Bornstedt
Mustergut der Hohenzollern und romantisches Ensemble zu Füßen von Sanssouci, das König Friedrich Wilhelm IV. erbauen ließ. Auf dem Bornstedter Friedhof sind bedeutende Persönlichkeiten der preußischen Geschichte begraben. (→ S. 96)

Russische Kolonie Alexandrowka
Ein Stückchen Russland, das für die russischen Sängersoldaten unter König Friedrich Wilhelm III. in Gestalt von pittoresken Blockhäusern Gestalt annahm. (→ S. 105)

Pfingstberg
Die klassizistische Doppelturmanlage des Belvedere auf dem Pfingstberg bietet eine atemberaubende Aussicht auf Potsdam, Berlin und das Havelland. Ihr zu Füßen liegen die vornehmen klassizistischen Villen der Nauener Vorstadt, in der DDR Teil der ›Verbotenen Stadt‹. (→ S.106)

▲ Weberkolonie Nowawes
Über 100 erhaltene Kolonistenhäuschen in Babelsberg erzählen die Geschichte der böhmischen Weber und ihre preußische Immigration. (→ S. 145)

Telegrafenberg ▶
Seit dem letzten Drittel des 19. Jahrhunderts wird auf dem Telegrafenberg Wissenschaftsgeschichte geschrieben. Historische Einrichtungen der Astrophysik von Weltrang und heute international führende Institutionen auf dem Gebiet der Geo- und Klimaforschung geben sich dort ein Stelldichein. (→ S. 167)

◀ Studio und Filmpark Babelsberg
Die Filmproduktionsstätten von den Anfängen vor über 100 Jahren bis in die High-Tech-Gegenwart lassen sich im Rahmen einer spannenden Führung besichtigen. Nebenan bietet der Filmpark Babelsberg Abenteuer für die ganze Familie rund um die Filmherstellung. (→ S. 158)

▲ Potsdams schöne Umgebung
Von Caputh mit dem Barockschloss des Großen Kurfürsten und dem Sommerhaus Albert Einsteins über die Malerkolonie in Ferch am Schwielowsee bis hin zu den Obstmuckern und Weinbauern in der Blütenstadt Werder – kaum irgendwo sonst rücken weltberühmtes Kulturerbe, wunderschöne Natur und herrliches Freizeitvergnügen näher zusammen als in Potsdams näherer Umgebung. (→ S. 178)

Hinweise zur Benutzung

Der Überblick über die **Herausragenden Sehenswürdigkeiten** (→ S. 10/11) zeigt, was man auf keinen Fall verpassen sollte.
Das Wichtigste in Kürze (→ S. 13) gibt einen schnellen Überblick über Anreisemöglichkeiten, Informationsstellen und Telefonnummern sowie die öffentlichen Verkehrsmittel in Potsdam.
Im Anschluss beleuchtet eine **Annäherung an Potsdam** (→ S. 14) Naturraum und Geografie sowie die Geschichte und Architektur der Stadt. Desweiteren werden Kultur, Politik, Wirtschaft und Arbeit, Forschung und Wissenschaft vorgestellt; und selbstverständlich darf auch das Potsdamer Tag- und Nachtleben nicht fehlen.
Danach entführen ausführliche **Stadtspaziergänge** (→ S. 50) in die historische Innenstadt, in die sehenswerten Vorstädte und die berühmten Parks Sanssouci, Neuer Garten, Babelsberg und Klein-Glienicke mit ihren zahlreichen Schlössern und Parkbauten. Jedem dieser Spaziergänge ist ein eigener **Informations-Anhang** nachgestellt, der kurz und kompakt jeweils alle Kontaktdaten und Öffnungszeiten zu den erwähnten Sehenswürdigkeiten auflistet.
Anschließend führen **Ausflüge in die Umgebung** (→ S. 176) ins schöne Havelland rund um Potsdam.
Der folgende Abschnitt **Potsdam-Informationen** (→ S. 194) bietet ausführlich alles reisepraktisch Wissenswerte von Anreise und Auskunftsstellen über Essen und Trinken bis hin zu ÖPNV und Unterkünften, außerdem eine Fülle an Tipps zu Festen und kulturellen Veranstaltungen, zum Ausgehen, zu Freizeitaktivitäten und zum Aufenthalt mit Kindern. Im selben Abschnitt finden sich ferner, alphabetisch sortiert und mit Adressen, Öffnungszeiten und Kurzinformationen, sämtliche bedeutenden Museen und Gedenkstätten, Kirchen, Schlösser und andere Sehenswürdigkeiten auf einen Blick.

Zeichenlegende

- Allgemeine Informationen
- Museen, Galerien, Ausstellungen
- Theater, Kino, Konzerthäuser
- Restaurants und Cafés
- Hotels, Gästehäuser
- Campingplätze, Wohnmobilplätze
- Badestellen, Strandbäder
- Bootsverleih
- Fährverkehr, Schiffstouren

Glienicker Lake und Park Babelsberg

Das Wichtigste in Kürze

Anreise

Auto: Auf drei Seiten ist der Großraum Potsdam in einem weitläufigen Bogen von der Autobahn A10 (Berliner Ring) umzogen und damit an das internationale Autobahnnetz angeschlossen.
Bus: Einmal täglich ist Potsdam durch die Fernbusse von BerlinLinienBus (blb) mit München, Nürnberg, Bayreuth und Leipzig verbunden.
Fahrplanauskunft, Tickets: www.berlinlinienbus.de und blb-Hotline 030/3384480.
Bahn: Potsdam ist über den Berliner Hauptbahnhof an das Fernliniennetz (ICE, EC) der Deutschen Bahn (DB) angebunden.
Flugzeug: Wer sich Potsdam aus der Luft annähern möchte, fliegt einen der beiden Berliner Flughäfen Tegel (TXL) oder Schönefeld (SXF) an. Von Schönefeld aus geht stündlich ein Regionalzug nach Potsdam.
Boot: Die Hauptstadt des wasserreichsten Bundeslands lässt sich selbstverständlich auch mit dem Boot ansteuern. Über Havel, Oder, Elbe und die Mecklenburgische Seenplatte sind Anfahrten mit dem Motorboot möglich.
Rad: Der internationale Europaradweg R1 von Calais nach St. Petersburg führt auch durch Potsdam. Als Wegbezeichnung dient ein weißes Schild mit der grünen Beschriftung ›R1‹. Ein bewährter Ansprechpartner für alle Belange rund ums Radeln ist der ADFC, Landesverband Brandenburg, Gutenbergstraße 76, 14467 Potsdam, Tel. 0331/2800595, www.brandenburg.adfc.de.

Informationen

Zur Vorbereitung der Reise steht den Potsdam-Besuchern schriftlich und telefonisch die Hauptstelle des Potsdam Tourismus Service zur Verfügung.

Potsdam Tourismus Service, Am Neuen Markt 1 – Kabinetthaus, 14467 Potsdam, Tel. 0331 27558899 (Informationen und Buchungen), www.potsdamtourismus.de.
Alles Wissenswerte zu Potsdams königlichen Schlössern und Gärten erfährt man in den beiden Besucherzentren der ›Stiftung Preußische Schlösser und Gärten Berlin-Brandenburg‹ und im Internet unter www.spsg.de.
Besucherzentrum an der Historischen Mühle, An der Orangerie 1, 14469 Potsdam, Tel. 0331/9694200.
Besucherzentrum am Neuen Palais, Am Neuen Palais 3, 14469 Potsdam, Tel. 0331/9694200.

Öffentliche Verkehrsmittel

Potsdam lässt sich sehr gut mit öffentlichen Verkehrsmitteln entdecken. Für die Besucher der Stadt sind mehrere Bus- und Tramlinien, ausgehend vom Hauptbahnhof, so eingerichtet, dass sie die größten touristischen Sehenswürdigkeiten unkompliziert miteinander verbinden.

Wichtige Telefonnummern

Vorwahl Potsdam: 0331
Polizei: 110
Feuerwehr: 112
Kassenärztlicher Notfalldienst: Potsdam-Nordbereich: 01805 582223100 (12 Cent/Minute), Potsdam-Südbereich: 01805 582223110 (12 Cent/Minute)
Privatärztlicher Notfalldienst: 01805 304505 (12 Cent/Minute)
Ärzte- und Apothekenbereitschaft: www.info-potsdam.de/notdienst.html
Sperr-Notruf EC-/Kreditkarten: 116116

Ausführliche reisepraktische Hinweise bieten die **Potsdam-Informationen** (→ S. 194).

»Wer in hundert Jahren von unseren Zeitgenossen wieder auferstehen könnte, der würde unseren Erdboden nicht mehr wiedererkennen.«

König Friedrich der Große im Jahr 1782 in einem Brief an den französischen Mathematiker, Physiker und Philosophen der Aufklärung Jean-Baptiste le Rond d'Alembert

ANNÄHERUNG AN POTSDAM

Der ehemalige Marstall beherbergt das Filmmuseum

Zahlen und Fakten

Name: Potsdam.
Status: Hauptstadt des Bundeslands Brandenburg.
Fläche: 188 km².
Höchste Erhebung: Kleiner Ravensberg, 114 m üNN.
Tiefster Punkt: die Havelgewässer (mittlerer Wasserspiegel 29 m üNN).
Flüsse im Stadtgebiet: Havel und Nuthe.
Größte Seen im Stadtgebiet: Templiner See (511 ha), Fahrländer See (250 ha), Schlänitzsee (135 ha), Jungfernsee (127,7 ha).
Einwohner: 161097 (2013)
Bevölkerungsdichte: im Durchschnitt 848 Einwohner pro km².
Religion: 14,5 % evangelisch, 4,7 % katholisch, ca. 600 Menschen jüdischen Glaubens, ca. 300 Menschen muslimischer Glaubensrichtungen.
Erwerbstätige: 79.226 (2012).
Arbeitslosenquote: 7,5 % (2013).
Partnerstädte: Bobigny (Frankreich), Bonn (Deutschland), Jyväskylä (Finnland), Luzern (Schweiz), Opole (Polen), Perugia (Italien), Sioux Falls (USA).
Politik: Stadtoberhaupt ist der für acht Jahre gewählte Oberbürgermeister, seit 2010 im Amt ist Jann Jakobs (SPD). Oberstes Beschlussorgan und Vertretung der Bürgerinnen und Bürger ist die Stadtverordnetenversammlung. Sie wird alle fünf Jahre gewählt, zuletzt 2014.
Stadtwappen: roter Adler mit schwarzem Schnabel und Krallen auf goldenem Grund, am oberen Schildrand eine zinnenbewehrte Mauerkrone.
Stadtflagge: quer verlaufender Streifen Rot und Gold mit dem Potsdamer Wappen im Zentrum.

Flaggen vor dem Landtagsschloss

Blick über die Havel, im Hintergrund die ›Moschee‹, ein Pumpwerk für Sanssouci

Geografie und Geologie

Fischerdorf slawischen Ursprungs und älter als die benachbarte Millionenmetropole Berlin, bedeutende Garnisonsstadt Preußens, Wohnsitz des Adels in traumhafter Lage, glanzvolle Residenz preußischer Könige und deutscher Kaiser, die auf engstem Raum bald zwei Dutzend Schlösser in großartigen Parkanlagen hinterlassen haben. Weltkulturerbe, eingebettet in die anmutige Landschaft der Havelseen – so manchen überkommt beim Anblick der brandenburgischen Landeshauptstadt die Schwärmerei. Kaum eine andere deutsche Stadt wurde noch bis ins 20. Jahrhundert hinein so fundamental von den persönlichen Vorstellungen ihrer Herrscher geprägt. Die Könige und Kaiser der Hohenzollern ließen ihre Havelresidenz als barockes und klassizistisches Kleinod erschaffen, Höchstmaß all dessen, was Preußen jemals an Liebreiz hervorgebracht hat, oder anders ausgedrückt: eine abenteuerliche Zusammenschau aus Traum und Wirklichkeit.

Wie aber leben die Potsdamer in all dieser Schönheit? Hier die nüchternen Fakten:

Die brandenburgische Landeshauptstadt mit dem Sitz von Parlament und Regierung liegt südwestlich im Großraum Berlin und hat somit ein Einzugsgebiet von gut vier Millionen Menschen. Administrativ ist sie unterteilt in die acht Stadtbezirke Potsdam Nord, Nördliche Vorstädte, Westliche Vorstädte, Innenstadt, Babelsberg, Potsdam Süd, Am Stern/Drewitz sowie die neun ländlichen Ortsteile Eiche und Grube und seit der Eingemeindung 2003 außerdem Marquardt, Uetz-Paaren, Fahrland, Neu Fahrland, Satzkorn, Golm und Groß Glienicke; womit es Potsdam auf ein Stadtgebiet von insgesamt 188 Quadratkilometern bringt.

Darauf verteilten sich 2013 161097 Einwohner, Tendenz steigend. Die Landeshauptstadt wächst, sogar schneller als bisher angenommen. Es ziehen mehr Menschen hin als fort und es werden mehr Geburten als Sterbefälle gezählt.

Portal der Alexander-Newski-Kapelle

Erstaunlich gering für eine Stadt mit einer langen Einwanderungsgeschichte bleibt lediglich ihr Ausländeranteil, der sich auf nur 4,6 Prozent beläuft, wobei die Potsdamer ohne deutschen Pass überwiegend aus der Europäischen Union und Osteuropa stammen. Es wird gut verdient in der Havelmetropole. Ein Vierteljahrhundert nach dem Fall des Eisernen Vorhangs ist Potsdam eine blühende Stadt.

Das war nicht immer der Fall. In den ersten Jahren nach der Wende bestimmten hohe Arbeitslosigkeit und die quälenden, massenweise juristischen Streitigkeiten um Restitutionsansprüche das Bild. Von fast 142 000 Einwohnern zu DDR-Zeiten war die Zahl Ende der 1990er Jahre unter 138 000 gesunken. Laut einer Umfrage des Leipziger Instituts für Marktforschung 1996 galt Potsdam als die ›Jammerhauptstadt des Ostens‹. Nirgends in den damals so genannten ›Fünf neuen Ländern‹ war man sowohl mit seiner persönlichen Situation als auch mit dem Leben in der Stadt unzufriedener als in Potsdam.

Anfang des neuen Jahrtausends wendete sich dann das Blatt. Projekte wie die Bundesgartenschau 2001 machten die schöne Havelprinzessin bundesweit bekannt und verliehen der Stadt neue Schubkraft für ihre Entwicklung. Bereits zwei Jahre vorher hatte die UNESCO 1999 – nach den Potsdamer Schlösser und Gärten 1990 – das Krongut Bornstedt, die Russische Kolonie Alexandrowka, das Belvedere auf dem Pfingstberg und viele weitere historische Potsdamer Anlagen zum Weltkulturerbe erklärt. Und wie im 18. und 19. Jahrhundert der preußische Hofstaat, Adel, Bankiers und Industriebarone, machten nun Prominenz aus Film, Funk und Fernsehen, Zeitungs- und Modemacher die Havelstadt zu ihrem Lieblingswohnsitz.

Gleichzeitig wurde erfolgreich an Potsdams Tradition als bedeutender Wissenschaftsstandort und Wiege der Filmproduktion angeknüpft. So sind es heute vor allem gut ausgebildete Menschen, die neu nach Potsdam kommen und zum positiven Einwohnersaldo beitragen; Studenten, Wissenschaftler, Kreative, Filmschaffende, Modeleute. Die ›Jammerhauptstadt‹ entwickelte sich binnen eines Jahrzehnts zu einer der deutschen Städte, der man die höchste Lebensqualität attestiert. 2007 war Potsdam laut einer Umfrage des Prognos-Instituts der familienfreundlichste Ort aller Städte und Landkreise Deutschlands. Im Jahr 2013 lebte eine übergroße Mehrheit, nämlich 90 Prozent aller Potsdamer, gerne in ihrer Stadt. Besonders gut schnitten das Freizeit- und Erholungsangebot, die Restaurants und Einkaufsmöglichkeiten ab. Über 80 Prozent bewerteten die Lebensqualität als sehr gut und gut. Einzig mit dem Nachtleben ist man im Vergleich zum angesagten Nachbarn Berlin eher unzufrieden – vom alltäglichen Verkehrsstau hinein und hinaus aus der Stadt gar nicht zu reden. Aber das ist der Preis, den Schönheit einfordern mag; dass man nicht von überall her auf gut ausgebauten vier- bis sechsspurigen Schnellstraßen in ihr Innerstes vorstoßen kann.

Zu den Schattenseiten der rasanten Entwicklung gehört der immer größer werdende Abstand zwischen dem florierenden Potsdamer Norden und dem abgehängten Süden mit seinen Plattenbausiedlungen. Reicher Norden, armer Süden. So lässt sich plakativ der Kontrast zwischen den 1A-Lagen in den nördlichen Vorstädten und im Süden/Südosten den letzten noch zu DDR-Zeiten umgesetzten Plattengroßbauprojekten in Schlaatz, Am Stern und in Drewitz beschreiben. Die Brandenburger Vorstadt im Potsdamer Westen zwischen Park Sanssouci und Templiner See wird am liebsten durch junge Leute und Familien bevölkert, im Norden auf dem ehemaligen Truppenübungsplatz Bornstedter Feld entstehen immer mehr Einfamilienhaussiedlungen.

Inzwischen kann der Wohnungsneubau mit dem Bevölkerungswachstum nicht mehr mithalten. Im Resultat sind die Mieten in Ostdeutschland heute nirgendwo höher und die Häuser und Grundstücke nirgendwo teurer als in Potsdam. Die Stadt ist auf die Bühne der Reichen und Schönen zurückgekehrt. Und wie damals die preußischen Könige zahlen heute zeitgenössische Mäzene ihren Kredit an die schöne Landschaft zurück, in Form von Millionensummen für das neu aufgebaute historische Stadtschloss, für eine private IT-Universität, für eine künftige Kunstgalerie. So erstrahlt Potsdam – ganz und gar nicht unumstritten – allmählich wieder im alten preußischen Glanz. In seiner Tradition als Traumfabrik und Zukunftslabor hat es als Stadt, in der sich historisches Welterbe und international führende Wissenschaft, Hightech und märkische Landschaft miteinander vereinen, seinen Platz unter den schönsten Orten in Deutschland längst wieder eingenommen.

Straße in der Potsdamer Innenstadt

Naturraum, Geografie und Klima

Geografisch liegt Potsdam mit den Koordinaten des Alten Markts in der Innenstadt auf 13° 03‘ 46‘‘ östlicher Länge und 52° 23‘ 49‘‘ nördlicher Breite, landschaftlich liegt es im schönen Havelland. Mit ihrer Quelle in der Mecklenburgischen Seenplatte durchfließt die Havel die Bundeshauptstadt Berlin, um dann südwestwärts nach Potsdam weiterzuziehen. Dort umfließt sie östlich, Seen ausbildend, die brandenburgische Landeshauptstadt, strömt südlich in den Schwielowsee ein, macht dort eine 180-Grad-Kehre, um anschließend – als einer der gemächlichsten deutschen Flüsse – Richtung Nord/Nordwest ein bisschen Fahrt aufzunehmen. Im Norden ist das Stadtgebiet durch den Sacrow-Paretzer-Kanal vom Festland getrennt, was Potsdam insgesamt, auf vier Seiten vom Wasser umgeben, zu einer Insel macht. Die Nord-Süd-Ausdehnung beträgt 19,3 Kilometer, von West nach Ost durchmisst die Havelmetropole 18,9 Kilometer.

Die höchste Erhebung im Stadtgebiet ist der Kleine Ravensberg (114 Meter), der kurioserweise etwas höher ist als der benachbarte Große Ravensberg (108 Meter). Beides sind Erhebungen des Saarmunder Endmoränenbogens – Schuttablagerungen der Weichseleiszeit von etwa 100 000 bis 10 000 Jahre vor unserer Zeitrechnung. In diese hat die Havel, mit Höhenunterschieden bis zu 80 Meter die Hügel hinauf und hinab, ihre seenartige Flusslandschaft eingegraben, mit einem mittleren Wasserspiegel von durchschnittlich 29 Meter über Normalnull.

So sind Potsdams herausragende Farben, aus der Vogelperspektive betrachtet, Grün und Blau. Von dem 188 Quadratkilometer großen Stadtgebiet bestehen beinahe drei Viertel aus unversiegelter Grün-, Wasser- und Landwirtschaftsfläche, nur etwas mehr als 25 Prozent sind bebaut. Fast zwei Dutzend größere und kleinere Seen schmücken die Insel Potsdam, dazu kommen Kanäle sowie die Havel und die kleinere Nuthe, die sich in der Innenstadt in die Havel ergießt. Von Nordwest nach Südwest umziehen die Stadt in weitem Bogen große Obstbaugebiete, für die das Havelland spätestens durch Theodor Fontanes Birnbaum-

Obstblüte bei Werder im Havelland

gedicht ›Herr von Ribbeck auf Ribbeck im Havelland‹ Berühmtheit erlangte. Rund um die Stadt werden die havelländischen sanften Kuppen außerdem forstwirtschaftlich genutzt.

Die klimatischen Verhältnisse erlauben neben dem Obstbau sogar die Weinkultivierung. Die Lagen in Potsdams Nachbarstadt Werder zählen zu den nördlichsten in Europa. Gemäßigte Temperaturen überwiegen und Wetterextreme sind selten, da Potsdam im Raum Berlin-Brandenburg in der Übergangszone zwischen ozeanischem und kontinentalem Klima liegt. Das bedeutet, die jahreszeitlichen Temperaturschwankungen sind hier weniger groß als weiter östlich im kontinentalen Klima, jedoch höher als an den klimatisch ausgeglicheneren Meeresküsten. Niederschläge fallen im Winter etwas weniger als im Sommer und sind im Bundesvergleich eher gering. Die durchschnittlichen Niederschlagsmengen liegen um 580 Millimeter. In Bezug auf die mittlere jährliche Sonnenscheindauer gehört Potsdam zusammen mit Berlin und Mecklenburg-Vorpommern zu den deutschen Spitzenreitern. 1835 Sonnenstunden wurden 2012 gezählt, im Bundesdurchschnitt waren es 1545. Im Juli/August klettert das Thermometer auf ein Monatsmittel von knapp 19 Grad Celsius, was eine Reihe von heißen, sehr trockenen Sommertagen mit über 30 Grad einschließt. Im kältesten Monat Februar wurden 2012 durchschnittlich -2 Grad erreicht.

Architektur

Als zweite königlich-preußische Residenzstadt neben Berlin, entwickelte sich in Potsdam in einer Zeitspanne von drei Jahrhunderten eine faszinierende Schlösser- und Gartenlandschaft. Hans Georg Wenzeslaus von Knobelsdorff (1699–1753), Jan Bouman (1706–1776), Karl von Gontard (1731–1791), Johann Gottfried Büring (1723–1788), Georg Christian Unger (1743–1799), Karl Friedrich Schinkel (1781–1841), Ludwig Persius (1803–1845) und Friedrich August Stüler (1800–1865) – um nur einige zu nennen – lautet die illustre Reihe von Baumeistern und Architekten, die Potsdam in ein ›Preußisches Arkadien‹ verwandelten. Schloss und Park Sanssouci mit seinen zahlreichen Prachtbauten, der Neue Garten mit Marmorpalais und Schloss Cecilienhof, Schloss und Park Babelsberg und gegenüber am Berliner Havelufer Schloss und Park Glienicke bilden Ensembles einzigartiger Bauwerke inmitten ausgedehnter Parkanlagen. Im 19. Jahrhundert wurden sie mit der Vorstellung, ›alles vereinzelt Schöne harmonisch zu vereinigen‹, durch den Gartenkünstler Peter Joseph Lenné (1789–1866) miteinander zu einer Kulturlandschaft verbunden, die europaweit ihresgleichen sucht. Seit 1990 zählt die Gesamtheit der Potsdamer Schlösser und Gärten zum UNESCO-Welterbe der Menschheit.

Erste und zweite barocke Stadterweiterung

Eingeleitet hatte die Entwicklung der Große Kurfürst Friedrich Wilhelm (1620–1688). Ab Ende der 1650er Jahre ließ er seinen havelländischen Grundbesitz arrondieren, denn er beabsichtigte, eine zweite Residenz vor den Toren

Das Holländische Viertel

Berlins im wild- und wasserreichen Potsdamer Gebiet einzurichten. ›Das gantze Eylandt mus ein Paradis werden‹, gab sein Freund Johann Moritz von Nassau-Siegen 1661 die Marschrichtung vor, nach deren Motto das alte Stadtschloss umgebaut und erweitert und die Landschaft rundum gestaltet wurde.

Den nächsten größeren Einschnitt unternahm der Enkelsohn und Soldatenkönig Friedrich Wilhelm I. (1688–1740) nach seinem Regierungsantritt 1713. Nach königlichem Willen sollte Potsdam zur Garnisonsstadt werden. Dazu ließ Friedrich Wilhelm I. seine Regimenter in die Havelresidenz verlegen und für deren Quartiernahme nördlich vom Stadtschloss zwei Mal planmäßig das Stadtgebiet erweitern, wodurch Potsdam, in annähernd gleichmäßige Karrees unterteilt, erstmals ein strukturiertes Antlitz erhielt. Nach Abschluss der ersten barocken Stadterweiterung ab 1720 und der zweiten barocken Stadterweiterung ab 1733 dehnte sich Potsdam über die gesamte Fläche des gegenwärtigen historischen Zentrums aus; umzogen von einer hohen Zollmauer sowie um drei neue Gotteshäuser bereichert: die heute beide nicht mehr vorhandenen Barockbauten der Garnisonkirche und der Heilig-Geist-Kirche sowie der Vorgänger der Nikolaikirche am Alten Markt.

Was Ästhetik und Formvollendung betrifft, war der Monarch ohne Leidenschaft. Sparsam und zweckmäßig sollten die Behausungen sein und gegen die Brandgefahr mit Ziegeln errichtet werden. Zeile um Zeile wurden kleine Typenhäuser in Reih‘ und Glied eins neben das andere gebaut. Optische Variationen erfuhren sie lediglich durch ihre Funktion: schmaler die Bürger- und Soldatenquartiere, etwas breiter die Brauhäuser und Manufakturen. Im Todesjahr Friedrich Wilhelms I. 1740 war die zweite Stadterweiterung bis auf wenige Abschnitte im Holländischen Viertel – 134 backsteinrote Holländerhäuser in vier Karrees, für holländische Handwerker errichtet – fertiggestellt.

Das friderizianische Potsdam

Gleich nach der Thronbesteigung 1740 begann der junge Friedrich II. (1712–1786) in dem ›elenden Nest‹ radikale Korrekturen an der Hinterlassenschaft seines Vaters vorzunehmen. Er ließ ganze Straßenzüge prachtvoll erneuern und den schlichten Typenhäusern schmückende Schaufassaden vorsetzen, von seinen Untertanen schon bald ›Vorhemdchen‹ genannt. Ganz Potsdam sollte nach dem Willen des königlichen Bauherrn als glanzvolle Residenzstadt erblühen. Ab 1744 begannen unter Knobelsdorff die aufwändigen barocken Umbauarbeiten am Stadtschloss sowie die Errichtung vornehmer Stadtpalais und Adelsvillen. Die Inspiration dafür entlieh der König Gemälden und Stadtansichten des antiken Rom, der italienischen Renaissance und des französischen Barock. Antikentempel und Kolonnaden entstanden, mit dem Palais Barberini, dem Palazzo Pompei und dem Palazzo Chiericati schien man sich am Alten Markt auf eine italienische Piazza versetzt, während das Brandenburger Tor als Triumphbogen nach klassischer römischer Art aus dem Boden wuchs. Den Höhepunkt aller Bautätigkeiten bildete ab 1745 die Anlage von Schloss und Park Sanssouci und dort im Park ab 1763 das imposante Neue Palais, in dem Friedrichs Herrschaftsanspruch von Preußen als neuer europäischen Großmacht seinen steingewordenen Ausdruck fand. In seiner 46-jährigen Regierungszeit drückte er wie kein anderer Monarch vor und nach ihm der kleinen Havelresidenz seinen Stempel auf. Als ein persönliches Arkadien ließ Friedrich II. Potsdam nach seinem Geschmack formen. Oder wie es Arthur Moeller van den Bruck 1916 in seinem Buch ›Der preußische Stil‹ beschrieben hat: ›Potsdam ist fritzisch. Die Seele dieser Stadt ist die Seele Friedrichs des Großen.‹

Figuren am Chinesischen Haus im Schlosspark Sanssouci

Preußischer Klassizismus

Die ganze Stadt als Wille und Vorstellung der preußischen Könige – diese Idee entwickelten die Nachfolger Friedrichs des Großen noch bis zum Untergang des deutschen Kaiserreiches Ende des Ersten Weltkriegs für Potsdam fort. Unter Friedrich Wilhelm II. (1744–1797) erfolgte die Abkehr vom preußischen Rokoko und Hinwendung zur klaren Formensprache des Klassizismus. Die Französische Revolution warf ihre Schatten voraus, machte Schluss mit der überbordenden Manier absolutistischer Herrschaft und läutete mit einer aufgeklärten, klassischen Formgebung das bürgerliche Zeitalter ein. Der Neue Garten und das Marmorpalais am Ufer des Heiligen Sees als kostbarstes Kleinod des Potsdamer Frühklassizismus entstanden. Unter Friedrich Wilhelm III. stieg anschließend Karl Friedrich Schinkel – Architekt, Stadtplaner, Maler, Zeichner, Designer, Bühnenbildner – zum stilbildenden, größten Baumeister Preußens auf. Mit keinem ist der preußische Klassizismus enger verbunden als mit Schinkel und seiner Schule. Schinkels Erstlingswerk steht in Potsdam, der kleine Pomonatempel am Pfingstberg ebenso wie sein richtungsweisendes, im Stil antiker römischer Villen erbautes Schlösschen Charlottenhof im Südwesten des Parks Sanssouci.

Aus der Schinkelschule gingen Ludwig Persius und Friedrich August Stüler als bedeutendste Erben ihres Meisters hervor. In der Regierungszeit Friedrich Wilhelms III. und ganz besonders seines kunstsinnigen Sohns, Friedrich Wilhelms IV. (1795–1861), des ›Romantikers auf dem Thron‹, führten sie die Havelresidenz weiteren architektonischen Höhepunkten entgegen. Rund 4500 Skizzenblätter des Laienarchitekten Friedrich Wilhelm IV. sind erhalten, in denen er seiner Italiensehnsucht in Form von prachtvollen Castelli, Palazzi, Villen und Kirchen Ausdruck verlieh, von der Schinkel, Persius und Stüler so manche Idee in praktische Bauplanung übersetzten. Das Belvedere auf dem Pfingstberg, die antikisierenden Römischen Bäder und die palastartige Orangerie mit ihrer wuch-

Schloss Charlottenhof im Schlosspark Sanssouci

tigen Doppelturmanlage in Sanssouci seien hier nur als Beispiele für die Wiederbelebung der italienischem Renaissance im preußischen Klassizismus unter Friedrich Wilhelm IV. genannt. Darüber hinaus ließ der christliche Monarch gut 300 Kirchen in Preußen erbauen, im romantischen Stil alter italienischer Klosteranlagen und frühchristlicher Sakralbauten, so wie sie typisch für Potsdam als Basilika mit Campanile und Säulengalerie nach italienischem Vorbild entstanden.

Parallel gestaltete der Gartenbaukünstler Peter Joseph Lenné gemäß seines 1833 entworfenen ›Verschönerungs-Plans‹ für die Insel Potsdam die Parkanlagen neu im englischen Landschaftsgartenstil. Er komponierte Alleen, Sichtachsen und Aussichtspunkte hinein und stellte, über die Seen hinweg, Sichtbeziehungen zwischen all den majestätischen Bauten her. In der Verbindung der königlichen Parks miteinander erschuf Lenné die Havelresidenz als einzigartiges begehbares Landschaftsgemälde.

Vom Ende Preußens zum Ende der DDR

Als letztes Hohenzollerndomizil wurde 1913–1917 im Neuen Garten im englischen Cottage-Stil das Schloss Cecilienhof durch Kaiser Wilhelm II. (1859–1941) erbaut. Die Weimarer Republik und auch die Nazidiktatur nach 1933 hinterließen anschließend architektonisch kaum bleibende Spuren. Umso mehr jedoch der verheerende Bombenregen, der im Frühjahr 1945 am Ende des nationalsozialistischen ›Tausendjährigen Reichs‹ über der Potsdamer Innenstadt niederging – als Preis für das menschenverachtende Terrorregime, mit dem die Nationalsozialisten die Welt ins Unheil gestürzt hatten.

Am Ende des Zweiten Weltkriegs fanden im Schloss Cecilienhof im Neuen Garten die alliierten Siegermächte zusammen, um Deutschland und Berlin in vier Besatzungszonen und die Welt in zwei Blöcke zu teilen. 1952 wurde Potsdam Verwaltungssitz des gleichnamigen größten DDR-Bezirks. ›Potsdam ist in diesen Jahren ein einziger Bauplatz, wie es 1945 ein einziger Trümmerplatz war‹, kann man in der Stadtbeschreibung von Wilhelm Kunze aus dem Jahr 1963 nachlesen. ›Das Erbe von ‚Preußens Gloria', Trümmer, Schutt, Ruinen, ist inzwischen mit der größten Einsatzfreudigkeit und Opferbereitschaft Zehntausender Einwohner weggeräumt worden. Auch die Ruine des ehemaligen Stadtschlosses, das wie viele andere wertvolle Kulturdenkmäler und historische Bauten von den Bomben zertrümmert worden war, musste abgetragen werden. (…) Sein Gepräge erhält es [Potsdam] durch Neubauten, die ganz vom Geist unseres sozialistischen Zeitalters bestimmt werden, wobei sich das Nebeneinander von Altem und Neuem harmonisch ergänzen wird und Potsdam dadurch in baulicher Hinsicht seinen ganz speziellen, historisch bedingten Charakter nicht verliert.‹

Tatsächlich wurden zahlreiche historische Baudenkmäler, darunter die Nikolaikirche oder das Knobelsdorffhaus am Alten Markt wieder aufgebaut. Die kriegszerstörten Ruinen andere Monumente, die die neuen Machthaber als Inbegriff des preußischen Militarismus identifizierten, wie das Stadtschloss oder die Garnisonkirche, ließen sie dagegen vollends beseitigen. An der Stelle der Garnisonkirche wurde ein Rechenzentrum für die ›Durchsetzung des wissenschaftlich-technischen Fortschritts‹ implantiert. Hinter dem Alten Markt wurden Plattengebäude hochgezogen, in denen heute die Potsdamer Fachhochschule (FH) ihren Sitz hat und den Abriss verzögert,solange sie nicht an einen anderen geeigneten Ort umgezogen ist. Mehr und mehr DDR-Bauten verschwinden aus dem Stadtbild – und aus dem Gedächtnis.

Umgestaltung nach 1989

Bis heute werden die Bauwerke, die während der DDR-Jahre in Potsdam errichtet wurden, nicht als historisches Erbe anerkannt. Sei es das Rechenzentrum, sei es die Fachhochschul-Platte oder das Hochhaushotel gegenüber vom neuen alten Potsdamer Stadtschloss – nicht wenige Potsdam-Verschönerer würden auch die letzten Spuren des sozialistischen Städtebaus noch gerne getilgt sehen. Das Rechenzentrum mit seinem auf Erdgeschosshöhe umlaufenden Mosaik ›Der Mensch bezwingt den Kosmos‹ von Fritz Eisel, das ehemalige Interhotel im historischen Lustgarten sowie der bis Mitte der 1970er Jahre erbaute Riegel aus Fachhochschule und Bibliothek zwischen Platz der Einheit und Altem Markt sind längst Symbole der widerstreitenden Positionen in der Potsdamer Erinnerungslandschaft geworden.

Soll Potsdam tatsächlich als sentimentales Abziehbild der friderizianischen Stadt wiedererstehen? Sollen die ›steinernen Tatwerkzeuge‹ der DDR-Diktatur weiter erhalten bleiben? Was soll abgerissen, was rekonstruiert und was neu gebaut werden? Mit jedem Bauprojekt entfacht die Debatte von Neuem – und das ist gut so. Denn im Spannungsfeld zwischen einem nostalgisch verklärten friderizianischen Potsdam, aus dem Geiste des Absolutismus geboren, und auf der anderen Seite einer sozialistischen DDR-Architektur kann nichts besser geschehen, als dass die künftige Gestaltung der brandenburgischen Landeshauptstadt – als demokratische Auseinandersetzung in einem intensiven Meinungsfindungsprozess – immer wieder neu befragt und ausgehandelt wird.

Rekonstruktionen

Nach jahrelanger, in der Stadt teils sehr heftig geführter Diskussion beschloss das brandenburgische Landesparlament 2005 das barocke Potsdamer Stadtschloss am Alten Markt wieder auferstehen zu lassen. Es war das planerische Fanal für einen groß angelegten Umbau der Potsdamer Mitte rund um das alte Schlossareal nach historischer Anschauung. Konsequent wird seitdem an der Annäherung an das Innenstadtbild gearbeitet, wie es vor dem Ersten Weltkrieg bestand:

Das barocke Stadtschloss konnte Anfang 2014 als neuer brandenburgischer Landtag eingeweiht werden. Ihm zur Seite wird an der Ostflanke vom Alten Markt bis 2016 die historische Häuserzeile mit dem prunkvollen Palazzo Barberini als Leitgebäude wiedererstehen. Rundum wurden die zu DDR-Zeiten gebauten Magistralen verschlankt und, soweit es mit den Anforderungen einer modernen Verkehrsinfrastruktur in Einklang zu bringen war, ihrem historischen Verlauf angeglichen. Die Neugestaltungen des Platzes vor dem ehemaligen Marstall, seit 1981 Filmmuseum, und gegenüber dem Lustgarten sind längst abgeschlossen, und um die Ecke ist auch der alte Stadtkanal des Soldatenkönigs auf einem Teilstück in der Yorckstraße seit längerem rekonstruiert.

Wann sich der Kanal wieder mit Wasser füllen wird ist noch nicht ausgemacht. Die hitzige Auseinandersetzung, hier um die Rekonstruktion verlorengegangener preußischer Bauwerke und Platzbilder und da um die Anerkennung und Einbeziehung auch der 40-jährigen DDR-Kultur, wird weiterhin intensiv geführt. Sei es der weitere Ausbau des Stadtkanals oder der Wiederaufbau der Garnisonkirche, die vielen als herausragendes Symbol des preußischen Militarismus gilt. Sei es die Wiedererrichtung der Synagoge oder der mögliche Abriss des Hochhaushotels an der Langen Brücke: Es wird dabei stets auch um die Rückgewinnung einer gemeinsamen, gesamtstädtischen Potsdamer Identität gerungen – die heiß umstritten ist. Während beispielsweise die Architektenkammer Brandenburg dafür plädiert, dass vor einem Abriss ›die Wertebestimmung des Vorhandenen, des Überkommenen stehen‹ müsse, setzt sich das ›Bündnis Mitte‹, ein Zusammenschluss von gut zwei Handvoll prominenter Bürgerinitiativen, für den historischen Wiederaufbau der Havelresidenz bei gleichzeitiger Tilgung des DDR-Erbes ein. Dazwischen stehen die alteingesessenen Potsdamer, die sowohl das eine als auch das unterschreiben könnten, aber mit dem Verwertungsdruck, der inzwischen auf ihren Häusern lastet, die Sorge um ihr Zuhause umtreibt.

Spendenaufruf für die Restaurierung Potsdams

Eine harmonische Mischung aus Alt und Neu soll gefunden werden, da sind sich alle einig. Die Vorstellungen aber, welche Anteile jeweils von historischer Rekonstruktion und zeitgenössischer Architektur genau diese ›Harmonie‹ ausmachen sollen, gehen weit auseinander. Was den einen mit viel preußischem Glanz eine ›Gute Stube für alle Potsdamer und ihre Gäste‹ sein soll, nennen die Kritiker ›Puppenstube‹ und befürchten eine ›Disneylandisierung‹ der brandenburgischen Landeshauptstadt. Es wird wohl noch eine Weile weiter um eine spezifische Architektur für Potsdam gestritten werden. Denn der Prozess der Neuordnung der historischen Mitte ist noch lange nicht abgeschlossen.

Forschung und Wissenschaft

Die schöne Havelmetropole ist ein traditionsreicher Tummelplatz kluger Köpfe. Spätestens seit der Etablierung der astrophysikalischen, geowissenschaftlichen und meteorologischen Forschungseinrichtungen ab 1874 auf dem Telegrafenberg zählt Potsdam zu den bedeutendsten Wissenschaftsstandorten

Der Helmert-Turm auf dem Telegrafenberg

in Deutschland. Heute arbeiten auf dem Gelände, das seit 1992 den Namen ›Wissenschaftspark Albert Einstein‹ trägt, neben dem Meteorologisches Observatorium des Deutschen Wetterdienstes das Leibniz-Institut für Astrophysik, das Alfred-Wegener-Institut für Polar- und Meeresforschung sowie das weltweit renommiert Deutsche Geoforschungszentrum und das berühmte Potsdam-Institut für Klimafolgenforschung. Zusammen mit dem Ende 2009 gegründeten IASS – Institute for Advanced Studies Climate, Earth System and Sustainability Sciences nehmen die Einrichtungen auf dem Telegrafenberg einen internationalen Spitzenplatz in der transdisziplinären Forschung über das Erdsystem und den Klimawandel ein.

In kaum einer anderen deutschen Stadt werden pro Einwohner mehr Wissenschaftler gezählt. Über 9000 Mitarbeiter sind in den Forschungsinstituten beschäftigt. Stattliche 25.000 Studenten haben sich an der 1991 gegründeten Universität Potsdam eingeschrieben, studieren Architektur, Design, Bauingenieurswesen, Soziales, Informationswissenschaften und anderes mehr an der Fachhochschule Potsdam, erlernen die Filmherstellung an der Hochschule für Film und Fernsehen ›Konrad Wolf‹ oder bereiten sich an der Fachhochschule für Sport und Management auf eine Karriere im Leistungsport oder im Sportmanagement vor. Statistisch betrachtet besucht demnach jeder sechseinhalbte Potsdamer eine Hochschule, und beinahe ein Drittel der Einwohnerschaft besitzt einen Hochschul- bzw. Fachschulabschluss. Der Anteil der Universitätsabsolventen ist mit 17 Prozent fast doppelt so hoch wie im Bundesdurchschnitt. So darf man mit Fug und recht sagen: Potsdam ist eine sehr kluge Stadt.

Rund um die Universität mit ihren drei Hauptstandorten am Neuen Palais am Park Sanssouci, in Golm und am Griebnitzsee haben sich über 40 weitere wissenschaftliche Einrichtungen niedergelassen. Max-Planck- und Fraunhofer Institute, Einrichtungen der Leibnizgemeinschaft und der Helmholtz-Gemeinschaft oder das Hasso-Plattner-Institut für Softwaresystemtechnik. Darüber hinaus gehört der Raum Potsdam mit einer Konzentration von 190 Biotech-, 270 Medizintechnik- sowie 25 Pharma-Unternehmen zu den bedeutendsten deutschen Life-Science-Standorten.

Aber auch die Geisteswissenschaften dürfen bei alle den Superlativen nicht unerwähnt bleiben. Das Zentrum für Zeithistorische Forschung am Neuen Markt zählt mit seiner interdisziplinär ausgerichteten Erforschung der deutschen und europäischen Zeitgeschichte zu den bedeutendsten Einrichtungen auf dem Gebiet der Zeitgeschichte in Deutschland, während das namhafte Moses Mendelssohn Zentrum für europäisch-jüdische Studien, ebenfalls am Neuen Markt in der historischen Potsdamer Innenstadt, Grundlagenforschung zur Geschichte, Religion und Kultur der Juden und des Judentums in den Ländern Europas betreibt.

Politik, Wirtschaft und Arbeit

Mit einem Blick auf die Wirtschaftstätigkeit in der Stadt lässt sich feststellen: Potsdam ist nicht nur schön und klug, sondern auch blühend. Selten nur kann eine ostdeutsche Stadt mit so vielen Erfolgsmeldungen aufwarten. Die Arbeitslosenquote ist vergleichsweise niedrig, 2013 lag sie im Durchschnitt bei 7,5 Prozent. Im Gegensatz dazu beläuft sich das durchschnittlich verfügbare Einkommen auf eines der höchsten aller Städte in den ostdeutschen Bundesländern. Rund 100 Millionen Euro Steuereinnahmen, die die Stadtverwaltung alljährlich von den Wirtschaftssubjekten einnimmt, verteilen sich etwa zu gleichen Teilen auf die Einkommen- und die Gewerbesteuer. Mit weiteren Einnahmen von Gemeindesteuern über Hundesteuer und Knöllchen bis Unternehmensteuer beläuft sich die Summe aller Erträge für 2014 auf stattliche 526.198.400 Euro. Dagegen stehen in den kommenden Jahren neben den üblichen kommunalen Ausgaben an außergewöhnlichen Leistungen gut 160 Millionen für den Schulausbau an, ein siebenstelliger Betrag für die Sanierung der maroden Sporthallen am Luftschiffhafen, 30 Millionen für ein neues Bad am Brauhausberg und außerdem ein Millionenscheck für die Stiftung Preußische Schlösser und Gärten, damit diese keine Eintrittsgelder für die Potsdamer Parkanlagen erhebt und sie für die Öf-

Tourist-Information in der Innenstadt

fentlichkeit frei zugänglich bleiben. Bis 2015 ist deshalb ein Anstieg der öffentlichen Schulden auf 26,6 Millionen Euro prognostiziert. Aber selbst mit dieser nicht kleinen Summe steht Potsdam im Vergleich sehr gut da.

Zu den großen Investoren, die sich seit der Jahrtausendwende in der Havelmetropole niedergelassen haben, zählen beispielsweise die Softwareschmiede Oracle, der VW-Konzern mit einer Design-Zentrale oder das Konsortium Toll Collect, das mit einem Standort in Potsdam vertreten ist. Laut der aktuellen Jahresstatistik der Industrie- und Handelskammer (IHK) waren 2013 im Raum Potsdam insgesamt 20 387 Firmen und 57 755 Kleingewerbetreibende im Handelsregister eingetragen. Und noch ein bisschen mehr Statistik: Der Dienstleistungsbereich ist mit 49,9 Prozent der stärkste im ganzen IHK-Bezirk, gefolgt vom Einzelhandel (19,3 Prozent), der Industrie (7 Prozent) und dem Gastgewerbe (6,8 Prozent).

Dabei werden für die Landeshauptstadt mehrere besondere Wachstumskerne identifiziert: Neben Forschung und Wissenschaft, Biotechnologie und Life Science gehören dazu die Sektoren Medien, Informations- und Kommunikationstechnologie und natürlich – dank der einzigartigen Schlösser- und Gartenlandschaft – herausragend auch der Tourismus. Das Studio Babelsberg hat sich als größte europäische Filmfabrik längst als internationale Marke etabliert. Ebenfalls am Standort Babelsberg sitzt der Rundfunk Berlin-Brandenburg mit den Radiosendern Antenne Brandenburg, Fritz und Radio Eins sowie den TV-Sendungen Brandenburg aktuell und zibb. Und wer lieber Zeitung liest: Täglich erscheinen die Potsdamer Neusten Nachrichten und die Märkische Allgemeine.

Zu den Bereichen mit den besten Perspektiven für weiteres Wachstum gehört der Tourismus. 2013 wurden über 400 000 Gäste gezählt, die durchschnittlich 2,4 Tage lang in Potsdam blieben, von den vielen Tagestouristen gar nicht zu reden – die jedes Jahr zusammen mehr als 750 Millionen Euro in der schönen Havelstadt ausgeben. Tendenz in jeder Beziehung steigend. Eine Tourismusabgabe, wie sie Oberbürgermeister Jann Jakobs zur Gegenfinanzierung der

Die Potsdamer Wassertaxis befördern vor allem Touristen

frei zugänglichen Parks gerne eingeführt hätte, wird es vorerst nicht geben. Im November 2013 stimmte das Stadtparlament dagegen. Lediglich 8 der 56 Stadtverordneten sprachen sich für die überwiegend von den Gewerbetreibenden zu zahlende Abgabe aus.

Die Stadtverordnetenversammlung als Vertretung der Potsdamer Bürger tagt im imposanten, 1902–1907 errichteten Stadthaus in der Friedrich-Ebert-Straße vor dem Nauener Tor. Ebendort arbeiten unter der mächtigen Gründerzeitkuppel die Stadtverwaltung und der Oberbürgermeister. Letzterer wird von den Potsdamern alle acht Jahr direkt gewählt. Seit 2010 bekleidet das Amt Jann Jakobs (SPD). Die 56 Sitze der Stadtverordneten verteilen sich seit der letzten Wahl am 25. Mai 2014 auf 17 für die Linke (31 Prozent), gefolgt von der SPD mit 15 Sitzen (27,1 Prozent) der CDU mit 7 (11,8 Prozent) und den Grünen mit 5 Sitzen (8,3 Prozent). Sechs weitere Parteien und Gruppierungen zogen mit einem bis drei Sitzen ein.

Kultur, Tag- und Nachtleben

Von der Hochkultur bis zur Freien Szene kann sich das Angebot sehen lassen. Obwohl Potsdam mit seinen 160 000 Einwohnern beileibe nicht zu den großen Städten in Deutschland zählt, wartet es mit einer vielfältige Bühnen- und Museenlandschaft auf. Allen voran seien natürlich die preußischen Schlösser und Gärten genannt, gefolgt vom Potsdam Museum und dem Haus der Brandenburgisch-Preußischen Geschichte, die zu Entdeckungsreisen in die 1000-jährige Geschichte Potsdams und Brandenburgs einladen. Das Filmmuseum im Zeughaus und das Naturkundemuseum sind einen Besuch wert ebenso wie die Gedenkstätten in der Lindenstraße und in der Leistikowstraße, die an die Opfer politischer Gewalt in den beiden deutschen Diktaturen erinnern.

Prunkvoll Schauspiel genießen lässt sich im barocken Schlosstheater im Neuen Palais im Park Sanssouci. Das weitere Bühnenleben findet insbesondere am Kulturstandort Schiffbauergasse statt, wo das Hans-Otto-Theater mit seinen Inszenierungen auf sich aufmerksam macht. Ebenfalls dort am Kulturstandort spielt das Theaterzentrum T-Werk auf, während der Kunstraum Potsdam Arbeiten zeitgenössischer internationaler Künstler und das museum FLUXUS+ Kunstwerke der Fluxus-Bewegung zeigt. Die fabrik Potsdam – Internationales Zentrum für Tanz und Bewegungskunst präsentiert Gastspiele und eigene Produktionen sowie die jährlichen internationalen ›Potsdamer Tanztage‹, und in der Nachbarschaft veranstaltet das Waschhaus Arena Konzerte, Livemusik, Clubnächte, Literaturnächte und Ausstellungen. Auch für Partygänger sind die Events an der Schiffbauergasse ein Muss.

Klassisches kommt im Rahmen der Musikfestspiele Potsdam Sanssouci, der Potsdamer Hofkonzerte Sanssouci, der Potsdamer Schlössernacht und über das ganze Jahr u.a. im Nikolaisaal zum Erklingen. Darüber hinaus verfügt Potsdam, einzigartig in der Bundesrepublik, über das Deutsche Filmorchester Babelsberg, das die großen Filmmusiken von der klassischen Stummfilmzeit bis zu den bedeutendsten Filmmusikkomponisten der Gegenwart aufführt.

Die Busse laden zu Stadtrundfahrten ein

Parties, musikalische Acts, Festivals, Club- und Soziokultur gibt es mit einem mannigfaltigen Programm im Lindenpark in der Stahnsdorfer Straße nahe dem Studio Babelsberg. Um die Ecke in der Großbeerenstraße lädt Clärchens Tanzcafé zum Schwof ein. Ansonsten, das muss man so unumwunden sagen, steht das Potsdamer Nachtleben im Schatten des großen Nachbarn Berlin. Nichtsdestotrotz gibt es einige hübsche Kneipen, Bars und weitere Ausgehgelegenheiten, auf die wir im Einzelnen im Kapitel Potsdam von A bis Z am Ende des Reiseführers hinweisen. (→ S. 225)

Geschichte

Relativ spät im Zeitalter der Völkerwanderung des 6./7. Jahrhunderts erreichten westslawische Stämme den Raum zwischen Oder und Elbe und besiedelten die nahezu menschenleere Region, die im Jahrhundert zuvor germanische Stämme verlassen hatten. Im heutigen Brandenburg ließen sich vor allem zwei Kleinstämme nieder: östlich an der Spree die Sprewanen und westlich im Havelland die Heveller, deren wichtigste Burgen in Spandow (Spandau/Berlin) und Brennabor (Brandenburg an der Havel) standen. Auch an der Mündung des Flüsschens Nuthe in die Havel nahe dem Ort, an dem sich heute das Potsdamer Stadtschloss erhebt, befand sich vermutlich schon im 7. Jahrhundert eine hevellische Burg. Zwei kleine Ansiedlungen wuchsen in ihrem Schutz: ›Poztupimi et Geliti‹ lauteten ihre wendischen Namen, unter denen sie der deutsche König und spätere römische Kaiser Otto III. im Jahr 993 seiner Tante Mathilde, der Äbtissin von Quedlinburg vermachte. So werden sie in Ottos Schenkungsurkunde genannt – die erste Erwähnung von Potsdam und dem benachbarten kleineren Geltow.

1150 eroberte Markgraf Albrecht der Bär (um 1100–1170) die Region. Unter dem Graf aus dem Haus der Askanier begann die planmäßige Kolonisierung und Christianisierung der Mark Brandenburg. Siedler aus Sachsen, Schwaben, Westfalen ließen sich nieder ebenso Thüringer, Friesen, Holländer, Flamen. Dörfer und befestigte Städte mit Marktrecht entstanden und Klöster wurden gegründet. 1317 wurde ›Postamp‹ das erste Mal als ›Stadt‹ bezeichnet, 1345 erhielt es die Stadtrechte. In der Herrscherlinie folgten auf die bereits 1319 ausgestorbenen Askanier die bayerischen Wittelsbacher, dann die Luxemburger und ab 1415 schließlich die schwäbischen Hohenzollern als Regenten über die Mark. Mit Friedrich I. von Brandenburg (1371–1440) stellten sie den ersten Kurfürst von Brandenburg und sollten die folgenden 500 Jahre, bis Ende des Ersten Weltkriegs 1918, sämtliche weitere brandenburgische Kurfürsten, preußischen Könige und deutschen Kaiser hervorbringen.

In ›Postamp‹ lebten derweil, als Friedrich I. die erbliche Würde des Markgrafen und Kurfürsten von Brandenburg ereilt, in knapp 100 Häusern nicht einmal 1000 Menschen. Bescheidene Entwicklungserfolge macht 1536 eine verheerende Feuerbrunst wieder zunichte. 1539 vollzog Kurfürst Joachim II. den Wechsel vom römisch-katholischen zum neuen protestantischen Bekenntnis. Seine Abendmahlfeier nach lutherischem Ritus am 1. November 1539 gilt heute als Tag der Einführung der Reformation in Brandenburg. Noch im selben Jahr wurde in Potsdam ein evangelischer Pfarrer eingesetzt.

Der Große Kurfürst

Anfang des 17. Jahrhunderts zeigt sich Potsdam als armseliges rückständiges Städtchen, von dem es nicht viel weiter zu berichten gibt, als dass es die brandenburgischen Herrscher zum Füllen ihrer Schatullen bis dato gut drei Dutzend

Die Quadriga auf dem Kutschstall am Neuen Markt

Mal verpfändet hatten. Und es sollte noch schlimmer kommen. Trotz Neutralität im Dreißigjährigen Krieg (1618–1648), die Kurfürst Georg Wilhelm (reg. 1619–1640) zu wahren versuchte, wird das geopolitisch zwischen allen Konfliktparteien liegende Brandenburg zum Tummelplatz sämtlicher Kontrahenten. Die Kaiserlichen, die Dänen, die Schweden ziehen hindurch, plündern, brandschatzen, morden. Kaum ein anderes Land leidet so stark unter den Kriegswirren. Die Hälfte der 8000 Dörfer wird dem Erdboden gleichgemacht, die Pest wütet im Land, fast 50 Prozent der Bevölkerung verlieren ihr Leben.
Als im Jahre 1640 Kurfürst Friedrich Wilhelm die Regentschaft antritt, ist die Residenzstadt Berlin von einst 12 000 auf 6000 Einwohner geschrumpft, Potsdam zählt nach dem Krieg statt früher 1400 nur noch 600 Menschen.

Die Wende zu besseren Zeiten läutet 1640 der Regierungsantritt von Kurfürst Friedrich Wilhelm (reg. 1640–1688) ein. Nie wieder soll die Mark zum Spielball europäischer Mächte werden! So könnte man den Leitsatz bezeichnen, unter dem der Kurfürst sein großes Aufbauwerk beginnt. Der im calvinistischen Holland erzogene Herrscher stellt – erstmals in Brandenburg – ein stehendes Heer auf und setzt außenpolitisch auf eine bedachte Schaukeldiplomatie. Mehrmals wechselt er zu seinem Vorteil die politisch-militärischen Bündnisse, gewinnt Hinterpommern und erlangt die Souveränität über Preußen. Innenpolitisch treibt er den Aufbau von Wirtschaft und Verwaltung voran, und spätestens seit der Schlacht von Fehrbellin 1675, bei der das brandenburgische Heer die schwedischen Truppen besiegt, wird Friedrich Wilhelm auch der ›Große Kurfürst‹ genannt.

1660 erklärt der leidenschaftliche Jäger Potsdam ›jottwehdeh‹ (janz weit draußen) inmitten wildreicher Wälder zu seiner zweiten kurfürstlichen Residenz neben Berlin. Er kauft das verpfändete Stadtgebiet zurück und erwirbt weitere Ämter und Güter, so dass bald darauf das gesamte Potsdamer Werder kurfürstliches Eigentum ist. Am Alten Markt lässt Friedrich Wilhelm eine heruntergekommene Burg zum stattlichen frühbarocken Schloss ausbauen. Kutschstall, Orangerie und Lustgarten schließen sich an. ›Das gantze Eylandt mus ein Paradis werden‹, rät ihm sein Freund Johann Moritz von Nassau-Siegen, der sich 1661 länger in Potsdam aufhält, um den Umbau des Stadtschlosses und die Kultivierung der Landschaft rundum voranzutreiben. Potsdams Aufstieg zur glanzvollen Residenzstadt beginnt.

Größte Leistung des Großen Kurfürsten in seinem durch den Dreißigjährigen Krieg entvölkerten Land aber sind die umfangreichen Peuplierungsmaßnahmen. In einem beispiellosen Akt der Toleranz versichert der reformierte Herrscher über lutherische Untertanen im ›Edikt von Potsdam‹ im Jahre 1685 französischen protestantischen Glaubensflüchtlingen (Hugenotten), »eine sichere und freye retraite in alle(n) unsere(n) Lande(n) und Provincien in Gnade zu offeriren«. Im Anschluss strömen zehntausende Hugenotten nach Brandenburg-Preußen und bringen Fachkenntnisse, Wissen und Kapital, Arbeits- und Steuerkraft mit.

Bei seinem Tod 1688 hinterlässt der Große Kurfürst seinem Sohn Friedrich, der 13 Jahre später als Friedrich I. der erste König Preußens werden sollte, ein wieder aufgerichtetes Land.

Das alte Rathaus im historischen Zentrum Potsdams

Friedrich der Große

Um die Mittagszeit am 24. Januar 1712 erblickt Friedrich von Hohenzollern ›recht fet und frisch‹, wie der Großvater feststellt, im Berliner Stadtschloss das Licht der Welt. Er ist der Stammhalter der preußischen Hohenzollern, und so werden hohe Erwartungen bereits mit Baby Friedrich verknüpft. Im Jahr darauf besteigt Vater Friedrich Wilhelm I. den Thron: gestrenger Zuchtmeister, ständig nach Bier und Pfeifenqualm riechender Wüterich, den Friedrich zeitlebens fürchten wird. Um ihm die ›wahre Liebe zum Soldatenstand‹ einzubläuen, lässt der Vater nach Gutdünken den Stock auf den Rücken des kleinen Kronprinzen niedergehen, gerne auch öffentlich, vor Ministern, Generalen und Diplomaten.

Die Demütigungen und Misshandlungen graben sich tief in die Kinderseele. Anders als sich der Vater erhofft, entwickelt sich Friedrich indes gänzlich unsoldatisch, gerät vielmehr nach seiner schöngeistigen Großmutter Sophie Charlotte, die mit Leibniz und anderen Philosophen verkehrte. Der Kronprinz versteht sich aufs Flötenspiel, liebt die Philosophie und die Literatur, die er in Französisch liest, so wie er auch spricht. Seine Vater-Sprache Deutsch beherrscht er sein Leben lang, wie er sagt, nur ›wie ein Kutscher‹.

Immer quälender werden unterdessen die Jahre an der Seite des despotischen Vaters, so unerträglich, dass der 18-jährige Thronfolger schließlich die Flucht nach England ins Auge fasst. Mithilfe seiner Freunde Katte und Keith soll sie gelingen. Doch der Plan wird entdeckt, Friedrich verhaftet und auf königlichen Befehl in die Festung Küstrin an der Oder gebracht. Keith kann entkommen, für Katte gibt es dagegen kein Pardon. Vor Friedrichs Augen wird der geliebte Freund in Küstrin hingerichtet. Der Widerstand gegen den König ist damit gebrochen, und Friedrich versichert, fortan ›blindlings den väterlichen Willen zu befolgen‹. Das persönliche Lebensglück wird auf dem Altar von Pflicht und Gehorsam geopfert.

Das schlichte Grab Friedrichs II. auf der Schlossterrasse von Sanssouci

Auf des Königs Befehl folgt 1732 die Verlobung mit Elisabeth Christine von Bevern-Braunschweig. Sie bringt dem Thronfolger die Entlassung aus der Küstriner Verbannung ein. Im Jahr darauf wird geheiratet, wobei der Prinz fest entschlossen ist, die Gemahlin unverzüglich nach dem Tod des Vaters zu verstoßen. Bis 1736 bezieht Soldat Friedrich Quartier in der Garnisonsstadt Neuruppin in der nördlichen Mark. Vier glückliche Jahre im Freundeskreis im nahen Rheinsberg schließen sich an. Dann stirbt 1740 der Soldatenkönig, und der Sohn wird zum König Friedrich II. gekrönt.

Friedrich II.

Das gestrenge preußische Regime wird nun um die Ideen der Aufklärung und die Schönen Künste bereichert. Friedrich II. ruft Gelehrte aus aller Welt nach Berlin. In religiösen Fragen herrscht Toleranz, ›denn hier muss ein jeder nach seiner Fasson selig werden‹, wie der König erklärt. Noch im selben Jahr 1740 stirbt in Wien der Kaiser ohne männliche Nachfolge. Halb Europa schickt sich an, seiner Tochter Maria Theresia das Erbe streitig zu machen, und auch der preußische König rüstet zur Schlacht.

Im Ersten Schlesischen Krieg (1740–1742) und Zweiten Schlesischen Krieg (1744/45) trotzt er dem Haus Habsburg Schlesien ab, was ihm den Respekt der europäischen Großmächte eintragt. Es folgen zehn Friedensjahre, die Friedrich II. der Innenpolitik und dem Aufbau des Landes widmet, bis er 1756 den Siebenjährigen Krieg gegen Frankreich, Österreich und Russland vom Zaun bricht. Die jahrelangen Kampfhandlungen führen Preußen an den Rand des Untergangs, eine halbe Million Menschen verliert ihr Leben, während keine der Kriegsparteien den Sieg erstreiten kann. Am Ende bestätigt der Friede von Hubertusburg 1763 nurmehr den territorialen Vorkriegszustand. Doch Preußen ist zur gefürchteten Großmacht aufgestiegen und Friedrich der Große, wie man ihn inzwischen rühmt, als mächtiger Herrscher anerkannt.

Einen letzten ungeheuerlichen Landraub begeht der preußische König neun Jahre später im Bund mit Russland und Österreich. Im Zuge der Ersten Polnischen Teilung 1772 verleibt er sich das polnische Westpreußen, das Ermland und den Netzedistrikt ein. Zu jenem Zeitpunkt hat der ›Alte Fritz‹ seine eleganten Pariser Röcke längst gegen den ›Sterbekittel‹ eingetauscht, die schlichte blaue Uniform, wie sie bereits der Vater trug. Der Krückstock ist zum ständigen Begleiter des 1,65 Meter kleinen Mannes geworden. Greisenhaft erscheint seine Statur, misanthropisch wirkt sein Charakter. Friedrich der Große, der zu den populärsten Herrschern Europas zählt, stirbt einsam am 17. August 1786 in Potsdam in seinem Lieblingsschloss Sanssouci.

Unter dem Soldatenkönig

1701 krönt sich Friedrich I. (reg. 1688–1713) im fernen Königsberg eigenhändig zum ›König in Preußen‹ und lässt am Potsdamer Stadtschloss zum feierlichen Anlass das prachtvolle Fortunaportal errichten. Doch sein Hauptaugenmerk liegt nicht auf der kleinen Havelstadt, sondern auf dem verschwenderischen Ausbau Berlins zur königlichen Residenz. Als 1713 Friedrich Wilhelm I. als zweiter preußischer König den Thron besteigt, hat ihm sein prunksüchtiger Vater einen Schuldenberg von 20 Millionen Talern vermacht. Mit einem Federstrich räumt der neue Regent den höfischen Luxus ab und verordnet dem Land ein rigides Sparprogramm. Man fürchtet sich vor dem gestrengen, despotischen Landesvater. Und kommt er persönlich daher, um seine nichtsnutzen Untertanen den Stock spüren zu lassen, nehmen sie vor ihm Reißaus. Sogar das Tragen von hübschen Kleidern wird abgeschafft. Anstelle von Brokat und Allongeperücke wird im Königreich der Soldatenrock Mode.

Denn Friedrich Wilhelms I. Leidenschaft gehört den Soldaten. Das kaum 1500 Einwohner zählende Potsdam wird zur Garnison ausgebaut. Um Platz und Unterkunft für seine Soldaten zu schaffen, lässt der König die Stadt zwei Mal planmäßig erweitern. Im Jahr 1740 nimmt sie in etwa den Raum der heutigen Altstadt zwischen Brandenburger Tor, Jägertor, Nauener Tor und Berliner Tor inklusive dem Holländischen Viertel ein. Eine hohe Zollmauer (Akzisemauer) umzieht das Gebiet, die nicht nur als Zeichen der äußeren Stadtbegrenzung fungiert. Als ›Accise- und Desertations-Communikation‹ dient sie außerdem dazu, Steuerflucht und Schmuggel zu unterbinden sowie die zahlreichen zwangsrekrutierten Soldaten am Desertieren zu hindern. Vor allem hochgewachsene Männer müssen in der Regierungszeit Friedrich Wilhelms I. um ihre Freiheit fürchten. Mit Gardemaß über sechs preußische Fuß (1,88 Meter) laufen sie Gefahr, als Grenadiere in der Lieblingstruppe des Königs zu landen – vom Volk ›Lange Kerls‹ genannt.

Friedrich Wilhelm I., der Soldatenkönig

Die preußische Armee ist mittlerweile zur viertgrößten Europas angewachsen, und der Mann, der nur ein einziges Mal kurz und erfolgreich ins Feld gezogen ist, wird von aller Welt ›Soldatenkönig‹ genannt. Pünktlichkeit, Fleiß, Pflicht und Gehorsam avancieren zu ersten Tugenden. Die allgemeine Schulpflicht wird eingeführt und das Auswandern verboten. An seinem Lebensabend blickt Friedrich Wilhelms I. auf ein effizient verwaltetes, finanziell konsolidiertes, wirtschaftlich blühendes, zugleich hochgerüste-

›Die Tafelrunde‹ von Adolph von Menzel (Ausschnitt)

tes Königreich. In seinem Todesjahr 1740 zählt Potsdam beinahe 12 000 Einwohner, davon dient jeder dritte beim Militär. Der schlanke Tempelturm des Großen Militärwaisenhauses sowie die Türme der neu errichteten Garnisonkirche und der Heilig-Geist-Kirche – letztere beide heute nicht mehr vorhanden – prägen die Silhouette der Stadt.

Glanz und Gloria

Friedrich II. (reg. 1740–1786) versteht die vom Vater geschaffene militärische Schlagkraft trefflich zu nutzen. Nach drei großen Kriegen gegen die europäischen Großmächte verneigt sich die Welt vor König Friedrich dem Großen, wie er nun heißt, und Preußen ist als europäische Militärmacht ersten Ranges anerkannt. Als ›erster Diener seines Staates‹ widmet er sich darüber hinaus intensiv dem Aufbau des Landes. Mit dem ›Kartoffel-Befehl‹ wird der Anbau der nahrhaften Knolle durchgesetzt. Neue Wasserstraßen entstehen, Dörfer werden gegründet, Bauern und Handwerker angesiedelt, Sümpfe trockengelegt.

Der Garnisonsstadt Potsdam schenkt der König bald nach seinem Regierungsantritt eines ihrer schönsten Bauwerke: Nach einer selbstgefertigten Skizze entsteht unter der Leitung des Baumeisters Georg Wenzeslaus von Knobelsdorff ab 1745 an einem Weinberg im Nordwesten der Stadt das verspielte Rokoko-Sommerschloss Sanssouci, ›ohne Sorge‹. Auch der Park Sanssouci mit dem Neuem Palais, der Bildergalerie, den Neuen Kammern und zahlreichen weiteren Bauten nimmt in Friedrichs Herrschaftszeit Formen an. Bedeutende Architekten wie Carl von Gontard, Jan Boumann und Georg Christian Unger wirken vor Ort, und immer wieder des Königs Freund Knobelsdorff. Nach dessen Entwürfen beginnt

1744 der Ausbau des Stadtschlosses zur prachtvollen Barockresidenz, so wie sie – im Zweiten Weltkrieg schwer beschädigt und 1959/60 gesprengt – seit 2013 nun annähernd originalgetreu wiedererrichtet ist.

In der Nachbarschaft am Alten Markt veranlasst Friedrich den Bau repräsentativer herrschaftlicher Stadtpaläste nach klassischer italienischer Art. Doch auch für die einfachen Leute wird gesorgt. 1750 gründet der König im Osten von Potsdam für protestantische böhmische Weber die Weber-und Spinnerkolonie Nowawes. Der schlichten Kasernenstadt seines Vaters kommt er mit verschönernden Schaufassaden bei. ›Vorhemdchen‹ werden sie von den Potsdamern genannt. Denn hinter aller friderizianischen Kulissenzier geht es in den Stuben nach wie vor preußisch bescheiden zu. Gut 400 Häuser werden abgerissen und durch elegantere Gebäude ersetzen. Stadttore und Kirchen wachsen empor, darunter nach der Art römischer Triumphbogen das Brandenburger Tor – älter als sein Berliner Namensvetter – und für die Hugenotten die Französische Kirche. Zahlreiche Bauwerke, die Potsdam heute zu einer der schönsten Städte in Deutschland machen, gehen auf die Zeit und die Initiative Friedrichs des Großen für seine Lieblingsresidenzstadt zurück.

Schlösser und Gärten

Auf Friedrich II., der kinderlos blieb, folgen in der Neffenlinie die Könige Friedrich Wilhelm II. und Friedrich Wilhelm III. In ihre Regierungszeit fallen 1789 die Französische Revolution, später die Koalitionskriege gegen Frankreich und in deren Anschluss 1806, nach der Niederlage der preußisch-sächsischen Truppen bei Jena und Auerstedt, der Untergang des alten preußischen Königreichs. Die mit nur elf Jahren vergleichsweise kurze Regentschaft des ›dicken Lüderjahn‹, wie man Friedrich Wilhelm II. (reg. 1786–1797) dank seiner sinnenfrohen Lebensart nannte, zeitigt für Potsdam die Anlage des Neuen Gartens am Heiligen See und dort das von Carl von Gontard geschaffene, bildschöne Marmorpalais. Markierten schon vorher die Bauwerke Knobelsdorffs den Übergang vom friderizianischen Rokoko zum preußischen Klassizismus, so vollzieht sich jetzt unter König Friedrich Wilhelm II. vollständig der kulturhistorische Bruch mit dem Ancième Regime. Der Frühklassizismus setzt sich in Preußen und zuvorderst in Potsdam durch.

Unter seinem Sohn Friedrich Wilhelm III. (reg. 1797–1840) kommt es 1806 zur folgenschweren Niederlage Preußens gegen Napoleon. Am 24. Oktober 1806 zieht der französische Kaiser in Potsdam ein und soll vor dem Grab seines bewunderten Vorbilds, Friedrich dem Großen, folgenden berühmten Satz geäußert haben: ›Wenn er noch lebte, würde ich nicht hier stehen!‹

Der besiegte Friedrich Wilhelm III. (reg. 1797–1840) muss samt Familie und Hofstaat nach Ostpreußen fliehen. Währenddessen leiten Freiherr vom und zum Stein und Fürst Hardenberg in Preußen Reformen ein. Die Leibeigenschaft wird aufgehoben, Gewerbefreiheit, die Möglichkeit des Landerwerbs auch für Bürger und Bauern, die Judenemanzipation, eine Bildungs- und eine Heeresreform zählen zu den zahlreichen Maßnahmen, die bis 1813 auf den Weg gebracht werden. Die Schlacht bei Großbeeren südlich von Berlin im August 1813 läutet die Wende in den Befreiungskriegen gegen Napoleon ein; die Völkerschlacht bei Leipzig im Oktober selbigen Jahres bringt für die Grande Armée die vernichtende Niederlage.

Die Zeit nach dem Sieg über Napoleon ist in Potsdam von intensiver Bautätigkeit geprägt. Der große Baumeister Preußens, Karl Friedrich Schinkel, und seine Schüler Ludwig Persius und Friedrich August Stüler, der überragende Landschaftsgestalter Peter Joseph Lenné und der ebenso begnadete Gartenkünstler Hermann Fürst von Pückler-Muskau verwandeln die Stadt mit neuen Schlössern und Gärten in ein Gesamtkunstwerk. Seit 1840 sitzt der kunstsinnige Friedrich Wilhelm IV. auf dem Thron. Tief religiös und der Welt der Romantik verhaftet, lässt er in Potsdam mit Villen, Kirchen und Palazzi in italienisch-klassizistischer Art seinen Traum von einem ›preußischen Arkadien‹ Wirklichkeit werden. Seine romantische Italiensehnsucht, vom Geist der Antike durchdrungen und von klassischer römischer Sakral- und Villenarchitektur beeinflusst, verwandelt die Stadt in eine einzigartige Schlösser- und Gartenlandschaft. Schloss Charlottenhof, die Orangerie im Park Sanssouci, der Pfingstberg oder die Friedenskirche gehören zu den vielen eindrucksvollen Bauwerken des 19. Jahrhunderts in Potsdam, die unter Friedrich Wilhelm III. und Friedrich Wilhelm IV. Gestalt annehmen und die heute zum Weltkulturerbe der Menschheit zählen.

Die Hohenzollern – Kurfürsten, Könige, Kaiser

Kurfürst Friedrich Wilhelm, der große Kurfürst (1620–1688), reg. 1640–1688	
Ehefrauen	**Kinder**
Luise Henriette von Oranien (1627–1667)	sechs Kinder, darunter Friedrich III./I., Kurfürst von Brandenburg, König in Preußen
Dorothea von Holstein-Glücksburg (1636–1689)	sieben Kinder
Kurfürst Friedrich III./König Friedrich I. (1657–1713), reg. 1688–1713	
Elisabeth von Hessen-Kassel (1661–1683)	eine Tochter
Sophie Charlotte von Hannover (1668–1705)	zwei Söhne, darunter Friedrich Wilhelm I., preußischer König
Sophie Luise von Mecklenburg-Schwerin (1685–1735)	keine
König Friedrich Wilhelm I., der Soldatenkönig (1688–1740), reg. 1713–1740	
Sophie Dorothea von Hannover (1687–1757)	14 Kinder, darunter Friedrich II., preußischer König, und August Wilhelm, Vater von Friedrich Wilhelm II., preußischer König
König Friedrich II., der Große (1712–1786), reg. 1740–1786	
Elisabeth Christine von Braunschweig-Bevern (1715–1797)	keine, die preußische Krone geht über an Friedrichs II. Neffen Friedrich Wilhelm II., preußischer König

König Friedrich Wilhelm II., der ›dicke Wilhelm‹ (1744–1797), reg. 1786 –1797	
Elisabeth Christine von Braunschweig-Wolfenbüttel (1746–1840)	eine Tochter
Friederike von Hessen-Darmstadt (1751–1805)	sieben Kinder, darunter Friedrich Wilhelm III., preußischer König
König Friedrich Wilhelm III. (1770–1840), reg. 1797–1840	
Luise von Mecklenburg-Strelitz (1776–1810)	neun Kinder, darunter Friedrich Wilhelm IV., preußischer König; Wilhelm I., preußischer König und deutscher Kaiser; Charlotte, Zarin von Russland; Carl, Prinz von Preußen
Auguste von Harrach (1800–1873)	keine
König Friedrich Wilhelm IV., der ›Romantiker‹ (1795–1861), reg. 1840–1861	
Elisabeth von Bayern (1801–1873)	keine, die preußische Krone geht über an Friedrich Wilhelms IV. Bruder Wilhelm I., preußischer König und deutscher Kaiser
König/Kaiser Wilhelm I. (1797–1888), reg. 1861–1888	
Augusta von Sachsen-Weimar-Eisenach (1811–1890)	zwei Kinder, darunter Friedrich III., deutscher Kaiser
Kaiser Friedrich III. (1831–1888), reg. 1888–1888	
Victoria von Großbritannien und Irland (1840–1901)	acht Kinder, darunter Wilhelm II., deutscher Kaiser
Kaiser Wilhelm II. (1859–1941), reg. 1888–1918	
Auguste Viktoria von Schleswig-Holstein-Sonderburg-Augustenburg (1858–1921)	sieben Kinder
Hermine Prinzessin Reuß (1887–1947)	keine

Vom 19. Jahrhundert in die Moderne

Bereits ins 18. Jahrhundert fallen die ersten Stadterweiterungen außerhalb der Potsdamer Stadtmauern. Die Residenz wächst und gedeiht. Vorstädte bilden sich, zunächst im Südwesten die Brandenburger Vorstadt und im Südosten die Teltower Vorstadt. Ende des 18. Jahrhundert folgen nach der Einweihung des Neuen Gartens der Straßenbau in nördliche Richtung und mit diesem die Entwicklung der Nauener Vorstadt in den kommenden 100 Jahren. Ab Anfang des 19. Jahrhunderts intensiviert sich die Bautätigkeit in Potsdams Norden, ferner in der Berliner Vorstadt und in der Jägervorstadt. In der zweiten Hälfte des 19. Jahrhunderts setzt die Bebauung der Brandenburger Vorstadt im Westen der alten Stadtmauern ein.

Und auch der technische Fortschritt hält Einzug in der Havelresidenz. 1838 eröffnet die Eisenbahnlinie Berlin–Potsdam auf einer knapp 15 Kilometer langen Strecke und transportiert mit bis zu 20 Kilometern pro Stunde Personen und Güter. Nur die Märzrevolution trägt sie nicht von der Spree an den Havelstrand. Während das Volk in Berlin 1848 für eine liberale demokratische Verfassung Barrikaden errichtet, geht es in der Soldaten- und Hofbeamtenstadt Potsdam mit ihren zahlreichen Exzellenzen, Geheimen Räten und blaublütigen Offizieren vergleichsweise ruhig und beschaulich zu. Die Hoffnungen, die die Demokratiebewegung mit dem Regierungsantritt von König Friedrich Wilhelm IV. verknüpft hatte, erfüllen sich nicht.

Zwischen 1832 und 1849 übermittelt erstmals in Deutschland der ›Preußische optische Telegraph‹ mithilfe von 61 Stationen zwischen Potsdam und der Rheinprovinz optische Signale über eine Distanz von 550 Kilometer hinweg. Im Süden der Stadt errichtet man dafür 1932 die vierte dieser Stationen auf einer Anhöhe, die seither den Namen Telegrafenberg trägt. 1856 erhält die Havelresidenz eine Gasanstalt, und dank dieser erstrahlen bald darauf Gaslaternen in den kopfsteingepflasterten Straßen. Eine neue Kanalisation und eine zentrale Wasserversorgung erhöhen den allgemeinen Lebenskomfort der rund 34 000 Einwohner, die Potsdam gegen Ende der 1850er Jahre zählt.

Im Herbst 1858 übernimmt für den erkrankten König Friedrich Wilhelm IV. sein Bruder Wilhelm die Regierungsgeschäfte. 1861 wird der 63-Jährige als Wilhelm I. (reg. 1861–1888) zum preußischen König gekrönt. Wenig später ernennt er den reaktionären Altmärker Otto von Bismarck zum preußischen Ministerpräsidenten. In drei Kriegen gegen Dänemark, Österreich und Frankreich setzt Bismarck die deutsche Reichsgründung unter preußischer Führung durch. Im Januar 1871 wird in Versailles das Deutsche Reich proklamiert und Wilhelm I. zum deutschen Kaiser erklärt.

Am wiederhergestellten Stadtkanal

Im Gefolge der Proklamation verlagert sich der Brennpunkt des politischen Geschehens gänzlich von der Residenz Potsdam in die neue deutsche Hauptstadt Berlin. Nichtsdestotrotz wird auch am Havelstrand weiter Geschichte geschrieben. Nämlich Filmgeschichte: 1911 eröffnet in Nowawes vor den Toren von Potsdam das weltweit erste Großfilmstudio der Welt. Im Jahr darauf fällt am 12. Februar die Klappe zu Urban Gads ›Der Totentanz‹ mit Asta Nielsen in der Hauptrolle, dem ersten großen europäischen Stummfilmerfolg. Ebenfalls 1911 weiht man auf einem 25 Hektar großen Gelände am Ufer des Templiner Sees einen Zeppelinhafen ein. Er soll zum größten Luftfahrtzentrum Deutschlands entwickelt werden. Doch es kommt anders. Mit Beginn des Ersten Weltkriegs 1914 werden dort Kriegsluftschiffe gebaut und 1920, zwei Jahre nach Ende der grausamen Weltenschlacht, die Werkhallen gemäß dem Versailler Vertrag abgerissen. Potsdam hat zu diesem Zeitpunkt etwa 55 000 Einwohner.

Weimarer Republik und NS-Zeit

Das von 1913 bis 1916 im Stil englischer Landsitze im Neuen Garten errichtete Schloss Cecilienhof ist das letzte Bauwerk der Hohenzollern in Potsdam. Mit der deutschen Kapitulation, der Novemberrevolution, der Ausrufung der Republik und der Flucht Kaiser Wilhelms II. ins Exil endet 1918 in Deutschland die Monarchie – und somit für Potsdam auch das Dasein als zweite Hohenzollernresidenz. Fortan gibt es nur noch die Hauptstadt, und der Rest ist Provinz. Berlins schöne Nachbarin spielt keine politische Rolle mehr.

Inflation und Weltwirtschaftskrise verschonen die Provinz trotzdem nicht. Mit den Wahlen 1929 ziehen die Nationalsozialisten erstmals in den Potsdamer Provinziallandtag ein. Bei den Reichstagswahlen 1932 werden sie mit über 45 Prozent der Stimmen die mit Abstand stärkste Partei. Ende Januar 1933 ernennt der greise Reichspräsident Paul von Hindenburg Adolf Hitler zum Kanzler, Ende Februar 1933 brennt in Berlin das Reichstagsgebäude. Am 21. März eröffnet der neu gewählte Reichstag deshalb in der Potsdamer Garnisonkirche, der Grabstätte der preußischen Könige. Diesen Ort hatte Hitler nicht zufällig ausgewählt, sollte doch der ›Tag von Potsdam‹ die propagandistische Vermählung ›zwischen den Symbolen der alten Größe und der jungen Kraft‹ zelebrieren, den braunen Führer also in die Nachfolge Friedrichs des Großen stellen und damit die monarchistisch-deutschnationalen Kreise für die Sache der Nazis gewinnen. Der ›Tag von Potsdam‹ am 21. März 1933, an dem der greise Reichspräsident Hindenburg dem neuen Reichskanzler Hitler bedeutungsvoll seine Hand reichte, mag deshalb für manchen in der ehemaligen Residenzstadt als ein vielversprechendes Zeichen erschienen sein. Man erhoffte sich, der neue Führer würde die ruhmreiche Havelschönheit wieder in ihre alten Ehren einsetzen.

Am 23. März 1933 erfolgt mit dem ›Ermächtigungsgesetz‹ die nationalsozialistische Gleichschaltung Deutschlands. Zwei Jahre später verleibt sich Potsdam die Dörfer Nedlitz, Eiche, Bornim und Bornstedt ein. 1938 folgt die Zusammenlegung von Nowawes und Neubabelsberg zur Stadt Babelsberg, 1939 wird diese nach Potsdam eingemeindet. In der so vergrößerten Stadt werden im selben Jahr 126 000 Einwohner gezählt.

Von Friedrich dem Großen zu Adolf Hitler – Propagandapostkarte von 1933

In der Reichspogromnacht vom 9. auf den 10. November 1938 zerstören Einheiten von SA und Gestapo die Synagoge am Wilhelmplatz (heute Platz der Einheit). Der Zweite Weltkrieg, den Deutschland 1939 entfesselt, fordert 50 Millionen Tote. Sechs Millionen Menschen finden den Tod im Holocaust, der planmäßigen Ermordung der europäischen Juden durch das NS-Regime. In den letzten Kriegsmonaten 1945 überzieht eine Feuerwalze die deutschen Lande. Knapp zwei Wochen vor Kriegsende ereilt in der Nacht vom 14. zum 15. April die alte Residenz Potsdam ihr Schicksal. 1750 Tonnen britische Spreng- und Brandbomben werden über der Stadt abgeworfen und weite Teile des historischen Zentrums in Schutt und Asche gelegt. Etwa 1200 Potsdamer sterben bei dem Bombenangriff. Am 30. April marschiert die Rote Armee ein.

In der DDR

Nach der Kapitulation Deutschlands kommen im Juli/August 1945 in Schloss Cecilienhof im Neuen Garten die alliierten Siegermächte Großbritannien, USA und Sowjetunion zusammen und handeln das ›Potsdamer Abkommen‹ aus. Es schreibt unter anderem die Aufteilung Deutschlands in vier Besatzungszonen und Berlins in vier Sektoren fest. Den ›Staat Preußen, seine Zentralregierung und alle nachgeordneten Behörden‹ löst der Alliierte Kontrollrat im Februar 1947 auf; in der sowjetischen Besatzungszone (SBZ) gründet sich das ›Land Mark Brandenburg‹. Eine Bodenreform in der SBZ ändert radikal die Besitzverhältnisse. Insgesamt werden 3,2 Millionen Hektar Grund und Boden enteignet. Nach der Gründung der DDR am 7. Oktober 1949 beginnt die Kollektivierung der Landwirtschaft.

Die Dinge wandeln sich grundlegend: Im Rahmen einer Verwaltungsreform 1952 wird das Land Mark Brandenburg aufgelöst und in die Bezirke Potsdam, Frankfurt/Oder und Cottbus unterteilt. Potsdam ist nun Bezirkshauptstadt. Bereits 1950 beginnt man mit dem Wiederaufbau der kriegszerstörten historischen Innenstadt. Dabei verzichtet die SED-Bezirksleitung bewusst auf eine Wiedererrichtung von Stadtschloss und Garnisonkirche, da diese als Symbole des preußischen Militarismus interpretiert werden. Im Sinne einer sozialistischen Stadtplanung werden breite Verkehrstrassen geschlagen, Plattenbauten hochgezogen und Industrieanlagen errichtet. Die einstige Residenz entwickelt sich zum Industriestandort. Am 17. Juni 1953 kommt es im Unterschied zu Berlin nicht zum Volksaufstand, sondern nur zu vereinzelten Streikaktionen – möglicherweise aufgrund der massiven Militärpräsenz der Sowjetarmee und der sowjetischen Geheimdienste in der Bezirkshauptstadt.

1959/60 wird die Ruine des Stadtschlosses gesprengt, 1968 die Ruine der Garnisonkirche, 1974 die der Heilig-Geist-Kirche. Bis auf die Kuppel der Nikolaikirche ist Potsdam damit seiner überkommenen Silhouette beraubt. Aufgebaut wird aber auch, beispielsweise die Mauer, die von 1961 an Westberlin hermetisch umschließt. Potsdam verliert dadurch sowohl seinen Anschluss zum direkten Nachbarn als auch einen Teil der berühmten Schlösser- und Gartenlandschaft, die sich auf der Berliner Seite jenseits des Jungfernsees mit Schloss und Park Glienicke und der Pfaueninsel fortsetzt. Einzig auf der Glienicker Brücke, die Potsdam und Westberlin über die Havel hinweg miteinander verbindet, herrschen in den Jahren des Kalten Kriegs gelegentlich verdeckte Aktivitäten: Die verfeindeten Militärblöcke tauschen dort ihre Spione aus.

Nach Wahlfälschungen bei der Kommunalwahl im Spätfrühling 1989 durch die SED kommt es in der Bevölkerung zu immer schärferen Protesten und schließlich Massenkundgebungen. Elf Tage nach den Feierlichkeiten zum 40. Jahrestag der DDR am 10. Oktober 1989 tritt Erich Honecker als Staatsober-

Die Glienicker Brücke verbindet Berlin mit Potsdam und trennte einst Ost und West

haupt von seinen Ämtern zurück. Am 9. November fällt die Berliner Mauer, am 10. November wird die Glienicker Brücke geöffnet und die freudetrunkene Bevölkerung tauft sie sogleich in ›Brücke der Einheit‹ um.

Potsdam im neuen Jahrtausend

Mit der Wiedervereinigung und der Gründung des Bundeslands Brandenburg 1990 wird Potsdam mit damals rund 140 000 Einwohnern Landeshauptstadt. Noch im Oktober 1990 finden die ersten freien Landtagswahlen statt. Brandenburgischer Landtag und brandenburgische Regierung nehmen in der Havelstadt ihre Arbeit auf. Drei Jahre später feiert Potsdam sein 1000-jähriges Jubiläum.

Jahre des Umbruchs, der Neuorientierung und des Aufbaus schließen sich an. Dem wirtschaftlichen Strukturwandel fallen zahlreiche, oftmals veraltete Industrien zum Opfer, die Arbeitslosigkeit schnellt in die Höhe. Massive Investitionen, Standortsanierungen und Neuansiedlungen insbesondere im Technologie- und im Wissenschaftssektor bringen allmählich den Weg aus der Krise. Auf dem Telegrafenberg knüpft man an die berühmten astrophysikalischen Institute des 19. Jahrhunderts an und etabliert einen Wissenschaftspark, der mit dem Deutschen GeoForschungs-Zentrum oder dem Potsdam-Institut für Klimafolgenforschung heute zu den weltweit renommiertesten Einrichtungen zählt. Dazu gesellen sich über 40 weitere wissenschaftliche Institutionen: Max-Planck-Institute, Fraunhofer Institute, Einrichtungen der Leibnizgemeinschaft, der Helmholtz-Gemeinschaft sowie das Hasso-Plattner-Institut für Softwaresystemtechnik (HPI). An der Universität Potsdam, der Fachhochschule Potsdam, der Hochschule für Film und Fernsehen ›Konrad Wolf‹ und der Fachhochschule für Sport und Management bildet sich der wissenschaftliche und künstlerische Nachwuchs aus.

Die Schönheit der alten Residenzstadt und ihr landschaftlich atemberaubender Flickenteppich aus Wasser und Land ziehen darüber hinaus viele solvente Neubürger an; darunter Spitzen des deutschen Gesellschaftslebens, die nach und nach die herrlichen alten Potsdamer Villen beziehen: der 2014 verstorbene FAZ-Mitherausgeber Frank Schirrmacher, Bild-Chefredakteur Kai Diekmann, Topmodel Nadja Auermann, der Modezar und gebürtige Potsdamer Wolfgang Joop, TV-Moderator Günther Jauch oder der SAP-Gründer und Multimilliardär Hasso Plattner. Vor allem Plattner und Jauch steigen zu Potsdams bedeutendsten Mäzenen auf.

Innerhalb von zwei Jahrzehnten nach dem Mauerfall wechselt die Havelstadt vom Mauerblümchendasein auf die Überholspur. Während allerorts in Brandenburg die Einwohnerzahl sinkt, wächst sie in Potsdam schneller, als Wohnungen gebaut werden können. Ohne Unterlass wird renoviert, restauriert, rekonstruiert. Teile des 1965 zugeschütteten Stadtkanals sind wieder freigelegt, das Hans-Otto-Theater zieht 2006 nach Jahren in einer provisorischen Spielstätte in einen gefeierten Neubau in der Schiffbauergasse ein, und im Spätherbst 2013 ist Schlüsselübergabe für das wiedererrichtete barocke Potsdamer Stadtschloss. Im Januar 2014 nimmt der brandenburgische Landtag in den neuen alten Schlossmauern seine Arbeit auf.

Alt oder Neu, Wiederaufbau oder Zerstörung

Ein Ort wie Potsdam atmet fast an jeder Ecke Geschichte. Nahezu alle historischen Baustile lassen sich auf engstem Raum ausmachen. Indes wird man kaum spektakuläre zeitgenössische Neubauten finden. Das 2006 am Ufer des Tiefen Sees eröffnete Hans-Otto-Theater bestätigt als Ausnahme da eher die Regel. Um die Neuordnung der Potsdamer Stadtmitte, Rekonstruktion oder Neubau, wird seit langem heftig gestritten. Was die einen als ›historischen Wiederaufbau‹ bezeichnen, nennen die anderen ›Zerstörung‹; und je deutlicher das alte preußische Potsdam wieder Konturen erlangt, desto erbitterter werden die Auseinandersetzungen. Alteingesessene, Neubürger, Progressive, Konservative, linke und rechte Kommunalpolitiker und andere mehr streiten um die Vergangenheitsdeutung wie die Zukunft der brandenburgischen Landeshauptstadt.

Eine besondere Rolle spielen dabei die Mäzene, Prominente wie der TV-Moderator Jauch oder der Modezar Joop, die Potsdam nicht nur um eine Fülle an Mercedes S-Klasse bereichern. Keine andere ostdeutsche Stadt kann einen so hohen Zuzug von Reichen und Schönen verbuchen – und sie stecken viele Millionen Euro in die Verschönerung ihrer Lieblingsstadt. Günther Jauch griff in seine Privatschatulle und bezahlte den Wiederaufbau des Fortunaportals am Alten Markt. Der Versandhauskönig Otto spendierte erkleckliche Summen für die Restaurierung des Belvedere auf dem Pfingstberg und engagiert sich finanziell für die Wiedererrichtung der Garnisonkirche. Stiftungen wie die Reemtsma-Stiftung, außerdem Banken und Versicherungsgruppen, mächtige Zeitungsmacher, Schauspieler, Supermodells und andere Promis geben ihr Geld für klassizistische Turmvillen, prächtige Gründerzeitbauten und die Barockhäuschen in der Innenstadt her. Nicht zu vergessen Potsdams Supermäzen Hasso Plattner. Der gebürtige Berliner und Mitbegründer des Softwarekonzerns SAP stiftete 1998 für 200 Millionen Euro das Hasso-Plattner-Institut für Softwaresystemtechnik (HPI) der Universität Potsdam und hatte ebenso beim Wiederaufbau des barocken Stadtschlosses die Spendierhosen an. Rund 22 Millionen Euro aus Plattners Vermögen flossen in die barocke Fassade und das Kupferdach der ehemaligen Hohenzollernresidenz.

›Die Stadt ist selbst ein ästhetisches Kunstwerk, hat aber keine Kunsthalle‹, dachte sich 2012 der Softwaremilliardär, der sich außerdem als Sammler von Kunst aus der ehemaligen DDR und den neuen Bundesländern betätigt, und bot Potsdam – als neues Zuhause für die Werke von so bedeutenden Künstlern wie Werner Tübke, Bernhard Heisig, Willi Sitte und Arno Rink – den Bau einer neuen Kunsthalle an. Schnell kam der Vorschlag auf, den Tempel der schönen Künste anstelle des Hochhaushotels ›Mercure‹ an der Langen Brücke zu platzieren. Die Toplage am Havelufer gehörte einst zum Lustgarten des 1959/60 gesprengten Stadtschlosses. Ab 1967 wurde dort in Plattenbauweise das 17-geschossige Interhotel, heute Hotel Mercure, errichtet. 1969 konnte das Prestige-Objekt der SED-Bezirksleitung eröffnet werden, im Jahr 2010 erfolgte eine umfangreiche Sanierung.

Rund 45 Millionen Euro hätte Plattner für den Grundstückerwerb, Hochhaus-Abriss und Kunsthallen-Neubau vis-à-vis dem rekonstruierten barocken Stadtschloss zur Verfügung gestellt. Der Zeitpunkt war günstig: Ende 2012 lief der Vertrag zwischen dem Hotelbetreiber, der französischen Accor-Gruppe, und dem Eigentümer der Immobilie, dem US-Finanzinvestor Blackstone, aus, der verkaufen wollte.

In der Folge entbrannte über den möglichen Abriss des Hochhaushotels - ein Aushängeschild sozialistischer Baukunst - ein erbitterter Streit, wie ihn Potsdam vorher noch nicht gesehen hatte. Die Furcht, Potsdam und ›Puppenstubenstadt‹ könnten zum Synonym werden, der Verlust von Arbeitsplätzen und ganz besonders der Verlust eines wichtigen Stücks DDR-Geschichte wurde von den Abrissgegnern ins Feld geführt. Ein ›Schandfleck‹ sei das Hotel, eine ›Notdurftarchitektur‹ (Jauch) entgegneten die Abrissbefürworter herablassend und diskreditierten damit auf einen Schlag 40 Jahre DDR-Leben; ein ›Betonzahn, mitten in die Stadt getrieben‹, so der Regisseur und Wahl-Potsdamer Volker Schlöndorff, der in dem Gebäude ein Zeichen der damals ›kulturfeindlichen, geschichtsfeindlichen Haltung‹ erblickte. Woraufhin der Präsident der Landesarchitektenkammer zur Feder griff, einen öffentlichen Wettbewerb forderte und wütend schrieb: ›Wir sind hier nicht mehr bei Königs‹.

Hasso Plattner zog angesichts der Heftigkeit der Auseinandersetzung sein Angebot wieder zurück, wonach die Stadt erst recht in Aufruhr geriet. Unter dem Motto ›Aufstand der Vernunft‹ versammelte sich Mitte Juni 2012 eine rund 1000-köpfige Prominenten-Demonstration mit namhaften Künstlern, Galeristen, Filmproduzenten, Sportlern, Schauspielern und anderen mehr auf dem Alten Markt, die für den Hochhaus-Abriss eintraten. Im Mai 2013 kam es schließlich zum Kompromiss. Plattners wertvolle Kunstsammlung wird auf drei Etagen und rund 4000 Quadratmetern in den Palast Barberini einziehen, der bis 2016 nach historischem Original an der Ostflanke des Alten Markts vor dem Ufer der Alten Fahrt entsteht. Eine neue Kunsthalle wird es vorerst nicht geben.

Dagegen wird das umstrittene Hochhaus sich mindestens die kommenden 20 Jahre noch am Havelufer erheben. Im November 2013 gab das Potsdamer Stadtparlament mit einer knappen Mehrheit von 26 zu 23 Stimmen einem Antrag der Linksfraktion statt, wonach der Betreiber der Weißen Flotte, deren Heimathafen sich an der Langen Brücke befindet, am Fuß des Hotels Mercure auf Basis eines 20-jährigen Erbbaupachtvertrags ein neues Gebäude errichten darf. Der Plan von Oberbürgermeister Jann Jacobs (SPD), der für die Fläche festlegen wollte, dass dort künftig nichts mehr gebaut werden dürfe, was weitere Investitionen in das Hotel erschwert und somit auf mittlere Sicht einen Abriss möglich gemacht hätte, war damit vom Tisch. Doch der Streit Alt oder Neu, Wiederaufbau oder Zerstörung wird in der Stadt munter weitergeführt. Gegen den Bau des Weiße-Flotten-Gebäudes hat sich schon längst die Bürgerinitiative ›Rettet den Lustgarten‹ formiert.

Umstrittene DDR-Moderne

ESSAY

Potsdams berühmte Schlösser und Gärten, die barocke Innenstadt, das Holländische Viertel, die russische Kolonie Alexandrowka oder die Vorstädte mit ihrer klassizistischen Villenpracht ziehen jedes Jahr Millionen Besucher an. Mit dem Studio Babelsberg und den Forschungseinrichtungen auf dem Telegrafenberg mischt die brandenburgische Landeshauptstadt auch in Sachen Filmproduktion und als Wissenschaftsstandort ganz vorne mit. Das alles und noch viel mehr lässt sich am schönsten beim Spazierengehen entdecken.

In der Fußgängerzone

STADTSPAZIERGÄNGE

Die historische Innenstadt

Den Spaziergang durch Potsdam beginnt man am besten am **Hauptbahnhof**. Busse und Straßenbahnen starten von hier in alle vier Himmelsrichtungen zu den herausragenden Sehenswürdigkeiten: östlich zum Park und Schloss Babelsberg, nördlich durch die Innenstadt zum Neuen Garten mit Marmorpalais und Schloss Cecilienhof, südlich zum Telegrafenberg oder westlich dem Höhepunkt jeder Potsdam-Besichtigung entgegen, Park und Schloss Sanssouci. Im Bahnhofsgebäude befindet sich eine **Touristeninformation**, und ein **Fahrradverleih** bietet darüber hinaus Drahtesel zum individuellen Erkunden der brandenburgischen Landeshauptstadt an. Und für alle, die die Stadt nicht auf eigene Faust entdecken möchten, warten am nördlichen Bahnhofsausgang verschiedene Busunternehmen, ob mit Doppeldeckern oder mit Oldtimern, auf Gäste für eine Stadtrundfahrt.

Auch zum **Anleger der Weißen Flotte** an der Langen Brücke ist es nicht weit. Von dort legen die Ausflugsschiffe zu Dampferpartien über die Havelseen ab, beispielsweise zum Schlosspark Sacrow und – schon auf Berliner Seite – der Pfaueninsel oder nach Süden zum Havelstädtchen Caputh am Schwielowsee, wo das Barockschloss des Großen Kurfürsten Friedrich Wilhelm von Brandenburg steht.

Doch welches Fortbewegungsmittel man auch immer wählt, ÖPNV, ein Rad oder die eigenen Füße – allemal erwartet einen ein eindrucksvoller Spaziergang durch die Jahrhunderte. Von den ältesten Spuren vor 12 000 Jahren an über die erste Burg und später das Stadtschloss bis zur 1. und 2. barocken Stadterweiterung 1722 und 1733 umfasst die heutige Innenstadt zwischen Brandenburger Tor und Havelufer, Nauener Tor und Stadtschloss annähernd das historische Potsdam. Kleine barocke Typenhäuser, die während der Stadterweiterungen nach einem standardisierten Entwurf entstanden, barocke und klassizistische Bürgerhäuser und im Holländischen Viertel backsteinrote Holländerhäuser säumen die kopfsteingepflasterten Straßen. Der Alte Markt mit seinen prächtigen Repräsentationsbauten und der Neue Markt mit barocker und frühklassizistischer Architektur zählen zu den schönsten Plätzen in Deutschland. Von der sozialistischen Umgestaltung zeugen die Hochhäuser an der Havelstädtischen Bucht und – in prominentester Lage dort, wo sich einst Potsdams ältestes Siedlungsgebiet befand – die Plattenbauten in unmittelbarer Nähe zum Alten Markt. Die Spuren der Zerstörung im Zweiten Weltkrieg und des Verfalls insbesondere in den letzten Jahren der DDR werden zusehends weniger. In einer mittlerweile über 20-jährigen Arbeit wurde ein Großteil der Gebäude restauriert, andere originalgetreu wiedererrichtet und mancher Nachkriegsbau abgerissen. Straßen wurden zurückgebaut, der zugeschüttete Stadtkanal wieder freigelegt, und nach Jahren der vorsichtigen Annäherung an das historische Stadtbild zeigt sich Potsdam allmählich wieder im überlieferten Glanz.

Stadtschloss

Spaziert man vom Bahnhof aus den kurzen Weg über die Lange Brücke zur Innenstadt, begrüßt einen sogleich, als wäre es nie anders gewesen, das prachtvolle Potsdamer Stadtschloss. Seit des Großen Kurfürsten Zeiten war der **Vierflügelbau** die architektonische Dominante der Havelstadt. Auf das Schloss lief

▲ Karte S. 53

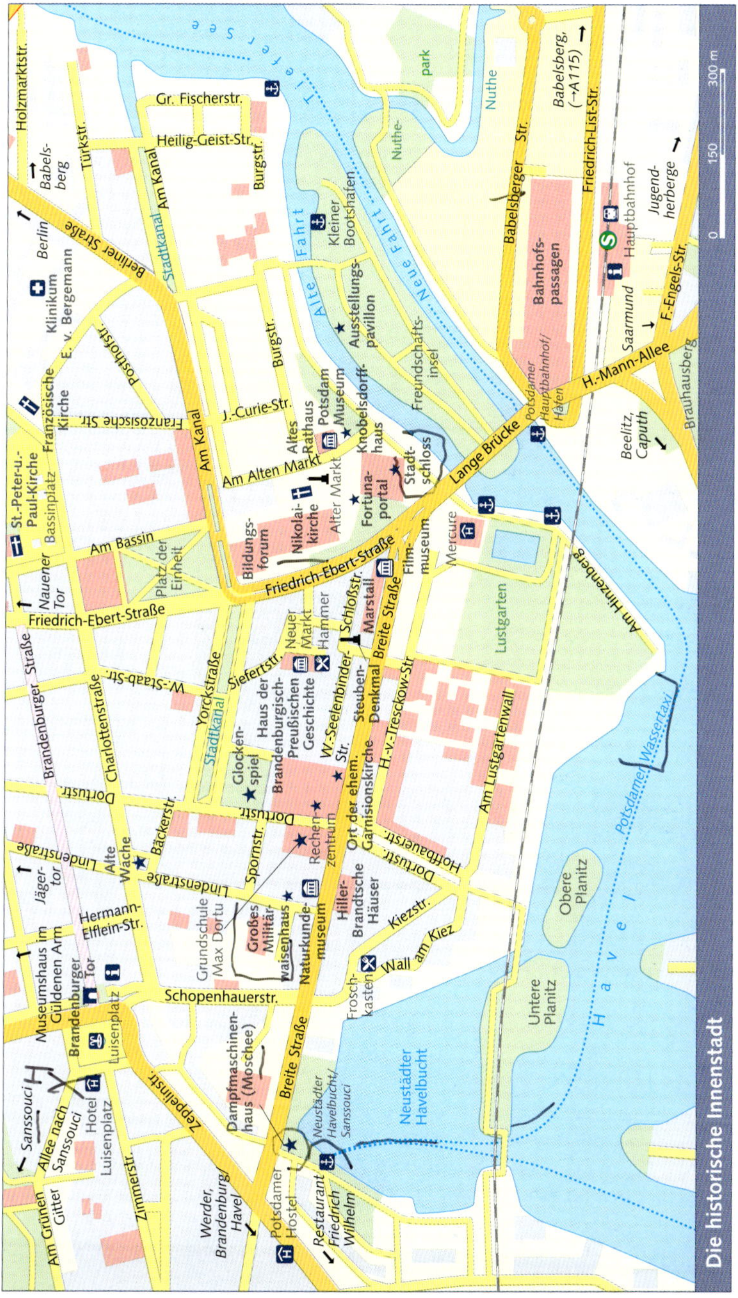
Die historische Innenstadt
Tiefer See
Alte Fahrt
Neue Fahrt
Nuthe
Nuthepark
Havel
Potsdamer Wassertaxi
Neustädter Havelbucht
Obere Planitz
Untere Planitz
Lustgarten
Freundschaftsinsel
Stadtkanal
Holzmarktstr.
Gr. Fischerstr.
Heilig-Geist-Str.
Burgstr.
Türkstr.
Am Kanal
Berliner Straße
Babelsberg
Berlin
Klinikum E. v. Bergemann
Posthofstr.
J.-Curie-Str.
Französische Kirche
Französische Str.
Am Alten Markt
Altes Rathaus
Potsdam Museum
Knobelsdorffhaus
Stadtschloss
Fortunaportal
Alter Markt
Nikolaikirche
Bildungsforum
St.-Peter-u.-Paul-Kirche
Bassinplatz
Am Bassin
Platz der Einheit
Nauener Tor
Friedrich-Ebert-Straße
Filmmuseum
Mercure
Lange Brücke
Kleiner Bootshafen
Ausstellungspavillon
Babelsberger Str.
Bahnhofspassagen
Potsdamer Hauptbahnhof/Hafen
Friedrich-List-Str.
Babelsberg, (→A115)
Hauptbahnhof
Jugendherberge
Saarmund
F.-Engels-Str.
H.-Mann-Allee
Brauhausberg
Beelitz, Caputh
Am Hinzenberg
Brandenburger Straße
W.-Staab-Str.
Yorckstraße
Siefertstr.
Neuer Markt
Hammer
Schloßstr.
Marstall
Breite Straße
Haus der Brandenburgisch-Preußischen Geschichte
Steuben-Denkmal
W.-Seelenbinder-Str.
H.-v.-Tresckow-Str.
Am Lustgartenwall
Charlottenstraße
Glockenspiel
Dortustr.
Bäckerstr.
Rechenzentrum
Ort der ehem. Garnisionskirche
Hoffbauerstr.
Lindenstraße
Alte Wache
Jägertor
Spornstr.
Hermann-Elflein-Str.
Grundschule Max Dortu
Großes Militärwaisenhaus
Naturkundemuseum
Hiller-Brandtsche Häuser
Kiezstr.
Wall am Kiez
Froschkasten
Museumshaus im Güldenen Arm
Brandenburger Tor
Luisenplatz
Schopenhauerstr.
Dampfmaschinenhaus (Moschee)
Zeppelinstr.
Sanssouci
Allee nach Sanssouci
Hotel Luisenplatz
Neustädter Havelbucht/Sanssouci
Am Grünen Gitter
Zimmerstr.
Werder, Brandenburg/Havel
Potsdamer Hostel
Restaurant Friedrich Wilhelm
0
150
300 m

Das Fortunaportal am Stadtschlosss

alles zu, auf das Schloss war alles ringsherum ausgerichtet. Es war der Nukleus und das Herzstück, der herrschaftspolitische wie auch stadträumliche Ausgangspunkt und Bezugspunkt, nach dem sich die gesamte Stadt ausbildete. Von 2011 bis 2013 ist das Schloss in nicht einmal drei Jahren Bautätigkeit dort, wo nach dem Abriss 1959/60 lange Zeit Potsdams wohl größte Wunde klaffte, wiedererbaut worden. Seitdem bildet es wieder ganz so, als wäre es nie abhanden gewesen, einen würdigen Auftakt für die Besichtigung der brandenburgischen Landeshauptstadt.

Nachdem der Große Kurfürst Friedrich Wilhelm Potsdam zu seiner zweiten Residenz erklärt hatte, ließ er das hochherrschaftliche Gemäuer 1662 bis 1669 anstelle einer heruntergekommenen Befestigungsanlage errichten. In der Regierungszeit seines Sohns und ersten Preußen-Königs Friedrich I. wurde es kontinuierlich umgebaut und erweitert, wobei als herausragende Leistung des hugenottischen Baumeisters Jean de Bodt 1701 das **Fortunaportal** als nördliche Schlosseinfahrt entstand. Seine endgültige, barocke Form fand die Hohenzollernresidenz 1744–1751 unter Friedrich dem Großen durch den Baumeister und engen Freund des Königs, Georg Wenzeslaus von Knobelsdorff (1699–1753). In dieser Erscheinung prägte das Schloss, wie es sich vom Alten Markt bis zum Havelufer erstreckte, über 200 Jahre lang das Stadtbild.

Bei einem alliierten Bombenangriff im April 1945 ging es in Flammen auf, brannte bis auf die Außenmauern nieder und wurde 1959/60, von den neuen Machthabern als Inbegriff des preußischen Militarismus denunziert, gesprengt und die Reste abgetragen.

Nach der Wiedervereinigung diskutierten die Potsdamer 15 Jahre lang intensiv das Für und Wider eines Wiederaufbaus – während ein begüterter Wahl-Potsdamer da längst Tatsachen schuf: Bereits im Jahr 2002 war die Rekonstruktion des Fortunaportals fertiggestellt, die festliche Hauptzufahrt der kriegszerstörten Hohenzollernresidenz. Der TV-Moderator Günther Jauch hatte dafür in seine Privatschatulle gegriffen und den Wiederaufbau des Portals finanziert. 2005 beschloss das brandenburgische Landesparlament schließlich, das gesamte Stadtschloss wiedererstehen zu lassen. In der vierflügeligen Knobelsdorff-Kubatur sollte es wieder Gestalt annehmen. 120 Millionen Euro kostete die öffentliche Hand das stolze Projekt. Für die Barockfassade spendierte der Potsdamer Software-Milliardär Hasso Plattner 20 Millionen und für das Kupferdach eine weiter Million Euro. Den Entwurf zeichnete der Dresdener Architekt Peter Kulka: außen barock und innen elegant, ganz und gar unprotzig und so zeitgemäß, wie es den Anforderungen eines modernen Parlamentsgebäudes entspricht. Die königlichen Innenräume, die zusammen mit den Schlössern Sanssouci und Charlottenburg einst zu den Juwelen des friderizianischen Rokoko zählten, wird man nicht wiederfinden. Denn neuer ›Schlossherr‹ ist seit 2014 der Volkssouverän. Das neue Potsdamer Stadtschloss dient als **Landtag des Bundeslands Brandenburg**.

Für seine neue Funktion wurde das alte Stadtschloss deshalb auch nicht hundertprozentig originalgetreu rekonstruiert. Zwar hat man Gesimse, Fenster und andere Baustücke nach historischem Vorbild gefertigt, und, wo noch vorhanden, Originalstücke an ihren historischen Positionen verbaut. Doch das Hohe Haus hat jetzt vier statt vormals drei Stockwerke. Der Südflügel ist durch den Plenarsaal breiter als im Original, im Ost- und

Westflügel wandeln auf knapp 20 000 Quadratmetern Rauminhalt nicht mehr Höflinge, sondern sind Fraktionsbüros, Sitzungsräume und die Landtagsverwaltung untergebracht. Und auch eine Tiefgarage hat es in preußischer Zeit bestimmt nicht gegeben.

Das berühmte einstige **Knobelsdorff-Treppenhaus** mit seinen barockverschnörkelten, zierreichen Gusseisengeländern wurde zur Enttäuschung vieler Freunde des Wiederaufbaus ebenfalls nicht originalgetreu rekonstruiert, sondern kommt jetzt weiß und in hellem Marmor als abstrahierte Idee daher. Über zwei Schwingen führen die Treppen in den ersten Stock zum Herzstück des Landesparlaments, dem Plenarsaal, hinauf. Durch eine Kuppel strömt Tageslicht in das ziemlich nüchterne weiße Halbrund des Sitzungssaals hinein. Einzig die roten Stühle der Abgeordneten sowie der Gäste auf der Zuschauertribüne bilden einen Kontrast zum Rausch in Weiß, dem sich sogar der eigentlich rote Brandenburg-Adler unterwerfen musste. Weiß prangte er über dem Redepult und wurde im Mai 2014, nach anhaltenden Protesten, dann gegen einen stilisierten roten Brandenburg-Vogel ausgetauscht. Über das Fortunaportal sind der Innenhof, eine Cafeteria im Erdgeschoss und die **Landtagskantine** im Dachgeschoss öffentlich zugänglich. Jeden Freitag am Nachmittag finden außerdem Führungen durch das Gebäude statt.

Das sozialistische Erbe verfällt

▲ Karte S. 53

Alter Markt

Die Nordflanke des Stadtschlosses öffnet sich mit dem Fortunaportal zum Alten Markt. Bis zu seiner Zerstörung im Zweiten Weltkrieg hat man ihn als einen der schönsten Plätze in Deutschland gerühmt, und mittlerweile ist seine Rekonstruktion so weit vorangeschritten, dass der verlorene Ruhm von Neuem fassbar und wieder anschaulich wird.

■ Nikolaikirche

Weithin sichtbar beherrscht die Nikolaikirche mit ihrer mächtigen, 77 Meter hohen Tambourkuppel die Silhouette der Stadt – ein Meisterwerk des preußischen Klassizismus und Wahrzeichen Potsdams. Nachdem eine ältere Barockkirche 1795 abgebrannt war, ordnete König Friedrich Wilhelm III. 1826 einen Neubau an. Vier Jahre später erfolgte der erste Spatenstich. Die Pläne dazu lieferte Karl Friedrich Schinkel (1781–1841), der sich vom Pariser Pantheon und der Londoner St.-Pauls-Kathedrale für St. Nikolai inspirieren ließ. 1837 wurde der Sakralbau geweiht, zuerst allerdings ohne Kuppel, denn die vom König bewilligten Mittel reichten dafür nicht aus. Allerdings baute Schinkel die Kirche vorsorglich mit flachem Satteldach, so dass jederzeit eine Kuppel aufgesetzt werden könnte. Sie entstand nachträglich auf Veranlassung König Friedrich Wilhelms IV. Schinkel erlebte ihre Realisierung jedoch nicht mehr. Nach einem Schlaganfall 1840 starb er im darauf folgenden Jahr. St.

Nikolai wurde durch seinen Schüler Ludwig Persius und nach dessen frühen Tod 1845 unter der Bauleitung von Friedrich August Stüler fertiggestellt. 1850 war das protestantische Gotteshaus in seiner heutigen Form vollendet.
Ende des Zweiten Weltkriegs schwer beschädigt, dauerte der Wiederaufbau viele Jahre, erst 1981 konnte die Nikolaikirche wieder eingeweiht werden. Die Ausmalung der Apsis mit den zwölf Aposteln und vier Evangelisten durch Bernhard Wilhelm Rosendahl (1804–1846) folgt einer Schinkel-Skizze. Ebenso gehen die Kanzel und die Chorschranken, der Altartisch und der Taufstein auf Schinkelsche Entwürfe zurück.
Einen herrlichen Rundumblick über Potsdam und zu Füßen auf das neue alte Stadtschloss bietet der Aufstieg in die **Kuppel**. Die letzten Meter zum Rundgang auf dem Kolonnadendach müssen dabei über eine steile, sehr schmale gusseiserne Treppe erklommen werden.

■ Altes Rathaus und Knobelsdorffhaus

Schon aus der Ferne ist das **Alte Rathaus** durch die vergoldete Atlasfigur auf seiner Kuppel auszumachen. Von 1753 bis 1755 hat es der holländische Baumeister Jan Bouman (1706–1776) errichtet. Dabei folgte Bouman einer Idee, wie sie nicht selten in jener Zeit aus Italien stammte: Er kupferte einen – für die preußischen Zwecke leicht abgewandelten – Entwurf des großen Renaissancearchitekten Andrea Palladio ab. Dies geschah nach dem Willen des Königs. Denn Friedrich der Große beabsichtigte, aus dem Alten Markt, diesem unscheinbaren Geviert im Hinterhof seines Stadtschlosses, nach dem Vorbild der römischen Stadtplätze ein repräsentatives Aushängeschild der Residenz Potsdam zu machen.

Die Nikolaikirche am Alten Markt und der Marmorobelisk

Bereits seit dem Mittelalter ist ein Rathaus am Platz bekannt; Boumanns Bauwerk ist das vierte seiner Art, nach der Zerstörung im Zweiten Weltkrieg 1966 wiedererbaut. Die vergoldete **Atlasfigur** hoch oben auf der Tambourkuppel stammt aus den Händen des Potsdamer Bildhauers Benjamin Giese. Ursprünglich war sie aus Blei gegossen und stürzte 1776 aufgrund ihres Übergewichts ab. »Dieser Atlas giebt wieder einen Beweis, wie mißlich es mit bleiernen Figuren (...) ist; denn er stand nur 23 Jahre, als er seiner Composition zu Folge wieder Abschied nahm, und sich von seiner Stelle herunter auf den Markt begab«, formuliert vornehm der königlich preußische Oberhofbaurat Heinrich Ludwig Manger (1728–1790) in seiner Baugeschichte von Potsdam. Nach dem ›Abschied‹ vom Rathausdach wurde der bleierne Atlas bald darauf durch eine leichtere Kupferarbeit ersetzt.
Das benachbarte **Knobelsdorffhaus** von 1750, das den Namen seines Baumeis-

Atlasfigur auf dem Alten Rathaus

ters trägt, entstand ebenfalls nach palladianischem Vorbild. Nach der Zerstörung im Krieg und dem Wiederaufbau dienten Altes Rathaus und Knobelsdorffhaus, durch einen modernen Zwischentrakt miteinander verbunden, ab 1966 als kommunales Veranstaltungsforum. Nach Umbau und Sanierung fungiert das Gebäudeensemble seit 2013 als **Potsdam Museum – Forum für Kunst und Geschichte**, das 1000 Jahre Potsdamer Geschichte zeigt.

Auf dem Platz

Vom Baumeister Knobelsdorff stammt wie das Schloss und das Knobelsdorffhaus auch der 1753–1755 geschaffene **Marmorobelisk** im Zentrum des Alten Markts. Seit seiner Rekonstruktion 1979 zieren den Schaft nicht mehr vier Hohenzollernherrscher in Bildnissen, sondern die Porträts von vier großen preußischen Architekten: Knobelsdorff, Gontard, Schinkel und Persius.

▸ Karte S. 53

Neben Knobelsdorff zeichnete vor allem Carl von Gontard (1731–1791) als Architekt maßgeblich bei der Ausgestaltung am Alten Markt mit. Aus seiner Feder stammt der Entwurf zum **Palais Barberini**, das 1771/72 nach dem Vorbild des römischen Palazzo Barberini an der Ostflanke des Stadtschlosses am Ufer der Alten Fahrt entstand. Im italienischen Geschmack wurden in dessen Nachbarschaft außerdem ein Palazzo Pompei (Vorbild von Baumeister Michele Sanmicheli in Verona) und ein Palazzo Chiericati (Vorbild von Andrea Palladio in Vicenza) aufgebaut. Es ist beabsichtigt, dieses historische Ensemble bis 2016 neu zu errichten und dem Alten Markt damit, zusammen mit eingepassten zeitgenössischen Neubauten, wieder eine Fassung zu geben. Das Barberini-Palais wird als Leitbau des neuen Gebäudeensembles hinter seiner rekonstruierten Fassade das Kunstmuseum des Potsdam-Mäzens Hasso Plattner aufnehmen. Auf drei Etagen und 4000 Quadratmetern können die Stadt und ihre Gäste dann Plattners einzigartige Sammlung ostdeutscher Kunst der vergangenen 60 Jahre in Augenschein nehmen, mit Werken u.a. von Wolfgang Mattheuer, Willi Sitte, Bernhard Heisig, Arno Rink und Werner Tübke.

Freundschaftsinsel

Zwischen den beiden Havelarmen der Alten und Neuen Fahrt liegt die Freundschaftsinsel. 1937–1941 wurde das gut 7,5 Hektar große Eiland auf Anregung des berühmten Potsdamer Staudenzüchters und Vordenkers einer naturnahen Gartengestaltung, Karl Foerster (1874–1970) (→ S. 101), als erster deutscher **Schaugarten** für winterharte Blütenstauden gestaltet. Nach dem Zweiten Weltkrieg in den 1950er Jahren rekonstruiert, kamen 1966 zahlreiche Skulpturen der Ausstellung ›Plastik im Freien‹ dazu, wenig später folgten ein kleiner Bootshafen, Freilichtbühne, Ausstellungspavillon, Café und andere Freizeiteinrichtungen. Für die Bundesgartenschau 2001 hat man die Anlage umfassend restauriert, und so werden dem Blumenfreund inmitten von über 1000 verschiedenen Stauden-, Sumpf- und Wasserpflanzen gewiss die Augen übergehen. Dem Schöpfer Karl Foerster hat man zum 100. Geburtstag im Herzen der kleinen Insel ein Denkmal gesetzt. Die Metallplastik von Christian Roehl schmückt ein Foerster-Zitat: ›Wer Träume verwirklichen will, muss wacher sein und tiefer träumen als andere‹.

Ein Fußgängersteg führt von der nordöstlichen Inselseite hinüber zur Uferpromenade nahe der Burgstraße. Hier befindet man sich im **ältesten Siedlungskern Potsdams**, wo sich vermutlich bereits Ende des 7. Jahrhunderts eine slawische Burg befand. Am Standort der 1726–1728 durch Pierre de Gayette erbauten, im Krieg zerstörten und 1960 abgerissenen **Heilig-Geist-Kirche** erheben sich heute, an die Gestalt der historischen Kirche angelehnt, Turm und ›Kirchenschiff‹ der Seniorenresidenz Heilig Geist Park. Die 1997 mit Abschluss der Bauarbeiten montierte, von weiter Ferne her sichtbare Turmspitze gehört für manchen Betrachter zu Potsdams weniger schönen Wahrzeichen.

Um die Ecke haben sich an der Großen Fischerstraße Reste der unter dem Soldatenkönig 1722 errichteten **Zollmauer** (Akzisemauer) erhalten.

Marstall und Lustgarten

Das Stadtschloss, der benachbarte Marstall und zur Havel hin der Lustgarten bildeten einst, durch Kolonnaden miteinander verbunden, ein wahrhaft majestätisches Ensemble – und mit etwas Einbildungskraft lässt es sich sogar heute noch ausmachen: An der Westseite des Stadtschlosses erstreckt sich gleich am Anfang der Breiten Straße auf gut 150 Metern der ocker- und sienafarbene **Marstall**. Der langgezogene Barockbau, dem 1685 der kurfürstlich brandenburgische Baumeister Johann Arnold Nering (1659–1695) Gestalt verlieh, ist das einzige zum Stadtschloss gehörende

Auf der Freundschaftsinsel

Bauwerk, das noch original erhalten ist. Auf Geheiß des Großen Kurfürsten errichtet, diente es zunächst als Orangerie und ab 1715 als Pferdestall. Baumeister Knobelsdorff hat ihm dann 1746 das heutige Aussehen gegeben. Seit 1981 ist in seinen Mauern das **Filmmuseum Potsdam** untergebracht, das 100 Jahre Geschichte der weltberühmten Babelsberger Filmstudios zeigt.

Ein **Lustgarten** am Schloss wurde bereits Ende des 16. Jahrhunderts vermerkt. Ab 1660 ließ ihn der Große Kurfürst, parallel zum repräsentativen Ausbau der Schlossanlage, nach Westen und zum Havelufer hin erweitern. 1695 gesellte sich unter seinem prunksüchtigen Spross, König Friedrich I., ein Hafenbecken für Lustschiffe hinzu (das heutige Neptunbassin). Anschließend räumte dessen Sohn Friedrich Wilhelm I., ganz Soldatenkönig, den Luxus im Lustgarten wieder ab und machte einen Exerzierplatz daraus.

Nach der Thronbesteigung Friedrichs II. 1740 begannen vier Jahre später die Bauarbeiten zur aufwändigen Umgestaltung des Stadtschlosses und in diesem Zuge auch die Errichtung zweier Kolonnaden zu seinen Seiten. Sie verbanden Marstall, Schloss und Flussufer miteinander und

Der Marstall an der Breiten Straße

▲ Karte S. 53

fassten so den Lustgarten ein. Ein kleiner Teil davon, ein Fragment der **Ringerkolonnade**, ist noch erhalten und kann heute am Havelufer nahe dem Schiffsanleger bewundert werden. Landschaftsgärtnerische Modernisierungen folgten Anfang des 19. Jahrhunderts und 1903 der Eisenbahndamm, der den Lustgarten seitdem im Süden von der Havel abtrennt.

Nicht lange nach der Gründung der DDR musste die Anlage dann einem Sportstadion weichen, ergänzt um das von 1966 bis 1969 hochgezogene, 17-geschossige **Interhotel** (heute Hotel Mercure). Zur Bundesgartenschau 2001 wurde das Sportstadion wieder abgerissen, ein Teil des Lustgarten nach Maßgabe der historischen Anlage restauriert und ein weiterer Teil als zentrale Veranstaltungsfläche planiert. Doch damit noch nicht genug der wechselhaften Geschichte an diesem so exponierten Potsdamer Ort: 2012 bot der Softwaremilliardär und größte Mäzen der Stadt, Hasso Plattner, die Finanzierung einer Kunsthalle an – am Platz des Hotel Mercure, das als Plattenbau im barocken Umfeld vielen Potsdam-Verschönerern seit langem ein Dorn im Auge ist und dafür hätte abgerissen werden müssen. Das Vorhaben scheiterte aufgrund massiver Proteste. Aber die Debatte geht weiter, die sich im Spannungsfeld einer Rekonstruktion der königlich-preußischen Geschichtslandschaft und der Bewahrung der DDR-Geschichte im Potsdamer Stadtbild bewegt (→ S. 48).

Links und rechts der Breiten Straße

Westlich vom Marstall markieren links und rechts der Breiten Straße zwei baugleiche, aus Knobelsdorffscher Feder stammende Kopfbauten die historische Begrenzung des Lustgartens. Sie entstanden im Auftrag Friedrichs des Großen, der an der Allee, die schon sein Urgroßvater,

Die Ringerkolonnade

der Große Kurfürst angelegt hatte, schmucke Bürgerhäuser errichten ließ. Viele von ihnen wurden im Zweiten Weltkrieg zerstört und ein weiterer Teil in den 1970er Jahren für den Ausbau der Breiten Straße zur sozialistischen Magistrale niedergerissen. In den kommenden Jahren wird das Asphaltband nun ein Facelifting erhalten und in seinen überkommenen Rang einer königlichen Allee zurückversetzt werden. Folgt man der Breiten Straße, fällt der Blick kurz darauf auf den **Langen Stall**, 1734 von Georg Christian Unger als Reit- und Exerzierhaus errichtet. Seitdem er im Zweiten Weltkrieg in Schutt und Asche zerfiel, existiert von ihm nur noch eine potemkinsche Fassade. Ein ehrgeiziger Wiederaufbau durch den Mäzen Hasso Plattner als Standort für die Potsdamer Kunsthalle wird in der Stadt diskutiert.

Garnisonkirche

Direkt in der Nachbarschaft steht als solitärer backsteinerner Gewölbebogen die Rekonstruktion eines Bauteils der Potsdamer Garnisonkirche. Die Kirche, einst vom Soldatenkönig Friedrich Wilhelm I. in Auftrag gegeben und 1732 eingeweiht, brannte im Zweiten Weltkrieg aus und wurde 1968 als Sinnbild des preußischen Militarismus gesprengt. Vielen galt der Sakralbau als Meisterwerk des norddeutschen Barock, andere empfanden ihn – mit einem voluminösen, knapp 90 Meter hohen Glockenturm an einem viel zu kleinen Kirchenschiff – von jeher unproportioniert. Aber allemal war die Garnisonkirche ein Hauptwerk des königlichen Baudirektors Johann Philipp Gerlach (1679–1748). In der Gruft unter der Kanzel wurde 1740 der Soldatenkönig begraben, 1786 folgte ihm sein Sohn Friedrich der Große.

Infolge des Berliner Reichstagsbrands in der Nacht auf den 28. Februar 1933 traten die Abgeordneten des neu gewählten Reichstags, ohne die Volksvertreter von SPD und KPD, am 21. März zu ihrer zeremoniellen Auftaktveranstaltung in der Potsdamer Garnisonkirche zusammen. Den Ort, wie ihn schon Fontane bezeichnete: »Symbol des Jüngstgeborenen im alten Europa, des Militärstaats Preußen«, hatte Reichspropagandaminister Goebbels nicht zufällig ausgewählt. Publikumswirksam wurde an der Verehrungsstätte der preußischen Monarchie

Nachgebauter Backsteinbogen an Stelle der einstigen Garnisonkirche

Das Militärwaisenhaus

die Vereinigung des national-konservativen Lagers mit der neuen völkischen Macht unter Hitler feierlich sichtbar gemacht (→ S. 64).

Heute setzt sich ein **Förderverein** mit viel Prominenz unter Federführung der evangelischen Kirche für den Wiederaufbau des historischen Potsdamer Wahrzeichens ein. 2005 wurde der Grundstein für den Gewölbebogen unter strengsten Sicherheitsvorkehrungen gelegt. Denn wie kaum ein anderes Bauvorhaben – Begräbniskirche des Soldatenkönigs und Friedrichs des Großen, 1933 als Traditionsort preußischer Geschichte von Hitler zu Propagandazwecken missbraucht – ist es auf symbolhafte Weise mit der preußischen und deutschen Geschichte verknüpft und spaltet die Potsdamer in engagierte Befürworter und erbitterte Gegner eines Wiederaufbaus. Eine Ausstellung des Fördervereins in einem Provisorium hinter der Baugrube zeichnet die Geschichte der Garnisonkirche nach. In der Grünanlage zwischen Dortu- und Yorckstraße, nur einen Steinwurf entfernt, erklingt seit 1991 eine Nachbildung des **Garnisonkirchen-Glockenspiels**.

▲ Karte S. 53

Zwischen Rechenzentrum und Lindenstraße

Noch – steht auf einem Großteil der Fläche der untergegangenen Garnisonkirche an der Kreuzung Dortustraße zur Breiten Straße das in den 1970er Jahren erbaute **Rechenzentrum**. Schön ist es nicht, in der Tat. Aber die an der Erdgeschossfassade umlaufenden Mosaiktafeln verdienen mehr als nur einen Blick. Nach Entwürfen des Künstlers Fritz Eisel (1929–2010) stellen sie einen Zyklus mit dem Titel ›Der Mensch bezwingt den Kosmos‹ dar.

Schräg gegenüber in der Breiten Straße 8–12 bilden die üppig stuckierten **Hiller-Brandtschen Häuser** einen augenfälligen stilistischen Kontrapunkt. Nach einem Entwurf von Georg Christian Unger 1769 ausgeführt zeigen sie sehr schön, wie wohlhabende Potsdamer Großbürger in jener Zeit bauen ließen.

Unter der Adresse Breite Straße 13 erhebt sich wenige Schritte entfernt das **Ständehaus der Zauche**, 1770 nach Plänen von Gottfried Christian Unger erbaut. Ursprünglich versammelten sich dort die Bürgerschaft und der Adel der Potsdamer Nachbarkreise, 1815 wurde es Wohnhaus und 1953 zog das Potsdamer **Naturkundemuseum** ein, das seitdem unter dieser Adresse firmiert. Ein Sandsteinobelisk in der Nachbarschaft, mit Fantasie-Hieroglyphen geschmückt, ist ein Überrest des 1945 zerstörten Neustädter Tors.

Um die Ecke nimmt das **Große Militärwaisenhaus** einen ganzen Abschnitt der Lindenstraße ein. 1722–1724 wurde es auf Befehl von König Friedrich Wilhelm

I. für die Kinder gefallener, verstorbener oder auch bedürftiger Soldaten errichtet. Durch Carl von Gontard 1771–1777 erweitert und prachtvoll spätbarock ausgebaut, gilt insbesondere die – heute rekonstruierte – 26 Meter hohe Gontardsche Säulenkuppel mit einer Caritas-Figur obenauf als Meisterwerk der preußischen Architektur.

Lindenstraße

Ein kleiner Abstecher in die Lindenstraße lohnt sich. Nicht, weil der Straßenzug in der Potsdamer Altstadt außergewöhnlich wäre. Sondern im Gegenteil, weil er als Paradebeispiel preußischer Stararchitektur für Potsdam so typisch ist: die bürgerlichen Wohnhäuser Nr. 23, 24 und 27 1772 von Georg Christian Unger (1743–1799) erbaut, ebenso das ehemalige Lazarett der Leibgarde mit der Hausnummer 25; Nr. 26 ein Wohnhaus 1734 von Johann Philipp Gerlach (1697–1748); die Lindenstraße 28/29 eine ehemalige Kaserne für verheiratete Offiziere, 1753 von Jan Bouman (1706–1776) errichtet; eine weitere Kaserne unter der Hausnummer 35–39 1764 von Händen Heinrich Ludwig Mangers (1738–1790), und vom selben Baumeister ein Jahr später die Wohnhäuser Lindenstraße 40–44; oder Hausnummer 45, die von Andreas Ludwig Krüger (1743–1828) in den Jahren 1795 bis 1797 erbaute **Alte Wache**. Das reich verzierte frühklassizistische Wachgebäude mit seinen bis dahin in Potsdam ungewöhnlichen Bogengängen kennzeichnete bis 1733 die alte Stadtgrenze. Spaziert man von der Ecke Lindenstraße die Breite Straße weiter hinab, ragt kurz danach eine kuriose Erscheinung auf.

Die ›Moschee‹

Am Ufer der Neustädter Havelbucht steht eine 1841–1843 von Ludwig Persius erbaute ›**Moschee**‹ – die in Wahrheit ein **Dampfmaschinenhaus** ist, Pumpwerk für die Fontänen im nahen Park Sanssouci. »Nach Art der türkischen Moscheen mit einem Minarett als Schornstein« wollte es Auftraggeber Friedrich Wilhelm IV. errichtet wissen. Die reich verzierte gusseiserne Dampfmaschine, die Wasser aus der Neustädter Havelbucht in das Becken auf dem Ruinenberg hinter Schloss Sanssouci pumpt, wurde im Oktober 1842 erstmals in Gang gesetzt. Seitdem steigt die große, fast 40 Meter hohe Fontäne vor Schloss Sanssouci auf; auch wenn der Dampf-Dinosaurier heute schon längst durch einen 200 Kilowatt starken Elektromotor ersetzt worden ist. Stündlich pumpt dieser 500 Kubikmeter Havelwasser durch das fast 90 Kilometer lange, historische Leitungsnetz. Ein Höhenunterschied von ca. 35 Metern wird dabei bis zum Ruinenberg (→ S. 76) überwunden, von wo aus das Wasser dann per Eigendruck in das verzweigte Parkwassernetz eingespeist wird.

Die ›Moschee‹

Stadtspaziergänge

Tag von Potsdam

Am 21. März 2014 jährte sich zum 81. Mal der ›Tag von Potsdam‹. Jener dunkle Tag in der Geschichte der Havelstadt, an dem es zum symbolträchtigen Schulterschluss zwischen den monarchischen, nationalkonservativen und restaurativen Kräften der Weimarer Republik und Hitlers nationalsozialistischer brauner Bewegung kam. Keine zwei Monate vorher hatte der greise Reichspräsident Paul von Hindenburg am 30. Januar 1933 Adolf Hitler zum Reichskanzler ernannt. Kurz darauf ging in der Nacht vom 27. zum 28. Februar 1933 das Berliner Reichstagsgebäude in Flammen auf. Die anschließenden Reichstagswahlen am 5. März konnte die NSDAP mit 43,9 Prozent der Stimmen als Siegerin für sich verbuchen, doch hatte sie ihr Wahlziel, die absolute Mehrheit für eine Alleinregierung, nicht erreicht.

In dieser Situation war es unverzichtbar für Hitler, die bisher skeptischen nationalkonservativen Eliten für sich zu gewinnen. Was also konnte da überzeugender sein, als mit viel Zeremoniell die Verbindung des ›alten‹ mit dem ›neuen‹ Deutschland wirkungsmächtig in Szene zu setzen? Der Zeitpunkt für das Spektakel war schnell ausgemacht: Der 62. Jahrestag der Eröffnung des ersten Reichstags 1871 sollte es sein. Und da das Reichstagsgebäude abgebrannt war, kam man überein, die feierliche Konstituierung des neuen Parlaments am 21. März 1933 in der alten Preußenresidenz Potsdam zu begehen. Kaum ein Ort schien dafür besser geeignet als die Stadt der preußischen Könige. Unter deren Führung hatte sich einst der Nobody unter den europäischen Mächten binnen weniger Generationen zur gefürchteten Großmacht aufgeschwungen. In der Potsdamer Garnisonkirche lagen der Soldatenkönig Friedrich Wilhelm I. und sein verehrter Sohn Friedrich der Große zur letzten Ruhe. Welcher Ort könnte für die symbolische Vereinigung von ›alter Größe‹ und junger Kraft‹, wie die Nazi-Propaganda später den Vorgang verklärte, passender sein als die unter dem Soldatenkönig errichtete Garnisonkirche? Nach anfänglichem Widerstreben auf Seite der evangelischen Kirche einigte man sich schließlich darauf, die Versammlung in dem Potsdamer Gotteshaus auf einen feierlichen Staatsakt zu beschränken. Die eigentliche Konstituierung des Reichstags fand dann am späten Nachmittag am 21. März in der Berliner Kroll-Oper statt.

Der ›Potsdamer Rührkomödie‹, so Propagandaminister Goebbels verächtlich über seine eigene Inszenierung, tat das indes keinen Abbruch. Schon morgens am 21. März war die Stadt in ein Meer von kaiserlichen Reichsflaggen und Hakenkreuzfahnen getaucht. Von überall strömten die Menschen zusammen. Und wer nicht selbst zusehen konnte, für den übertrug der Rundfunk deutschlandweit das Geschehen. Wie im Protokoll vorgesehen, fand zunächst ein nach Konfessionen getrennter Gottesdienst statt: in der Nikolaikirche der Reichspräsident Hindenburg und die evangelischen Abgeordneten, in St. Peter und Paul die katholischen Volksvertreter. Anschließend marschierte man – die Straßen von paradierenden Soldaten der Reichswehr und der SA gesäumt – zum Staatsakt in der Garnisonkirche. Dort versammelten sich neben den Abgeordneten der rechten und bürgerlichen Parteien die führenden Männer aus Wirtschaft, Politik, Militär und Verwaltung. Die Sozialdemokraten blieben dem Anlass fern; während die gewählten kommunistischen Volksvertreter bereits ›nützliche Arbeiten in den Konzentrationslagern‹ verrichteten, wie der nationalsozialistische Reichsinnenminister Frick hämisch äußerte.

Dann folgte auf den Stufen der Garnisonkirche die Begegnung zwischen Hitler und Hindenburg: der Reichspräsident in der überkommenen Uniform des kaiserlichen Generalfeldmarschalls, der nationalsozialistische neue Kanzler ungewohnt in Frack und Zylinder; Hitler verbeugte sich vor Hindenburg, danach gaben der greise Kriegsheld des deutschen Kaiserreichs und der Führer des heraufziehenden Dritten Reichs einander die Hand.

Besser können Bilder kaum produziert werden, wenn sie ›Realität‹ weitererzählen sollen – entweder in der Interpretation des monarchisch-nationalkonservativen Lagers, das überzeugt davon war, der kleinbürgerliche Gefreite aus dem niederösterreichischen Braunau und seine gewaltbereiten Spießgesellen verbeugten sich vor der königlich-kaiserlichen Tradition Preußens; oder im Verständnis der Nationalsozialisten, deren Führer sich durch den Ritterschlag am ›Tag von Potsdam‹ in eine Traditionslinie mit Friedrich dem Großen, Bismarck und Hindenburg gestellt sah.

Schon zwei Tage später war klar, wer im Spektrum von konservativ über rechtsaußen bis nationalsozialistisch die Deutungshoheit über die Bilder wie auch die politische Macht für sich verbuchen konnte. Am 23. März 1933 stimmte der Reichstag mit Zweidrittelmehrheit dem ›Gesetz zur Behebung der Not von Volk und Reich‹, dem so genannten ›Ermächtigungsgesetz‹ zu. Das Parlament schaffte sich damit selbst ab. Deutschland wurde zur Diktatur. Der Ausgang ist bekannt.

Die Nachbildung des Glockenspiels der gesprengten Garnisonkirche

ESSAY

Im alten Stadtkern

Zurück Ecke Dortustraße: Dort erblickte 1826 im Haus Nr. 28/29 der Radikaldemokrat und Revolutionär Max Dortu das Licht der Welt. 1860 übereignete seine Familie das 1771 nach Plänen von Georg Christian Unger errichtete Gebäude der Stadt. Sieben Jahre später wurde es zur Schule umgebaut. Eine Gedenktafel an der heutigen Grundschule erinnert an Max Dortu (→ S. 74).

In der **Grünanlage Plantage** kurz vor dem Stadtkanal erklingt seit 1991 eine Nachbildung des **Glockenspiels** der gesprengten Garnisonkirche. Das 40-Glocken-Carillon spielt traditionell zur vollen Stunde ›Lobe den Herrn‹ und zur halben ›Üb' immer Treu und Redlichkeit‹.

Nördlich wird die Grünfläche von der Yorckstraße mit einem zur Bundesgartenschau 2001 rekonstruierten Teilstück des historischen **Stadtkanals** begrenzt. Der Soldatenkönig hatte den Kanal ab 1722 nach dem Vorbild holländischer Grachten bauen lassen. Die künstliche Wasserstraße durchzog auf anderthalb Kilometern die Innenstadt, war mit Havelwasser gespeist und mit geschwungenen Brücken und schmiedeeisernen Geländern geschmückt. Da aber die Fließgeschwindigkeit nicht sonderlich hoch war, roch das Wasser oft nicht sehr gut. Anfang der 1960er Jahre wurde der Stadtkanal deshalb zugeschüttet. Seit 1999 laufen die Arbeiten an seiner Restaurierung.

Am Neuen Markt

Vom Kanal ist es ein Katzensprung in den alten Stadtkern zum **Neuen Markt**. Bis ins 18. Jahrhundert hinein wurden dort Pferde geschirrt, danach entwickelte sich der Platz zur vornehmen Adresse, und als einziger Platz im historischen Stadtkern hat er den Zweiten Krieg nahezu unversehrt überstanden. Heute

Der Kutschstall am Neuen Markt

versammeln sich in den barocken Gebäuden, die den Neuen Markt säumen, eine Reihe von Potsdams bedeutendsten wissenschaftlichen Institutionen. In der Platzmitte steht die ehemalige **Städtische Ratswaage** von 1875, gegenwärtig ein Restaurant. Im **Kabinettshaus** am Neuen Markt 1 kam 1767 vermutlich Wilhelm von Humboldt zur Welt und lebte der spätere König Friedrich Wilhelm II. 1770 wurde hier König Friedrich Wilhelm III. geboren.

Die Westseite am Platz nimmt die frühklassizistische Fassade des ehemaligen königlichen **Kutschstalls** ein. Von 1787 bis 1790 durch Hofbaumeister Andreas Ludwig Krüger errichtet, beherbergt er heute das **Haus der Brandenburgisch-Preußischen Geschichte**, das mit seinen Ausstellungen in 900 Jahre brandenburgische und preußische Vergangenheit entführt. Obenauf wird das Gebäude von einer ungewöhnlichen Quadriga gekrönt. Denn die Zügel vom königlichen Pferdegespann hält nicht etwa eine allegorische Siegesgöttin in ihrer Hand, sondern ganz handfest der peitschenschwingende Leibkutscher Friedrich Wilhelms II., umgeben von seinen Stallburschen.

▲ Karte S. 53

Zwischen Bassinplatz und Brandenburger Tor

Im Zuge der beiden Stadterweiterungen 1722 und 1733 durch Friedrich Wilhelm I. wuchs die kleine Residenz nach Norden und nach Westen über den Stadtkanal hinaus und verdoppelte sich nahezu. Staatlich gefördert und Willkommen geheißen zogen mehr und mehr Glaubensflüchtlinge zu, die die unterschiedlichsten Handwerkskünste aus ihren Heimatländern mitbrachten. Aber vor allem die Verlegung des königlichen Leibregiments 1713 nach Potsdam hatte die alte Stadt an ihre Grenzen gebracht. Neue Straßenkarrees wurden angelegt, schlichte barocke Typenhäuser errichtet und mit Bürgern und Soldaten bevölkert. Schon 1721 war die erste Erweiterung bis zur Charlottenstraße vollendet. Ab 1733 folgte der weitere Ausbau, der mit der Errichtung des Holländischen Viertels bis 1742 seinen Abschluss fand. Entsprechend wurde die Stadtmauer versetzt und verlief nun zwischen Brandenburger Tor, Jägertor, Nauener Tor, und Bassinplatz als neue Stadtgrenze.

Bassinplatz

Vom Stadtschloss zum Nauener Tor zieht sich die Friedrich-Ebert-Straße durch das historische Zentrum. Dabei streift sie den Platz der Einheit und kreuzt kurz darauf Potsdams Flaniermeile, die Brandenburger Straße. Dort ragt am östlichen Ende der 64 Meter hohe Kirchturm von **St. Peter und Paul** in den Himmel hinauf. Die Kirche für die katholische Gemeinde wurde zwischen 1867 und 1870 nach Plänen der Schinkel-Schüler Friedrich August Stüler (1800–1865) und Wilhelm Salzenberg (1803–1887) im bunten Mix aus byzantinischen und romanischen Stilelementen erbaut. Als Vorbild für den Glockenturm diente der Campanile der Basilika San Zeno Maggiore in Verona; wertvollste Exponate der Innenausstattung sind drei Gemälde von Antoine Pesne.

Der Kirche zu Füßen dehnt sich der Bassinplatz aus. Das weitläufige Geviert, auf dem Potsdams Wochenmarkt abgehalten wird, erinnert mit seinem Namen an ein Wasserbassin, das Friedrich Wilhelm I. während der zweiten Stadterweiterung zur Trockenlegung des damals sumpfigen Terrains hatte anlegen lassen. Zu seiner Zierde errichtete Jan Bouman 1739 mitten im Becken einen kleinen Lustpavillon, die ›Gloriette‹. Doch das unterirdische Rohrsystem mit Abfluss zum Stadtkanal und Heiligen See funktionierte nicht wie gedacht. Immer wieder verschlammte das Bassin und wurde 1825 bis auf einen kleinen Teich zugeschüttet. Mit dem Bau von St. Peter und Paul verlor schließlich

Die Kirche St. Peter und Paul

Die Französische Kirche

auch dieser seine Daseinsberechtigung. An die Stelle der verbliebenen Gloriette rückte nach Kriegsende 1945 ein Friedhof mit sowjetischem Ehrenmal für die Soldaten der Roten Armee.

Im südöstlichen Winkel steht am Bassinplatz der kleine ovale Kuppelbau der **Französischen Kirche**. Nach dem Erscheinungsbild des römischen Pantheons entwarf Architekt Knobelsdorff die Kirche für die wachsende französisch-reformierte Gemeinde; die Bauleitung 1752/53 hatte Jan Bouman. Das Kircheninnere wurde 1833 von Karl Friedrich Schinkel neu gestaltet. Die restaurierte kostbare Grüneberg-Orgel geht auf das Jahr 1783 zurück.

Auf der Brandenburger Straße zum Brandenburger Tor

▲ Karte S. 53

Zahlreiche Restaurants und Straßencafés sowie ein bunter Strauß an Einkaufsläden und Boutiquen säumen die Brandenburger Straße. Die Fußgängerzone und Potsdamer Einkaufsmeile, die sich von St. Peter und Paul über 750 Meter westwärts bis zum Brandenburger Tor erstreckt, zieren hübsch restaurierte historische Bürgerhäuser. In der Hausnummer 3 wenige Schritte vom Brandenburger Tor entfernt hält die **Touristeninformation** zahlreiche Angebote zum Potsdam-Entdecken bereit.

Kurz vorher kreuzt die kopfsteingepflasterte **Lindenstraße**, wo sich, mitten im Herz der barocken Innenstadt, hinter der Hausnummer 54/55 lange Zeit eine der berüchtigtsten Potsdamer Adressen verbarg. 1733 bis 1737 von Johann Philipp Gerlach für den Kommandanten des Königlichen Leibregiments errichtet, wurde das Palais 1820 zum Gericht umfunktioniert und erhielt nach einer Erweiterung 1843 im Jahr 1909 einen Gefängnisanbau. Hinter dessen Mauern verschwanden im Dritten Reich vom Potsdamer Volksgerichtshof verurteilte Regimegegner. 1945 übernahm der sowjetische Geheimdienst NKWD den Gebäudekomplex. Abermals wurden Tausende eingesperrt, gefoltert und zum Tode verurteilt. Von 1952 bis 1989 diente das ›Lindenhotel‹, wie die Potsdamer das gefürchtete Haus nannten, schließlich als Stasi-Untersuchungsgefängnis des Be-

In der Brandenburger Straße

zirks Potsdam. Heute bewahrt die **Gedenkstätte Lindenstraße** für die Opfer politischer Gewalt im 20. Jahrhundert den Ort des Schreckens vor dem Vergessen. Die düsteren Zellentrakte kann man besichtigen.

Einen zweiten Abstecher lohnt der kurze Weg in die Hermann-Elflein-Straße hinein, wo unter der Hausnummer 3 das **Museumshaus Im Güldenen Arm** firmiert. Das Fachwerkhaus mit seinem formschönen Holzschnitzwerk rund um die Eingangstür ist ein mustergültiges Beispiel für einen barocken Typenbau der zweiten Stadterweiterung im 18. Jahrhundert. 1990 sollte infolge seiner Baufälligkeit bereits die Abrissbirne anrücken, doch konnte es in letzter Minute gerettet werden. Nach einer aufwändigen Restaurierung zeigt der Brandenburgische Kulturbund in seinen Innenräumen heute Wechselausstellungen zeitgenössischer Kunst.

Den westlichen Abschluss der Brandenburger Straße bildet das **Brandenburger Tor** am Luisenplatz. Den schmucklosen

In der Gedenkstätte Lindenstraße 54/56

Vorgängerbau seines Vaters, der 1733 während der zweiten Stadterweiterung entstand, ließ Friedrich der Große ab 1770 durch einen prachtvollen Triumphbogen nach römischer Art ersetzen. Mit seinem Vollendungsjahr 1771 ist das Brandenburger Tor sogar älter als sein bekannter Berliner Namensvetter und darf sich darüber hinaus nicht nur eines, sondern gleich zweier Baumeister rühmen: Die stadtwärtige Seite stammt von Carl von Gontard, die üppig verzierte Feldseite von dessen Schüler Georg Christian Unger.

Bereits 1744 wurde vor dem Tor der Luisenplatz angelegt. Von dort gelangt man in wenigen Minuten zum Grünen Gitter, einem der Eingänge in den Park Sanssouci.

Holländisches Viertel

Nördlich des Bassinplatzes ordnen sich in vier Karrees 134 rote Giebelhäuschen im typisch holländischen Stil. Weiße Fugen und weißgrüne Fensterläden schmücken die unverputzten Backsteinfassaden, so wie das Holländische Viertel von 1734 bis 1742 unter der Leitung des Amsterdamers Jan Bouman (1706–1776) Gestalt annahm. Die Häuser sollten viele tüchtige niederländische Handwerker aufnehmen, von denen sich König Friedrich Wilhelm I. Wirtschaftswachstum und Wohlstand versprach.

Bereits der Große Kurfürst, selbst Urenkel des legendären Wilhelm I. von Oranien, pflegte intensive Beziehungen mit den Vereinigten Niederlanden, die damals zu den progressivsten Ländern Europas gehörten. Zur Trockenlegung der brandenburgischen Sümpfe und Brüche holte er niederländische Wasserbauingenieure ins Land, außerdem Bauern und Handwerker, die sich auf die modernsten Methoden des Obst- und Gemüseanbaus sowie die neuesten Fertigungstechniken

Holländisches Viertel

im Haus- und Festungsbau verstanden. Sein Enkelsohn, König Friedrich Wilhelm I. setzte die Tradition fort. Studienreisen ins Land seiner Großmutter hatten ihn sehr beeindruckt. Und so hoffte er, mit zahlreichen Vergünstigungen, wie ein Haus zum Geschenk, solide Verdienstmöglichkeiten sowie Religionsfreiheit, viele fleißige Holländer nach Potsdam zu locken. Doch trotz großzügiger Privilegien kamen die Einwanderer nicht so zahlreich wie gewünscht, weshalb letztendlich Soldaten ins Holländische Viertel einzogen. Zu DDR-Zeiten völlig heruntergekommen, ist das architektonische Kleinod unterdessen sorgfältig restauriert und lädt mit Lokalen, Kunsthandwerk-, Mode- und Designläden zum Bummeln ein.

In der Gutenbergstraße 76 befand sich über viele Generationen hinweg die Werkstatt der berühmten Potsdamer Orgelbauer-Familie Schuke. Erst 2004 zog das 180-jährige Traditionsunternehmen in ein größeres, modernes Gebäude nach Werder um. In der Mittelstraße 8 verströmt das um 1735 erbaute, fast noch im Originalzustand erhaltene **Jan Bouman Haus** in Vorderhaus, Hof, Hofgebäude und Garten viel Atmosphäre jener Zeit und erzählt als Museum aus der Geschichte der holländischen Immigranten. Im Haus Mittelstraße Nr. 25 lebte von 1744 bis zu seinem Tod 1752 der bedeutende Bildhauer des friderizianischen Rokoko, Friedrich Christian Glume (1714–1752).

Vom Nauener Tor zum Jägertor

Mit dem Neubau der Stadtmauern im Zuge der Stadterweiterungen wurde auch manches Stadttor neu errichtet. So das **Nauener Tor**, das in unmittelbarer Nähe zum Holländischen Viertel mit Zinnen und Türmen an der Friedrich-Ebert-Straße thront. Es ist das zweite Tor dieses Namens. Ein erstes von 1733 ist nicht mehr erhalten. Das zweite entstand nach einem Vorschlag Friedrichs des Großen 1754/55 durch den Hofbaumeister Johann Gottfried Büring (1723–1788). Der König hatte dafür das um 1750 erbaute schottische Inverary Castle zur Vorlage genommen. So wurde das Nauener Tor mit seinen beiden gotisierenden Türmen zu einem der frühesten Beispiele neugotischer Architektur in Kontinentaleuropa. 1868 ließ es Wilhelm I. umbauen, wodurch es die Spitzbogendurchfahrt und seine Zinnenkronen erhielt.

Am Platz vor dem Nauener Tor wartet das traditionsreiche **Café Heider** auf Naschkatzen. Im 1731 von einem holländischen Tischlermeister erbauten Haus befindet sich bereits seit 1903 eine Konditorei. Karl Heider übernahm sie in den 1960er Jahren und machte das Café dank seiner Tortenbäckerkunst weit über die DDR-Grenzen hinaus bekannt. 1991 wechselte es zwar seinen Besitzer, doch ist es mit seiner riesigen Tortenauswahl auch heute noch eine Sünde wert.

Das Nauener Tor durchschritten, schmückt sich die **Hegelallee** jenseits der alten Stadtgrenze mit eleganten klassizistischen Villen und achtunggebietenden Gründerzeitbauten. Das von 1880 bis 1883 errichtete Landgericht, heute Amtsgericht, in der Hegelallee 8 zieren blau-goldene Mosaiken von Villeroy & Boch. Unmittelbar nebenan fällt eine Neubauplatte ins Auge. Hier hatte zu DDR-Zeiten die ›Firma Horch & Guck‹ – die Stasizentrale des Bezirks Potsdam ihren Sitz. Ecke Jägerallee ist die 1847/48 von Ferdinand von Arnim für den Königlichen Platzmajor Albert von Haacke erbaute gleichnamige Villa von Haacke ein schönes Beispiel für die herrschaftliche Wohnarchitektur in Potsdam Mitte des 19. Jahrhunderts.

Davor erhebt sich im Zentrum der Straßenkreuzung das **Jägertor** als Potsdams ältestes und einzig noch im Original erhaltenes Stadttor. 1733 wurde es ver-

Im Holländischen Viertel

Stadtspaziergänge

Das Nauener Tor

gleichsweise schlicht aufgebaut. Oben auf der Attika trägt es eine Figurengruppe zum Schmuck, die eine Jagdszene darstellt. Sie erinnert daran, dass sich zur Zeit des Großen Kurfürsten nicht weit entfernt die kurfürstliche Fasanerie befand. König Friedrich Wilhelm I. ritt durch das Tor die Allee aus der Stadt hinaus zu seinem Jägerhof. 1869 wurden auf beiden Seiten Öffnungen für Fußgänger durchgebrochen, seit 1907 steht das Jägertor gänzlich frei.

Historische Innenstadt

Touristeninformation, Brandenburger Straße 3 (am Brandenburger Tor), Tel. 0331/275580, www.potsdamtourismus.de, April–Okt. Mo–Sa 9.30–18, So 9.30–16 Uhr, Nov.–März Mo–Fr 10–18, Sa/So 10–16 Uhr.

Touristeninformation Potsdam Hauptbahnhof, Bahnhofspassagen (neben Gleis 6), Babelsberger Straße 16, Tel. 0331/27558899, www.potsdamtourismus.de, Mitte April–Okt. Mo–Sa 9.30–20, So 10–16 Uhr.

Stadtschloss – Landtag Brandenburg, Besucherdienst, Alter Markt 1, 14467 Potsdam, Tel. 0331/9661253, www.landtag.brandenburg.de. Über das Fortunaportal ist der Schloss-Innenhof tgl. 9–20 Uhr zugänglich, Cafeteria im EG wochentags 8–18 Uhr, Kantine im Dachgeschoss wochentags 11–15 Uhr, Freitagnachmittag Landtagsführungen nach vorheriger Anmeldung beim Besucherdienst.

St. Nikolaikirche, am Alten Markt, Tel. 0331/2708602, www.nikolaipotsdam.de, im Sommerhalbjahr tgl. 9–19 Uhr, im Winterhalbjahr tgl. 9–17 Uhr (sonntags erst ab 11.30 Uhr).

Potsdam Museum – Forum für Kunst und Geschichte, Am Alten Markt 9 (Altes Rathaus), 14467 Potsdam, Tel. 0331/2896868, www.potsdam.de, Di–Fr 10–17, Do 10–19, Sa/So 10–18 Uhr.

Filmmuseum Potsdam, Breite Straße 1a, Tel. 0331/271810, www.filmmuseum-potsdam.de, wegen Renovierung noch bis Herbst 2014 geschlossen.

Ausstellung Garnisonkirche, Breite Straße 7, www.garnisonkirche-potsdam.org, tgl. 10–18 Uhr.

Naturkundemuseum Potsdam, Breite Straße 13, Tel. 0331/2896707, www.naturkundemuseum-potsdam.de, Di–So 9–17 Uhr.

Dampfmaschinenhaus, Breite Straße 28, www.spsg.de, Mai–Okt. Sa/So 10–18 Uhr (12.30–13 Uhr Mittagspause), Besichtigung nur mit Führung.

Haus der Brandenburgisch-Preußischen Geschichte, Kutschstall, Am Neuen Markt 9, Tel. 0331/6208550, www.hbpg.de, Di–Do 10–17, Fr-So 10–18 Uhr.

Kirche St. Peter und Paul, Bassinplatz 2, Tel. 0331/2307990 (Pfarrbüro), www.peter-paul-kirche.de, Di–Sa 10–18, So 12–16 Uhr.

Französische Kirche Gutenbergstraße77 (am Bassinplatz), Tel. 0331/291219, www.reformiert-potsdam.de, geöffnet zu den Gottesdiensten und zu Veranstaltungen.

Jan Bouman Haus, Mittelstraße 8, Tel. 0331/2803773, www.jan-bouman-haus.de, Mo–Fr 13–18, Sa/So 11–18 Uhr.

Gedenkstätte Lindenstraße für die Opfer politischer Gewalt im 20. Jahrhundert, Lindenstraße 54/55, Tel. 0331/2896112, www.potsdam.de, Di–So 10–18 Uhr.

Museumshaus Im Güldenen Arm Hermann-Elflein-Str. 3, Tel. 0176/10006504, www.imgueldenenarm.de, Mi-So 12–18 Uhr.

Weitere praktische Informationen ab → S. 194

Max Dortu - Revolutionär aus Leidenschaft

Immer am 31. Juli versammelt sich vor der Gedenktafel an der Grundschule ›Max Dortu‹ in der Dortustraße eine kleine Gruppe von Menschen, um am Jahrestag von Max Dortus standrechtlicher Erschießung 1849 an den Radikaldemokraten und Revolutionär von 1848 zu erinnern. Ein ›Vorbild‹ nannte ihn 2012 Potsdams Oberbürgermeister Jann Jakobs und befand: »Potsdam kann stolz darauf sein, einen solch aufrechten und tapferen Mann hervorgebracht zu haben, der exemplarisch für das 19. Jahrhundert den anderen Geist von Potsdam verkörpert - jenseits von preußischem Beamtentum und Kadavergehorsam.«

Am 29. Juni 1826 kam Johann Ludwig Maximilian, kurz Max, als Sohn des Justizrats Ludwig Wilhelm Dortu in Potsdam zur Welt. Die gutbetuchte Hugenotten-Familie war einst mit der ersten Flüchtlingswelle aus Frankreich an die Havel gelangt. Vater Ludwig Wilhelm setzte sich als Mitglied der Potsdamer Stadtverordnetenversammlung für demokratische Mitwirkungsrechte, Presse-, Rede- und Versammlungsfreiheit ein und stritt für die Überführung des preußischen Absolutismus in eine konstitutionelle Monarchie. Sein Sohn Max studierte in Berlin und Heidelberg Jura. Anschließend nahm er am Potsdamer Stadtgericht eine Referendarstelle an. Gleichzeitig schlug sein Herz für die demokratische Revolution, die im Königreich Preußen mit ersten Unruhen in Berlin am 6. März 1848 begann.

Die Situation eskalierte, als es bei einer Demonstration vor dem Berliner Stadtschloss am 18. März zur Auseinandersetzung zwischen Bürgern und Soldaten kam. Barrikadenkämpfe - unter den Aufständischen der 22-jährige Dortu - schlossen sich an, in deren Folge mehrere hundert Opfer zu beklagen waren. Am 12. Mai machte Dortu als Sprecher des ›Potsdamer Politischen Vereins‹ Prinz Wilhelm von Preußen für die Toten verantwortlich und verlieh dem Bruder des Königs und Anführer der militaristisch-reaktionären Kamarilla am Hof den Beinamen ›Kartätschenprinz‹. Wegen Majestätsbeleidigung wurde er anschließend zu fünfzehnmonatiger Festungshaft verurteilt, jedoch in zweiter Instanz freigesprochen und kam im Oktober 1848 bereits nach drei Monaten Gefängnis wieder frei.

Etwa zur selben Zeit nahm am 12. Oktober die Preußische Nationalversammlung - demokratisches Zugeständnis von König Friedrich Wilhelm IV. nach der blutigen Märzrevolution - in Berlin ihre Beratungen zu einer preußischen Verfassung auf. Am 8. November folgte die monarchistische Reaktion: die Verlegung der Versammlung von der Hauptstadt Berlin ins kleine Brandenburg. Vorher bereits hatte Dortu zum bewaffneten Widerstand aufgerufen. Am 10. November marschierte Generalfeldmarschall Wrangel mit 40 000 Soldaten im revolutionären Berlin ein, zwei Tage später wurde der Belagerungszustand über die Stadt verhängt.

Um Militärtransporte aus der Garnisonsstadt Potsdam nach Berlin zu vereiteln, initiierte Dortu die Zerstörung des elektrischen Telegrafen und der Eisenbahngleise. Ein Steckbrief der Sicherheitspolizei ließ nicht lang auf sich warten: »Der Kammergerichts-Ausculator Johann Maximilian Ludwig Dortu«, heißt es da, »ist des Aufruhrs und der Urheberschaft an der, am Sonntag, den 12.d.M., auf der hiesigen Eisenbahn verübten Exzesse, namentlich der Demolierung der Eisenbahnschienen dringend verdächtig und hat sich der Verhaftung durch Flucht entzogen. Sämtliche Zivil- und Militär-Behörden werden deshalb ergebenst ersucht, (...) ihn

Gedenktafel für Max Dortu an seinem Geburtshaus

im Betretungsfalle verhaften und unter sicherer Begleitung in unserem Gefängnis einliefern zu lassen.«

Dortu floh über Belgien zunächst nach Paris, begeisterte sich für den italienischen Freiheitskampf unter Giuseppe Mazzini und schloss sich im Mai 1849 der badischen Revolutionsarmee an. Am 17. Juli ging er in Freiburg seinen Häschern ins Netz und wurde durch ein Standgericht zum Tode verurteilt. Am 31. Juli wurde Max Dortu auf dem Freidhof im Freiburger Stadtteil Wiehre erschossen.

Die Eltern emigrierten 1850 nach Frankreich. Einen Teil ihres Hab und Guts übertrugen sie der Stadt Potsdam für soziale Zwecke. In ihr Haus in der Waisenstraße zog 1866 eine Schule ein. Ein weiterer Teil des Vermögens ging als Hinterlassenschaft ins süddeutsche Freiburg unter der Auflage, dass die Stadt die Dortusche Grabstätte für immer pflege. 1860 hatte die Mutter für Max und ihren nachgefolgten Mann Ludwig Wilhelm am Ort der Exekution ein kleines Mausoleum errichten lassen. 1861 fand auch sie selbst in diesen Mauern zur ewigen Ruhe.

Seitdem kümmert sich die Stadt Freiburg um das Familiengrab, und jedes Jahr am 31. Juli findet dort eine Gedenkfeier zu Ehren Max Dortus und zweier weiterer Vorkämpfer für die Demokratie statt. 1948 wurde in Potsdam die Waisenstraße in Dortustraße umbenannt und an der Grundschule ›Max Dortu‹, dem Geburtshaus des Revolutionärs, eine vom Bildhauer Walter Bullert geschaffene Tafel angebracht. Des weiteren sind in Freiburg und in Karlsruhe Straßen nach Max Dortu benannt.

Sanssouci

Zu den Höhepunkten jeder Potsdam-Besichtigung gehört der Besuch von Sanssouci: dem Park Sanssouci mit seinem einzigartigen Ensemble von Schlössern und Gärten sowie Schloss Sanssouci selbst, das dem Park seinen Namen gab. Mehrere Hohenzollern-Generationen, von Friedrich II. bis Friedrich Wilhelm IV., haben dieses glanzvolle Werk der Architektur und Gartenbaukunst innerhalb von einem Jahrhundert nach ihrem königlichen Willen geformt. Seit 1990 zählt die beinahe 300 Hektar umfassende Schlösser- und-Gärten-Anlage zum UNESCO-Weltkulturerbe.

Den ersten Spatenstich unternahm der Soldatenkönig Friedrich Wilhelm I. für einen bescheidenen Küchengarten, gefolgt von seinem Sohn, Friedrich dem Großen, der 1744 vor den Toren der Stadt einen ›Wüsten Berg‹ zunächst für den Obst- und Weinbau terrassieren ließ und ebendort ein Jahr später den Grundstein für sein berühmtes Sommerschloss Sanssouci legte. Noch unter Friedrich nahmen nach und nach die Neuen Kammern, der Ruinenberg und die Bildergalerie, das Chinesische Haus, der Antiken- und der Freundschaftstempel, das Neue Palais mit Communs und zuletzt das Belvedere auf dem Klausberg Gestalt an. Als zweiter herausragender Bauherr und zugleich Vollender der Parkanlage von Sanssouci war König Friedrich Wilhelm IV. drei Generationen später für den Bau des Orangerieschlosses, von Schloss Charlottenhof und der Römischen Bäder und zum krönenden Abschluss – genau hundert Jahre nach dem Baubeginn von Schloss Sanssouci – für die Errichtung der Friedenskirche am Grünen Gitter verantwortlich.

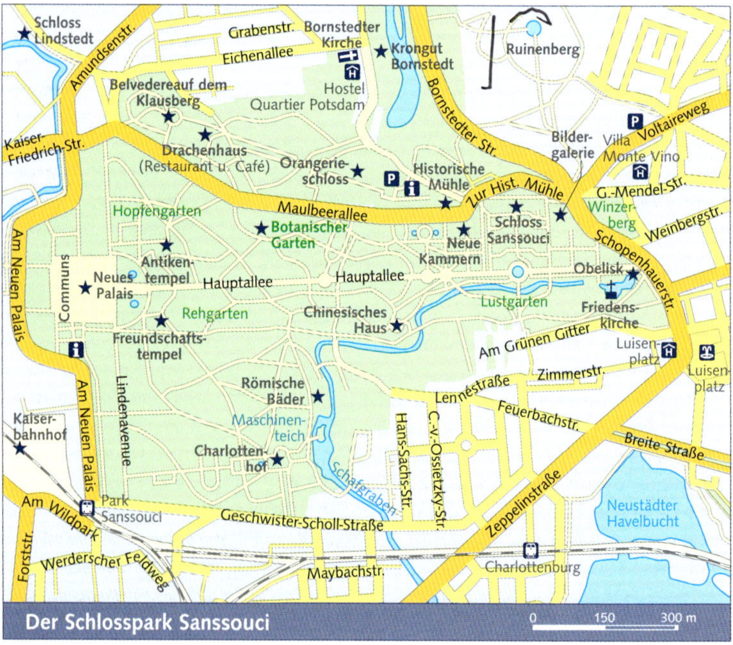

Der Schlosspark Sanssouci

Der Besucher-Andrang vor allem für die **Besichtigung von Schloss Sanssouci** ist sehr groß. Es empfiehlt sich deshalb, die Eintrittskarten möglichst früh am Tag zu erwerben, am besten gleich bei Öffnung der Kasse um 10 Uhr, oder rechtzeitig online zu reservieren. Für den **Besuch des riesigen Neuen Palais** sollte man ebenfalls Zeit mitbringen. Allerdings kann es im größten Schlossbau von Friedrich II. wegen laufender Sanierungsarbeiten immer wieder zu längeren Schließungen einzelner Säle kommen; weshalb es auf jeden Fall lohnt, sich vor dem Besuch aktuell auf der Website der ›Stiftung Preußische Schlösser und Gärten‹ zu informieren. (→ S. 95)

Neben den vielen majestätischen Bauwerken, von denen nicht nur Schloss Sanssouci und das Neue Palais eine Aufwartung wert sind, nimmt auch der Park selbst ordentlich Zeit in Anspruch. Insgesamt 70 grüne Kilometer Weg, an Fontänen, Lauben, Skulpturen, Grotten, Pagoden und Tempeln vorbei, wollen erwandert werden. Zur Orientierung dient dabei die ›Hauptallee‹, die im ›Gartenparterre‹ zu Füßen eines Großteils der Schlösser schnurgerade über knapp zweieinhalb Kilometer als Ost-West-Magistrale vom Obelisk-Portal über die Große Fontäne unterhalb von Schloss Sanssouci bis zum Neuen Palais verläuft. Das Fahrradfahren ist im Park Sanssouci, außer auf dem parallel zur Hauptallee südlich entlangziehenden Ökonomieweg, nicht erlaubt.

Vom Obelisk-Portal zur Großen Fontäne

Nur einen Steinwurf nördlich vom Brandenburger Tor ragt vor dem Eingang zum Park Sanssouci ein 1747 aufgestellter **Obelisk** in den Potsdamer Himmel hinauf. Sein Entwurf stammt aus der Feder des Baumeisters und Freundes von Friedrich dem Großen, Georg Wenzeslaus von Knobelsdorff (1699–1753). Die Hieroglyphen, die das Sandsteinmonument zieren, sind nach künstlerischer Fantasie frei erfunden.

Wenige Meter später flankieren links und rechts der Hauptallee zwei **korinthische Säulen** mit den Büsten der römischen Göttinnen Flora (Göttin der Blüte) und Pomona (Göttin der Baumfrüchte) den Parkeingang, und bald nach diesem Auftakt zweigt ein Weg rechter Hand zur **Neptungrotte** ab. Das Ensemble römischer Meeresgötter mit einem Neptun, zwei Najaden und zwei Tritonen wurde von Händen des Bildhauers Johann Peter Benkert (1709–1765) geschaffen und zwischen 1751 und 1757 nach Knobelsdorff-Plänen realisiert. Lange Zeit war das kleine schöne Kunstwerk verfallen und wird nun, auch dank großzügiger Spenden, seit 2014 restauriert.

An die Neptungrotte schließen sich im Park-Parterre die **Kleine Fontäne** und dort in der Sichtachse die **Bildergalerie** an. Das langgezogene, eingeschossige Gebäude, über dessen Mittelteil eine kleine Kuppel thront, wurde zwischen 1755 und 1764 durch Johann Gottfried Büring (1723–1788) erbaut. Von außen vergleichsweise schlicht, entfaltet es innen mit Marmorböden, barocken Skulpturen, Schnitzereien, Stuckaturen und einer reichen Goldornamentik eine umso größere Pracht. Sie umrahmt opulent die Gemäldesammlung, deren Grundstock Friedrich der Große legte: mit **Werken der Hochrenaissance** und vor allem kostbarer **Malerei des italienischen und niederländischen Barock**, darunter Gemälde von Peter Paul Rubens, Anton van Dycks ›Pfingsten‹ und Caravaggios ›Ungläubiger Thomas‹. In typisch barocker Manier hängen die Kostbarkeiten in der Bildergalerie in vergoldeten Rahmen in Reihen dicht gedrängt nebeneinander, über- und untereinander.

Vergoldete Sonne am Gitterpavillon vor Schloss Sanssouci

Schnellen Schritts folgt auf die Kleine Fontäne bald darauf die **Große Fontäne** unterhalb von Schloss Sanssouci. Fast 40 Meter hoch steigt der Wasserstrahl auf, allerdings funktionierte sie noch nicht zur Zeit Friedrichs des Großen. Erst seit der Inbetriebnahme des Pumpwerks in der ›Moschee‹ an der Neustädter Havelbucht 1842 kann die Fontäne ihre ganze Wasserpracht in die Höhe treiben. Das runde Becken im Herzen des barocken **Lustgartens** umgeben zwölf Marmorskulpturen, die die vier Elemente und acht römische Götter vorstellen. Zum Teil handelt es sich dabei um Präsente des französischen Königs Louis XV. 1750 an Friedrich II., weshalb die Anlage den Namen **Französisches Rondell** erhielt.

Von dort geht der Blick vom Fuße des Weinbergs hinauf zur berühmten Gartenansicht von Schloss Sanssouci. Im Sommer 1744 erging Friedrichs Order, am Südhang des Bornstedter Höhenzugs Terrassen für einen **Weinberg** anzulegen. In zwei Jahren Bauarbeit entstanden sechs breite Terrassen, an deren Stützmauern man an Spalieren einheimische Obst- und Weinsorten pflanzte, abgewechselt mit verglasten Nischen, in denen kälteempfindliche südliche Früchte gediehen. Die Mittelachse des Weinbergs ziert eine majestätische Freitreppe, die vom Gartenparterre zum verspielten Sommerschloss König Friedrichs des Großen ansteigt.

Schloss Sanssouci

Sanssouci, Schloss Sorgenfrei. Im Sommer 1744, vier Jahre nach seiner Thronbesteigung, entwirft Friedrich II. sein künftiges Sommerdomizil. 1745 folgt der erste Spatenstich, und unter der Leitung des Baumeisters Knobelsdorff nimmt die Perle des Rokoko Formen an: eingeschossig, gut 100 Meter lang auf einem Terrassenhang, im Zentrum von einer Kuppel gekrönt. Am 1. Mai 1747 wird Friedrichs Sommerresidenz eingeweiht, in der er, wenn er nicht reisen oder Krieg führen muss, vom Frühjahr bis in den späten Herbst seine Tage verbringt. In Schloss Sanssouci sammelt der König Gefährten um sich, darunter den Dichter und Philosophen Voltaire. Es wird Zuflucht in schwierigen Zeiten und zuletzt Friedrichs Sterbeort.

Ein Lusthaus, ein ›maison de plaisance‹, sollte es nach seiner Skizze werden, gra-

▶ Karte S. 76

zil und elegant, zu ebener Erde, mit hohen Fensterflügeln, die bis zum Parkett reichen, so dass – wie unmittelbar aus dem Boden gewachsen – kaum etwas die Innenräume von der Natur draußen zu trennen scheint. Knobelsdorff, der den Entwurf zu zeichnen hatte, war von der Vorstellung seines Königs ganz und gar nicht entzückt. Ohne Sockelgeschoss und weit abgerückt vom oberen Terrassenrand würde der Bau, vom Parterre aus betrachtet, wie in den Berg gedrückt wirken. Indes, der König wünschte keine monumentale Anlage. Für Repräsentationszwecke ließ er eben zur selben Zeit, und ebenfalls unter der Regie Knobelsdorffs, das Potsdamer Stadtschloss um- und ausbauen. Seine Majestät bevorzugten zur Krönung des Weinbergs ein lauschiges intimes Rokoko-Schlösschen, und der Herr Baumeister hatte Schloss Sanssouci gefälligst so zu errichten, mit Sandsteinfiguren von Händen des Potsdamer Bildhauers Friedrich Christian Glume (1714–1752) reich geschmückt, wie es in seiner Charakteristik heute noch zu bewundern ist.

Aufbau des Schlosses

Im Unterschied zur verspielten südlichen Gartenseite des Schlosses fällt die nördlich Hofseite etwas weniger üppig aus. Kolonnaden aus korinthischen Doppelsäulen umschließen im Halbrund den **Ehrenhof**. Hier befinden sich der Besuchereingang, Kasse und Museumsshop. Die beiden langgestreckten Seitentrakte, die an den eingeschossigen friderizianischen Hauptbau anschließen, hat beinahe 100 Jahre später erst König Friedrich Wilhelm IV. anbauen lassen. Dazu wurden zwischen 1840 und 1842 die alten Seitenflügel teils abgerissen, teils verlängert und aufgestockt, so dass unter der Leitung der Architekten Ludwig Persius und Ferdinand von Arnim ein westlicher **Damenflügel** mit Gemächern für den königlichen Hofstaat entstand und im neuen Ostflügel Wirtschaftsräume und eine zeitgemäße **Schlossküche** untergebracht werden konnten.

Zimmer im Schloss

Das ursprüngliche Schloss Sanssouci Friedrichs des Großen besitzt nicht mehr

Das Schloss Sanssouci von der Gartenseite

als zwölf Räume, von denen seine Majestät daselbst sogar nur fünf bewohnte. Ein Doppelraum aus Vestibül und zur Gartenseite unter der Kuppel des kunstreichen **Marmorsaals** bildet das Herzstück der kleinen Sommerresidenz. Westlich davon liegen die Gästezimmer, darunter das mit exotischer Fauna und Flora verzierte **Voltairezimmer**, in dem der französische Philosoph allerdings nie gewohnt hat.

Östlich erstrecken sich des Königs Gemächer: das **Audienzzimmer** und das **Konzertzimmer**, in dem sich der Querflötist und Komponist Friedrich dem geliebten Musizieren hingab und das in Adolph Menzels berühmtem Gemälde von 1852, ›Der Flötenspieler von Sanssouci‹ größer erscheint als es in Wirklichkeit ist. Daran schließen sich das **Schlaf- und Arbeitszimmer** sowie die zedernholzgetäfelte, über 2200 Bände umfassende **Bibliothek an.**

Bei der Innenausstattung hat es der König an nichts fehlen lassen. Wer seinerzeit als Künstler Rang und Namen hatte, wurde mit der Ausgestaltung beschäftigt: so die Bildhauer Glume und Benkert oder für die prächtigen Wand- und Deckenmalereien herausragend der preußische Hofmaler Antoine Pesne (1683–1757). Vom Originalmobiliar Friedrichs ist dagegen nicht mehr viel erhalten. Sein Neffe und Nachfolger auf dem preußischen Thron, Friedrich Wilhelm II., ließ das verschlissene Inventar, in dem der ›Alte Fritz‹ zusammen mit seinen Windspielen seine letzten Jahre verbrachte, nach dessen Tod umgehend entsorgen. Was sich bewahren konnte, kam erst Mitte des 19. Jahrhunderts durch den ›Romantiker auf dem Thron‹ Friedrich Wilhelm IV. nach Schloss Sanssouci zurück; unter anderem der legendäre Sterbesessel seines Urgroßonkels Friedrich II.

▲ Karte S. 76

■ Grabstätte Friedrichs des Großen

Eine einfache Sandsteinplatte ist der einzige Schmuck auf Friedrichs Grabstätte in der östlichen oberen Terrassenecke, so wie es der König in seinem Testament niedergeschrieben hatte: »Ich habe als Philosoph gelebt und will als solcher begraben werden, ohne Gepränge, ohne feierlichen Pomp, ohne Prunk. (...) Man bestatte mich in Sanssouci auf der Höhe der Terrassen in einer Gruft, die ich mir habe herrichten lassen.« Meistens liegen einige Blumen und außerdem ein paar Kartoffeln auf der Grabplatte. Schließlich war es Friedrich II., der in Preußen den Anbau der nahrhaften Knolle durchgesetzt hatte.

Bis seine königlichen Gebeine in Sanssouci ruhen durften, vergingen jedoch noch über 200 Jahre. Entgegen seinem letzten Willen wurde Friedrich der Große vielmehr zusammen mit dem verhassten Vater, Friedrich Wilhelm I., in der Potsdamer Garnisonkirche beigesetzt. Im Zweiten Weltkrieg vor den alliierten Luftangriffen in Sicherheit gebracht, gelangten die Sarkophage über einige Umwege 1946 in die Marburger Elisabethkirche und 1952 schließlich in die Stammburg der Hohenzollern am Westrand der Schwäbischen Alb. Dort blieben sie bis zur deutschen Wiedervereinigung, um am 17. August 1991 zum 205. Todestag Friedrichs mit großem Pomp nach Potsdam zurückzukehren. Den Soldatenkönig setzte man im Kaiser-Friedrich-Mausoleum an der Friedenskirche im Park Sanssouci bei. Friedrich II. fand seine letzte Ruhestätte gemäß seiner Verfügung in Schloss Sanssoucis östlicher oberen Terrassenecke.

Die Laubengänge links und rechts vor den Seitenflügeln, die jeweils in einem mit vergoldeten Sonnen geschmückten Gitterwerkpavillon münden, wurden bereits unter Knobelsdorff aufgerichtet. Im

Ehrenhof von Schloss Sanssouci

östlichen Pavillon steht eine Replik des ›Betenden Knaben‹, einer um ca. 300 v. Chr. geschaffenen Bronzestatue, die Friedrich II. 1747 erworben hatte. Das Original befindet sich seit 1830 in der Obhut der Berliner Museen.

Auf dem Ruinenberg

Von Schloss Sanssoucis nördlichem Ehrenhof geht die Sicht geradeaus auf den Ruinenberg mit einem kreisrunden, von **antikisierenden Ruinen** gesäumten Wasserbassin. Friedrich der Große ließ es 1748 nach Knobelsdorff-Plänen zur Bewässerung der Fontänen im Park Sanssouci anlegen. Teure Wasserspiele wie die Große und die Kleine Fontäne oder die Neptungrotte galten seinerzeit als unverzichtbare Merkmale hochherrschaftlicher Prachtentfaltung.

Um für die Fontänen den nötigen Wasserdruck aufzubauen, hatte man folgendes System ausgetüftelt: Mit Hilfe von Windmühlen sollten Pumpen in Gang gesetzt werden, die Havelwasser hoch ins Becken auf den Ruinenberg pressten. Von dort würde das in Röhren herabschnellende Nass dann durch Eigendruck die Fontänen unten im Park aufrichten. Der Nachteil bei diesem System war: Es funktionierte nicht. Trotz exorbitant hoher Investitionskosten sprudelten die Fontänen nicht.

Erst mit der Erfindung der Dampfmaschine im 19. Jahrhundert kam man der Sache näher. 1841–1843 entstand nach Bauplänen von Ludwig Persius das ›maurische‹ Dampfmaschinenhaus am Neustädtischen Havelufer. Bereits 1842 wurde die Dampfmaschine erstmals in Gang gesetzt, und dank der Maschinenkraft klappte es dann auch mit dem Wasserpumpen. Das Becken auf dem Ruinenberg war vorher noch einmal erweitert worden und maß jetzt ein Fassungsvermögen von fast 6500 Kubikmetern. Zum Schmuck plante Ludwig Persius (1803–1845), dem römischen Ruinenensemble einen zinnenbewehrten **Normannischen Turm** gegenüberzustellen. 1846 wurde das Vorhaben nach seinem frühen Tod durch Ferdinand von Arnim (1814–1866) verwirklicht. Man kann den Turm heute in der schönen Jahreszeit immer am Wochenende besteigen und genießt einen herrlichen Ausblick auf den Park Sanssouci und die Umgebung.

Von Schloss Sanssouci zum Neuen Palais

Noch in der Bauzeit von Schloss Sanssouci wurden in seiner westlichen Nachbarschaft 1747 die **Neuen Kammern** errichtet. Nach einem Knobelsdorff-Entwurf diente das zierliche Schlösschen, das wie ein kleiner Bruder von Schloss Sanssouci und der Bildergalerie ausschaut, anfangs als Orangerie und im Sommer, wenn die kälteempfindlichen Apfelsinenbäumchen an die brandenburgische Luft kommen durften, als Spielstätte für Komödien und Operetten. 1771–1774 erfolgte ihr Umbau unter der Leitung von Georg Christian Unger zum königlichen Gästehaus. Das Innere zieren im reichen Rokoko ausgestattete Gemächer und Festsäle, unter denen der mit edlen Steinen und Marmor ausgeschmückte Jaspissaal oder die Ovidgalerie mit kostbaren Spiegeln zu den prunkvollsten zählen.

Hinter dem Gästeschloss fällt die **Historische Mühle** ins Auge, die Friedrich Wilhelm II. anstelle einer älteren Bockwindmühle 1787–1791 errichten ließ. Die ältere war im 18. Jahrhundert weit über die Grenzen Preußens hinaus zu Berühmtheit gelangt. Denn ihr Klappern störte Friedrich den Großen. Man versuchte es im Guten, man drohte dem Müller, man bot ihm Geld, vergeblich, weshalb der König schließlich einen Prozess gegen seinen Untertan anstrengte – und verlor. Beispiellos im Zeitalter des Absolutismus. Bei der Mühle in ihrer heutigen Gestalt handelt es sich um eine Rekonstruktion der unter Friedrich Wilhelm II. errichteten Holländermühle. Eine Mühlenausstellung mit Mahlwerk lädt zur Besichtigung ein; von der umlaufenden Galerie eröffnet sich eine schöne Sicht auf die Potsdamer Parklandschaft.

Die Historische Mühle mit dem Besucherzentrum

▲ Karte S. 76

In unmittelbarer Nachbarschaft zur Historischen Mühle befindet sich ein **Besucherzentrum**, das mit umfassenden Informationen zu allen Potsdamer Schlössern und Gärten aufwartet.

Ein weiteres Stück besondere Gartenbaukunst erwartet einen anschließend nördlich und südlich der Maulbeerallee mit dem Nordischen und dem Sizilianischen Garten. Beide wurden vom Landschaftsbaukünstler Peter Joseph Lenné (1789–1866) angelegt: ab 1856 der **Sizilianische Garten** mit zahlreichen mediterranen Pflanzungen, Kübelpalmen und Kopien antiker Skulpturen und bis 1860 der **Nordische Garten**, den vorwiegend heimische Nadelhölzer, Farne, Efeu und Cotoneaster zieren.

Das Orangerieschloss

In der Nachbarschaft erhebt sich auf dem Bornstedter Höhenzug das 1851 bis 1864 errichtete **Orangerieschloss.** Wie zahlreiche weitere Bauwerke, die unter Friedrich Wilhelm IV. entstanden, ist auch die Orangerie im Park Sanssouci der Italiensehnsucht des preußischen Königs geschuldet. Und wie einst sein Urgroßonkel Friedrich der Große legte auch der Nachfahr selbst Hand an Skizzen und Baupläne an. Seine Vorgaben für das über 300 Meter lange Bauwerk mit Pflanzenhallen, zentralem Orangerieschloss und Doppelturmanlage orientierten sich am Vorbild italienischer Renaissance-Villen. Insbesondere die römischen Villen Pamphili und Medici, die Friedrich Wilhelm IV. als junger Mann auf einer Italienreise bewundert hatte, standen Modell.

Einen ersten Entwurf für das längste Gebäude im Park fertigte Ludwig Persius an. Doch den Baubeginn sollte der königliche Hofarchitekt nicht mehr mit-

Das Orangerieschloss mit einer Statue Friedrich Wilhelms IV.

erleben; er verstarb 1845 nach langer Krankheit. Anschließend übernahm Friedrich August Stüler (1800–1865), unterstützt von Ludwig Ferdinand Hesse (1795–1876), das ehrgeizige Projekt. Seine Vollendung sollte indes auch der König nicht mehr zu sehen bekommen. Erst drei Jahre nach dem Ableben Friedrich Wilhelms IV. waren die Arbeiten am Orangerieschloss 1864 fertiggestellt.

Unter den Innenräumen beeindruckt allen voran der **Raffaelsaal** im Zentrum des Mittelbaus. Von einer prachtvollen Oberlichtkuppel gekrönt und die Wände ringsum mit rotem Seidendamast bespannt, präsentiert er eine Vielzahl von Kopien nach Gemälden des italienischen Renaissancemeisters Raffael, darunter auch eine Sixtinische Madonna. Die kostbare Sammlung haben Friedrich Wilhelm IV. und vor ihm sein Vater zusammengetragen, und nicht zufällig erinnert der Raffaelsaal ein wenig an die Sala Regia im römischen Vatikan.

Von den beiden Türmen der Schlossanlage, durch eine Kolonnade miteinander verbunden, hat man einen herrlichen Ausblick auf den Park und die nähere Umgebung. Links und rechts des Zentralbaus sind in den **Pflanzhallen** in der kalten Jahreszeit bis heute die über 1000 exotischen Kübelpflanzen des Parks Sanssouci untergebracht. Alljährlich im Mai, wenn kein Bodenfrost mehr zu erwarten ist, stellt das traditionelle Ausfahren der oft zentnerschweren Orangeriebüsche und -bäume ein großes Ereignis dar.

Der **Säulenhof** und die zum Park-Parterre hinabführende, weiträumige **Terrassenanlage** bietet in lauschigen Sommernächten eine zauberhafte Kulisse für die Open-Air-Konzerte der Potsdamer Musikfestspiele. Bis 1863 nahmen die Terrassen unter Mitwirkung von Peter Joseph Lenné Gestalt an. Dabei orientierte sich der preußische Gartenbaukünstler an dem berühmten Renaissancegarten der Villa d'Este in Tivoli in der Nähe von Rom. Die Terrassen auf drei Ebenen sind durch eine doppelläufige, repräsentative Treppe miteinander verknüpft, wobei die untere ›Jubiläumsterrasse‹, die an die Maulbeerallee stößt, gewissermaßen ein Nachzügler ist. Sie wurde erst 1913 zum 25-jährigen Regierungsjubiläum von Kaiser Wilhelm II. eingeweiht. Unterhalb läuft die Anlage über das ›Neue Stück‹, eine im Grundriss eines

Das Belvedere auf dem Klausberg

antiken Hippodroms angelegte Rasenfläche, ins friderizianische Park-Parterre von Sanssouci aus.

Drachenhaus und Belvedere

Von der oberen Terrasse der Orangerie führt die als Sichtachse angelegte historische Lindenallee über das Drachenhaus zum Belvedere auf dem Klausberg. Karl von Gontard (1731–1791) entwarf das **Drachenhaus** nach Maßgabe Friedrichs des Großen im Geschmack der damals herrschenden Chinamode. Von 1770 an entstand es in zweijähriger Bauzeit nach Art einer Pagode und verdankt seinen Namen den sechzehn Drachenfiguren, die die Kanten der beiden unteren Dächer zieren. Ursprünglich sollte es als Domizil für den Winzer des Weinbergs unterhalb dienen. Allerdings hat jener den oktogonalen Bau nie bewohnt. Statt dessen zog Jahre später der Hausmeister des Belvedere in die Pagode ein. Bereits seit 1934 beherbergt das Drachenhaus nun Gastronomie; zunächst einen Kaffeeausschank, zu DDR-Zeiten dann ein Betrieb der HO-Gaststättenorganisation und heute ein Café-Restaurant, das drinnen und draußen auf der gemütlichen Sommerterrasse Kuchen, Torten und moderne deutsche Küche serviert.

Ebenfalls 1770 erfolgte auch die Grundsteinlegung für das **Belvedere auf dem Klausberg**. Binnen Zweijahresfrist war Georg Christian Ungers (1743–1799) zweigeschossiger, mit geschwungener Freitreppe versehener graziler Rundbau fertiggestellt, der – nomen est omen – eine schöne Aussicht auf Potsdams Schlösser und Gärten verspricht. In seinem Entwurf folgte Unger dabei den Vorstellungen, die man sich seinerzeit von Neros versunkenem römischen Kaiserpalast gemacht hatte. Das Belvedere ist das erste steingemauerte Aussichtsgebäude des königlich-preußischen Potsdams und war zugleich letzte Bauunternehmung Friedrichs II. in Sanssouci. Ende des Zweiten Weltkriegs brannte es bis auf die Grundmauern nieder und wurde 1990–1993 wieder aufgebaut. Die Restaurierungsarbeiten im Inneren dauern bis heute noch an.

Neues Palais und Umgebung

Am westlichen Ende der Hauptallee erhebt sich achtungsgebietend das imposanteste Schloss im Park Sanssouci. Im Auftrag Friedrichs II. wurde das **Neue Palais** als damals kostspieligstes europäisches Bauwerk in den Jahren von 1763 bis 1769 errichtet. Nach dem Siebenjährigen Krieg (1756–1763), der Preußen fast an den Rand des Untergangs gebracht hatte, aber das junge Königreich letztendlich als fünfte europäische Großmacht glücklich auf die Landkarte setzte, galt es nun, diese neu gewonnene Macht und Bedeutung auch in Sanssouci – steingeworden – zu demonstrieren.

▲ Karte S. 76

Die Pläne für die letzte große Schlossanlage des preußischen Barock zeichnete Hofbaumeister Johann Gottfried Büring in Zusammenarbeit mit dem königlich preußischen Oberhofbaurat Heinrich Ludwig Manger (1728–1790). Wie gewohnt griff ihre Majestät auch bei diesem Projekt höchstpersönlich in die Bauplanung ein, und es kam einmal mehr – ebenfalls nicht ungewöhnlich – zum Konflikt zwischen Baumeister und dem schwierigen königlichen Bauherrn. Dieses Mal aber eskalierte der Zwist. Kaum waren 1764 die Erdarbeiten abgeschlossen, wurde der arme Büring arrestiert, konnte jedoch kurz darauf fliehen und sich nach Sachsen absetzen. Carl von Gontard übernahm die Bauleitung, und nach insgesamt sieben Jahren war das dreiflügelige Prunkschloss fertiggestellt. Auf der Laterne seiner mächtigen **Tambourkuppel**, die in 55 Meter Höhe den Park überragt, tragen drei Grazien die preußische Königskrone. Über 400 Sandsteinskulpturen schmücken rundum die Attika des 230 Meter langen Gebäudes, um Preußens Glanz und Gloria zu verdeutlichen. Nur am teuren Sichtziegelwerk hat man gespart. Statt seiner kommt das Neue Palais von den Zeiten seiner Vollendung an mit roter Fassadenfarbe und einer weiß aufgemalten Fugenillusion aus.

Gemächer des Schlosses

Die über 200 Gemächer, Säle und Kabinette im Prachtbau dienten vor allem als Gästeschloss. Jedes Jahr empfing Friedrich zwei bis drei Sommerwochen lang seine blaublütige Verwandtschaft und quartierte sie standesgemäß in den **Fürstenwohnungen** mit je zehn Zimmern ein. Den Rest des Jahres blieb das Haus quasi unbewohnt; und ›ein solches Schloss 50 Wochen im Jahr leer stehen zu lassen,‹ wie der Kunsthistoriker Alfred Hagemann schreibt, ›um stattdessen zwei Kilometer weiter in einem Zwölf-Zimmer-Schlösschen zu residieren, ist wahrlich die hohe Schule des Understatement‹. Dagegen war mit Sicherheit mancher hochwohlgeborene Gast Friedrichs des Großen von der glanzvollen Ausstattung im Neuen Palais tief beeindruckt. Den famosen **Grottensaal** im Erdgeschoss hatte man ursprünglich mit Glasschlacken, Muscheln, Korallen und glänzenden Steinchen ausgelegt, im 19. Jahrhundert wurden diese mit wertvollen Halbedelsteinen, Mineralien und Fossilien ergänzt. Die benachbarte **Marmorgalerie** schwelgt in Spiegeln, Kronleuchtern und wertvollem Carraramarmor, wobei der mit weiß abgewechselte, dunkelrote Stein bewusst die Farbe des vulkanischen Porphyrsteins aufnimmt, der im Altertum allein dem römischen Kaiser vorbehalten gewesen ist.

Über dem Grottensaal erstreckt sich auf zwei Stockwerken im Obergeschoss der festliche **Marmorsaal.** Und auch

Blick auf das Neue Palais vom Park aus

Die Communs, heute Sitz eines Teils der Potsdamer Universität

hier gelten Superlative: An seiner Decke prangt das von Charles-Amédée-Philippe van Loo (1719–1795) geschaffene, mit 240 Quadratmetern größte Leinwanddeckengemälde nördlich der Alpen. Wände und Böden sind mit edelsten Marmorarbeiten bestückt, während die Wandgemälde antike mythologische Szenen nachzeichnen und die Marmorstatuen ringsum die brandenburgischen Kurfürsten in eine Reihe mit den römischen Kaisern und ihren Nachfolgern stellen. Nichtsdestotrotz ist der Marmorsaal auch der Problemsaal der gesamten Schlossanlage. Denn dank der königlichen Ungeduld Friedrichs, der möglichst schnell Ergebnisse sehen wollte, drang das zum Schleifen des Marmorbodens benötigte Wasser ins Holzgebälk ein und verursachte gravierende Schäden, die bis heute noch nicht endgültig beseitigt werden konnten. Wegen nicht enden wollender Sanierungsarbeiten ist der schönste Saal im Neuen Palais deshalb leider meistens geschlossen.

Einen nicht weniger prunkvollen Raum nimmt das ebenfalls über zwei Geschosse reichende **Schlosstheater** im Stil des friderizianischen Rokoko ein. Doch bei aller Prachtentfaltung mochte Bauherr Friedrich das Schloss im Grunde nicht leiden. Im Erdgeschoss ließ er sich im Südflügel seine **Königswohnung** einrichten, die er aber nur selten nutzte. Statt dessen bezeichnete er das Neue Palais als eine ›Königliche Fanfaronnade‹, eine Herumtrompeterei, also Angeberei – und traf sich darin mit der fortschrittlichen Architekturkritik seiner Zeit. Diese nannte das Neue Palais beispielsweise einen ›sonderbaren Steinklumpen‹, wie Heinrich Ludwig Manger 1789, zwanzig Jahre nach seiner Vollendung formulierte. Erst im deutschen Kaiserreich stieg das Prunkschloss mit seinen hunderten Gemächern zum bevorzugten Wohnort auf, wurde für Wilhelm II. und seine Gemahlin Auguste Viktoria die liebste Sommerwohnstätte. Nach 1918 fungierte es als Museum.

Communs

Hinter dem Neuen Palais liegen die **Communs**, zwei palastartige Bauten, die als Wirtschaftsgebäude mit Kuppeln, Säulengängen, Triumphtor, Figurenschmuck, Freitreppen dem Schloss in ihrem Gepränge kaum nachstehen. Sie sind ein Werk Carl von Gontards nach einem Entwurf des französischen Architekten Jean Laurent Legeay, 1769 nach dreijähriger Bautätigkeit fertiggestellt. Der weitläufige Ehrenhof, der zwischen dem Schloss und den Communs entstand, wurde nach seiner Pflasterung ab 1763 mit hochkant gestellten Ziegeln, wie sie damals typisch in Holland war (niederländisch: Mopke), auf den Namen ›**Mopke**‹ getauft.

Bis 1820 dienten die Communs mit Küchen, Wirtschaftsräumen und Zimmern für Hofstaat und Dienerschaft exklusiv den preußischen Königen und ihren Gästen. Anschließend funktionierte man das nördliche Gebäude zur vornehmsten Kaserne im Königreich Preußen um. Heute werden die Communs von der Universität Potsdam genutzt.

Wenige Schritte entfernt ist in der Nähe vom Parkeingang in dem nach Gontard-Plänen 1768/69 errichteten Wachhaus ein **Besucherzentrum** für den Park Sanssouci untergebracht.

Antikentempel und Freundschaftstempel

Östlich vor dem Neuen Palais erheben sich links und rechts der Hauptallee, teils zwischen Bäumen und Buschwerk verborgen, der Antikentempel und der Freundschaftstempel. Beide wurden nach Zeichnungen Friedrichs II. zwischen 1768 und 1770 durch seinen Baumeister Carl von Gontard verwirklicht. Der nördliche **Antikentempel** erhielt die Gestalt eines von Säulen umzogenen, geschlossenen Rundtempels und war in seiner Funktion ursprünglich als Herberge für die Antikensammlung des preußischen Königs vorgesehen. Da diese bereits zwei Generationen später aus allen Nähten platzte, ordnete Friedrich Wilhelm III. 1798 ihre Überführung ins Berliner Stadtschloss an, um ›zur Beförderung des Studiums der Alterthümer und der Kunst (...) die Sammlung der Medaillen und Antiken im Antiken-Tempel zu Potsdam mit den ähnlichen Sammlungen in Berlin zu vereinigen und der Akademie der Wissenschaften anzuvertrauen‹. 1830 erhielten die Kunstschätze ihren festen Platz im soeben eröffneten Berliner Museum am Lustgarten (heute Altes Museum). Seit 1921 dient der Antikentempel als **Hohenzollern-Mausoleum.** Fünf Familienmitglieder liegen in seinen Mauern zur ewigen Ruhe, unter ihnen die letzte deutsche Kaiserin Auguste Viktoria (1858–1921) und Kaiser Wilhelms II. zweite Frau Hermine von Reuß (1887–1947). Der kleine Rundbau bleibt für die Öffentlichkeit deshalb verschlossen.

Der südliche **Freundschaftstempel** ist das Stein gewordene Zeichen der innigen Verbundenheit Friedrichs des Großen mit seiner älteren Schwester Wilhelmine. Zehn Jahre nach dem Tod der Markgräfin von Bayreuth entstand in Sanssouci die Gedenkstätte. Der König hatte dafür die Form eines offenen Rundtempels gewählt, dessen Dach korinthische Säulen tragen. Inspirieren ließ er sich dabei durch den Apollotempel im märkischen Neuruppin – Erstlingswerk 1735 von Freund Knobelsdorff -, wo der junge Friedrich als Kronprinz drei Jahre lang einem Infanterieregiment vorgestanden hatte. Unter dem flachen Kuppeldach befindet sich in einer Nische des Freundschaftstempels eine lebensgroße Marmorstatue Wilhelmines.

▲ Karte S. 76

Kaiserbahnhof

Keine 500 Meter südlich vom Neuen Palais veranlasste Kaiser Wilhelm II. jenseits der Parkgrenze den Bau seiner privaten Eisenbahn-Einsteigestelle. Im englischen Landhausstil wuchs sie ab 1905 in unmittelbarer Nachbarschaft zum Bürgerbahnhof Wildpark (heute Bahnhof Potsdam Park Sanssouci) aus dem märkischen Boden empor. Hofarchitekt Ernst Eberhard von Ihne (1848–1917) zeichnete für Planung und Bau verantwortlich; 1909 wurde die ›Hofzugstation seiner Majestät‹ feierlich eingeweiht.

Vom Kaiserbahnhof bei seiner Lieblingssommerresidenz aus startete der ›Reisekaiser‹ in seiner Regierungszeit zu gut 500 Zugreisen. Umgekehrt kamen Monarchen und Staatspräsidenten zu Besuch bei Wilhelm II. in Sanssouci am Kaiserbahnhof an; unter ihnen Theodor Roosevelt und Zar Nikolaus II. Die letzte Fahrt aus der 88 Meter langen Bahnhofshalle hinaus trug Wilhelm II. und seine Gemahlin Auguste Viktoria 1918 nach Apeldoorn ins niederländische Exil. Ab 1933 von den Nationalsozialisten zu militärischen Zwecken genutzt und nach 1945 von der sowjetischen Militärkommandantur, stand der Bahnhof von 1952 an die meiste Zeit leer und verfiel. 1999 erklärte ihn die UNESCO zusammen mit Sanssouci zum Weltkulturerbe. 2003 begann die Deutsche Bahn mit den Restaurierungsarbeiten, die 2005 abgeschlossen waren. Im Gebäude ist seitdem die Akademie für Führungskräfte der DB untergebracht und es ist – sehr zur Verärgerung der Stadt Potsdam wie auch zum Leidwesen der vielen Touristen – öffentlich nicht zu besichtigen.

Baumeister Preußens

Georg Wenzeslaus von Knobelsdorff (1699–1753): Vollender des friderizianischen Rokoko
Im Alter von 15 Jahren tritt der Sohn schlesischer Landadeliger in den Militärdienst ein, quittiert ihn 14 Jahre später und widmet sich der Malerei. Die künstlerische Ausbildung erhält er beim preußischen Hofmaler Antoine Pesne, mit dem er Zeit seines Lebens eng zusammenwirkt. Seine Architektur-Kenntnisse erwirbt Knobelsdorff überwiegend autodidaktisch. 1732 findet er in Neuruppin, wo Kronprinz Friedrich ein Regiment befehligt, zum Freundeskreis um den späteren König. Zwei Jahre später gibt er dort mit dem Apollotempel sein Debüt als Baumeister. Die Umgestaltung von Schloss Rheinsberg und 1736–1737 eine Studienreise durch Italien schließen sich an. Nach der Thronbesteigung Friedrichs II. 1740 wird Knobelsdorff zum engsten künstlerischen Berater des Königs; 1742 ernennt dieser ihn zum ›Surintendanten aller königlichen Schlösser, Häuser und Gärten‹. In der Residenzstadt Berlin entstehen unter der Ägide des Baumeisters u.a. die Lindenoper und der ›Knobelsdorff-Flügel‹ am Schloss Charlottenburg. In Potsdam beginnen 1744 die Umbauarbeiten am Stadtschloss, es folgen im Jahr darauf der erste Spatenstich zum Sommerschloss Sanssouci und 1752 als Spätwerk die Französische Kirche. 1753 erliegt Knobelsdorff einem Leberleiden. Er hinterlässt zwei Töchter aus einer unehelichen Lebensgemeinschaft. Sein Ehrengrab, das er sich mit Antoine Pesne teilt, befindet sich auf dem Friedhof I der Jerusalems- und Neuen Kirchengemeinde in Berlin-Kreuzberg.

Jan Bouman (1706–1776): ein Amsterdamer in Potsdam
Bei einer Reise in die Niederlande lernt Soldatenkönig Friedrich Wilhelm I. 1732 Jan Bouman kennen und ruft den Sohn eines Amsterdamer Zimmermanns noch im selben Jahr nach Potsdam. Wenig später beginnt Bouman mit der Errichtung des Holländischen Viertels. Nach dem Übergang der Preußenkrone 1740 an Friedrich II. verlagert sich Boumans Arbeitsschwerpunkt nach Berlin, wo mit dem Prinz-Heinrich-Palais (heute Hauptgebäude der Humboldt-Universität) eines seiner wichtigsten Bauwerke entsteht. 1748 ernennt ihn der König zum Oberbaudirektor im Potsdamer ›Baucomtoir‹, das für sämtliche königliche Bauvorhaben zuständig ist. Zahlreiche Knobelsdorff-Entwürfe werden von Bouman realisiert, darunter in Berlin die St. Hedwigs-Kathedrale oder in Potsdam die Französische Kirche. Ein bedeutendes Potsdamer Werk aus eigener Hand ist das Alte Rathaus am Alten Mark. Mit seiner Frau Anna Johanna hat er sechs Kinder; zwei Söhne treten als Architekten in seine Fußstapfen. Nach seinem Tod 1776 wird Bouman mit Ehren in der Berliner Parochialkirche beigesetzt.

Johann Gottfried Büring (1723–1788): Hofbaumeister des Spätbarock
Der Sohn eines Hofzimmermeisters kommt entweder in Hamburg oder Berlin zur Welt, absolviert eine Ausbildung an der Berliner ›Königlich-Preußischen Akademie der Künste und mechanischen Wissenschaften‹ und erhält anschließend eine Anstellung als Kondukteur im Potsdamer Bauamt. Erste Sporen verdient er sich 1744 mit der Terrassierung des Weinbergs am künftigen Schloss Sanssouci, an der er beteiligt ist. Eine Studienreise führt ihn 1748 nach Italien und Frankreich. Seine erste

große eigene Arbeit in Potsdam ist das Direktionsgebäude für die heute nicht mehr vorhandene Gewehrmanufaktur. Es folgen zur Verschönerung der schlichten Potsdamer Typenhäuser unter Friedrich II. Entwürfe für vorgebaute schmucke Barockfassaden, die so genannten ›Vorhemdchen‹. 1754 beginnt Büring mit dem Bau des Chinesischen Hauses in Sanssouci, ein Jahr später ebendort mit der Errichtung der Bildergalerie sowie in der Stadt mit dem Umbau des Nauener Tors. Durch den Siebenjährigen Krieg 1756–1763 werden die Arbeiten immer wieder unterbrochen. Nach Kriegsende zeichnet der neue Stararchitekt Friedrichs des Großen die Pläne zum Neuen Palais. Doch fällt er bei seinem schwierigen Bauherrn bald in Ungnade. 1764 erfolgt die Verhaftung wegen Unregelmäßigkeiten in der Rechnungslegung, kurze Zeit später gelingt Büring die Flucht. Nach Friedrichs Tod 1786 rehabilitiert ihn der Nachfolger auf dem Preußenthron Friedrich Wilhelm II. Doch zurückgekehrt ist der Baumeister nicht. Bis 1788 lässt sich sein Weg noch verfolgen, danach verliert sich seine Spur.

Carl Philipp Christian von Gontard (1731–1791): Wegbereiter des preußischen Frühklassizismus
Aus hugenottischem Haus, der Vater Ballettmeister, absolviert Gontard die damals führende Architekturschule von Jacques-François Blondel in Paris. 1750 tritt er als Hofbaumeister in Bayreuth in den Dienst der Markgräfin Wilhelmine ein, Lieblingsschwester Friedrichs II. Sie empfiehlt ihn nach Potsdam, wo nach Bürings Verhaftung die federführende Stelle zur Errichtung des Neuen Palais frei geworden ist. So wird Gontard zu einem Hauptarchitekten im letzten Lebensabschnitt Friedrichs des Großen. Er baut Stadttore, darunter die Stadtseite des Brandenburger Tors in der Havelresidenz, vollendet in Sanssouci das Neue Palais, ist dort außerdem Schöpfer vom Drachenhaus sowie des Freundschafts- und des Antikentempels. Im Neuen Garten konzipiert er das frühklassizistische Marmorpalais. Insgesamt werden ihm gut hundert königliche Bauten in Berlin und Potsdam zugerechnet. Dagegen ist aus seinem Privatleben nur wenig notiert. Von 16 Kindern aus seiner Ehe erreichen neun das Erwachsenenalter. Gontard stirbt 1791 in Breslau. Wo er begraben liegt, ist nicht bekannt.

Georg Christian Unger (1743–1799): der erste Bürgerarchitekt
In Bayreuth geboren, lernt der junge Unger an der Bayreuther Akademie für Baukunst bei Karl von Gontard und folgt diesem später nach Potsdam. Dort werden die Hiller-Brandtschen Häuser in der Breiten Straße 1769 die Feuerprobe des Nachwuchstalents. In Sanssouci ist Unger ab 1770 für den Umbau der Neuen Kammern und den Entwurf für das Belvedere auf dem Klausberg zuständig; in der Stadt realisiert er die Feldseite des Brandenburger Tors. Als 1781 Gontards Kuppel auf dem Deutschen Dom am Berliner Gendarmenmarkt einstürzt, entzieht Friedrich II. dem Altgedienten die Bauleitung und überträgt sie dem Jüngeren. 1787 wird Unger zum Oberhofbaurat, 1788 zum Direktor der Immediatbaukommission ernannt. Aus seiner Feder stammen außerdem in Berlin die Alte Bibliothek, in Potsdam der Kopfbau des Langen Stalls sowie in beiden Residenzstädten hunderte Wohnhäuser eines neuen Bautyps: des Bürgerpalais – außen palladianische Prachtentfaltung, innen gediegene Bürgerwohnung. Unger stirbt 1799 in Berlin.

Karl Friedrich Schinkel (1781–1841): Baumeister des preußischen Klassizismus. (→ S. 137)

Ludwig Persius (1803–1845): Architekt des Königs in Potsdam
Kaum ein anderer hat das Potsdamer Stadtbild so geprägt wie Ludwig Persius. 1803 kommt er in der Havelresidenz als jüngstes von sechs Kindern eines Weinhändlers zur Welt. 1821 ist die Feldmesser-Ausbildung an der Berliner Bauakademie abgeschlossen, 1823 macht ihn sein Lehrer und Mentor Schinkel zum Bauleiter für das Schloss des Grafen Potocki bei Krakau. Es folgen 1826 die Baumeisterprüfung und im Jahr darauf die Hochzeit mit Pauline Sello (1808–1883), Spross der berühmten Potsdamer Hofgärtner-Familie Sello. Bei zahlreichen Schinkelschen Projekten ist er als Baukondukteur mit dabei, so beim Bau von Schloss Charlottenhof und den Römischen Bädern in Sanssouci. 1834 wird Persius zum königlichen Hofbaudirektor ernannt. Ab 1838 folgen in den nächsten Jahren Arbeiten aus seiner Feder im Schlosspark Glienicke, darunter das Gärtner- und Maschinenhaus, die Orangerie, der Umbau von Schloss Glienicke und anderes mehr. Nach Schinkels Tod 1841 steigt Persius zum Hofarchitekt auf und kann sich mit dem erstmals von Friedrich Wilhelm IV. verliehenen Titel ›Architekt des Königs‹ schmücken. Der Monarch überhäuft ihn mit Aufträgen. Im Schlosspark Babelsberg wird nach Persius' Entwürfen gebaut. Für Sanssouci erarbeitet er die Pläne für das Orangerieschloss, für Dampfmaschinenhaus und Ruinenberg – und somit eine funktionierende Wasserwirtschaft im Park – sowie für Umbauten an der Bildergalerie und den Neuen Kammern. Pläne u.a. für die Heilandskirche in Sacrow, die Friedenskirche und die Kuppel der Nikolaikirche werden gefertigt, außerdem für Stadtvillen, Gewerbebauten, Magazine, Speicher, Brücken. Mehrere Reisen im Inland und ins Ausland führen Persius 1845 auch nach Italien, wo er sich eine tödliche Krankheit zuzieht. Er erliegt ihr 42-jährig, lässt seine Frau und sechs Kinder zurück und wird auf dem Selloschen Familienfriedhof in Bornstedt beigesetzt.

Friedrich August Stüler (1800–1865): Architekt des Königs in Berlin
Der Sohn eines Pfarrers aus dem thüringischen Mühlhausen studiert 1818–1827 an der Bauakademie und der Universität in Berlin. Reisen durch Frankreich, Italien und Russland schließen sich an. 1831 wird er preußischer Hofbaurat und Direktor der Schlossbaukommission, 1842 ernennt ihn Friedrich Wilhelm IV. neben Persius zum ›Architekt des Königs‹, wobei Persius für Potsdam und Stüler für Berlin zuständig ist. Nach Persius' frühem Tod führt Stüler dessen unvollendete Arbeiten weiter, darunter in Sanssouci die Friedenskirche und die Orangerie. Zu den Werken aus eigener Feder zählen in der Havelresidenz das Belvedere auf dem Pfingstberg oder die Kirchen in Bornstedt und Caputh. Für hunderte Bauwerke zeichnet Stüler verantwortlich: Kirchen, Schlösser, Museen, Akademien. Mit dem Neuen Museum auf der Berliner Museumsinsel, das 1854 eröffnet, erlangt er europaweit Ruhm. Stüler baut deutschlandweit und international. Zu seinen zahlreichen Prestigeprojekten zählt auch die Wiedererrichtung der Hohenzollernburg nahe dem schwäbischen Hechingen. 1865 stirbt er in Berlin. Sein Ehrengrab befindet sich dort auf dem Friedhof der Dorotheenstädtischen Gemeinde.

Schloss und Park Charlottenhof

Den südwestlichen Teil von Sanssouci nimmt die ausgedehnte Parklandschaft rund um das klassizistische **Schloss Charlottenhof** ein. 1825 hatte König Friedrich Wilhelm III. ein an den alten Park Sanssouci angrenzendes Gelände mit barockem Gutshaus erworben und schenkte es zu Weihnachten seinem Sohn und Thronerben Friedrich Wilhelm. Der Kronprinz und künftige Regent Friedrich Wilhelm IV. ließ das Haus 1826–1829 durch den großen Baumeister Preußens, Karl Friedrich Schinkel (1781–1841), in ein von römischen Villen inspiriertes klassizistisches Traumschlösschen umbauen. Hier bereits zeigte sich die Leidenschaft des ›Romantikers auf dem Thron‹ für die Baukunst Italiens sowie die Freude daran, als kundiger Laie an die Entwürfe selbst Hand anzulegen.

Die überwiegend von Schinkel entworfene Inneneinrichtung – kultiviert großbürgerlich, ohne monarchischen Pomp – ist größtenteils noch original vorhanden.

Die Römischen Bäder

▲ Karte S. 76

Eine Kuriosität unter den zehn Gemächern im Schlösschen stellt das berühmte Schinkelsche **Zeltzimmer** dar: Blau-weiß gestreifte Tapete an Decke und Wänden, die Betten, Baldachine und Stuhlpolster ebenfalls blau-weiß überspannt, sollte der Raum, in dem überwiegend Hofdamen oder auch Gäste nächtigten, an römische Feldherrenzelte erinnern.

Den das Schloss Charlottenhof umgebenden Park schuf als südwestlichen Teil des Gesamtkunstwerks Sanssouci im englischen Landschaftsgartenstil der Gartenbaukünstler Peter Joseph Lenné.

■ Römische Bäder

Nach Schloss Charlottenhof folgen nur einen Steinwurf entfernt die **Römischen Bäder.** Erste Entwürfe für das südlich heiter wirkende Gebäudeensemble aus italienischem Landhaus, griechischem Tempel, Teepavillon, Arkadenhalle und Baderaum stammen bereits von 1826 aus der Feder von Karl Friedrich Schinkel und seines Schülers Ludwig Persius. 1829 begannen die Bauarbeiten, 1840 war das von lauschigen Ruheplätzen umgebene, üppig mit mediterranen Pflanzen geschmückte ›Mini-Italien‹ im Auftrag Friedrich Wilhelms IV. fertiggestellt. Im turmseitigen Teil der Villa, dem **Hofgärtnerhaus**, war die Dienstwohnung von Hofgärtner Hermann Sello (1800–1876) untergebracht. Das angeschlossene **Gärtnergehilfenhaus** ist ebenfalls im italienischen Landhausstil aufgebaut. Das Bad selbst besteht aus einer im pompejanischen Stil ausgestalteten Raumgruppe mit **Atrium** – im Zentrum eine aus einem einzigen Jaspisblock gehauenen Badewanne, ein Geschenk von Zar Nikolaus I. an seinen Schwager Friedrich Wilhelm IV., **Impluvium** mit einem Auffangbecken für Regenwasser, Apodyterium (Auskleidezimmer), Viridarium (Erholungsgarten)

Das Chinesische Haus

und **Caldarium** (Warmbad). Augenfälligstes Element im Caldarium sind die Marmorkaryatiden, die das Gebälk des Thermenraumes tragen. Den Fußboden schmückt eine Kopie des 1831 in Pompeji in der Casa del Fauno aufgefundenen Mosaiks, das den Sieg Alexanders des Großen über den Perserkönig Darius darstellt. Gebadet wurde in dieser bildschönen, antikisierenden Wellnessoase des 19. Jahrhunderts allerdings nie. Eingebettet in den Lennéschen Park spiegeln sich die Römischen Bäder im künstlich angelegten Maschinenteich. Das Gewässer erhielt seinen Namen nach einem Dampfmaschinenhaus, dessen Pumpstation den Park mit Wasser versorgte und das 1923 abgerissen wurde.

Chinesisches Haus

Von den Römischen Bädern gelangt man schnell zurück in den friderizianischen Parkteil zum **Chinesischen Haus**, einem der bedeutendsten Beispiele für die im 18. Jahrhundert in Europa herrschende China-Liebhaberei. Zwischen 1754 und 1764 entstand der Tambourkuppelbau nach Plänen von Johann Gottfried Büring auf einem kleeblattförmigen Grundriss. Mit Palmsäulen ist er geschmückt und mit lebensgroßen vergoldeten Figurengruppen – fernöstliche Teetrinker und Musikanten, die aus den Werkstätten von Johann Peter Benkert (1709–1765) und Joachim Matthias Heymüller (1710–1763) stammen. Ungefähr zwei Kilo Blattgold kostet alle 30 bis 40 Jahre die Erneuerung ihres güldenen Anstrichs. Innen ist im kreisrunden Raum Porzellan des 18. Jahrhunderts ausgestellt.

Friedenskirche und Marlygarten

Zum 100-jährigen Jubiläum von Sanssouci wurde 1845 am Grünen Gitter im Marlygarten der Grundstein zur evangelischen **Friedenskirche** gelegt. Die dreischiffige Säulenbasilika mit freistehendem Glockenturm, Kreuzgang und Säulenhof entstand nach Skizzen von König Friedrich Wilhelm IV., der sich dafür das frühchristliche Gotteshaus San

Clemente in Rom zum Vorbild nahm. Ludwig Persius konzipierte die Baupläne. Doch noch im Jahr des ersten Spatenstichs verstarb der Hofarchitekt. Friedrich August Stüler übernahm die Gesamtausführung, die Bauleitung ging an Ferdinand von Arnim und Ludwig Ferdinand Hesse. Drei Jahre später, 1848, konnte die Friedenskirche eingeweiht werden. Die Bauarbeiten am gesamten Komplex, zu dem ferner Pfarrhaus und Schule zählen, hielten noch bis 1854 an.

Als schönstes Kleinod im **Innenraum** schmückt ein original venezianisches Mosaik aus dem ersten Drittel des 13. Jahrhunderts die Apsis. Die Darstellung des thronenden Christus stammt aus der um 1820 abgerissenen, mittelalterlichen Kirche San Cipriano auf Murano bei Venedig. Bereits 1834 hatte Friedrich Wilhelm, noch in seiner Kronprinzenzeit, das Mosaik ersteigert und nach Potsdam verschiffen lassen. So bildet das Gotteshaus quasi den steinernen Rahmen für den thronenden venezianischen Christus, der ganze Maßstab der Friedenskirche orientiert sich am Mosaik. Unter dem Chorraum ruhen in der königlichen **Gruft** die sterblichen Überreste des ›Romantikers auf dem Thron‹, Friedrich Wilhelms IV., den man neben Friedrich dem Großen als zweiten herausragenden Akteur im Park Sanssouci würdigen muss, und seiner Gemahlin Elisabeth von Bayern.

Die Friedenskirche

Karte S. 76

Im Nordwesten fügte man 1888 das **Kaiser-Friedrich-Mausoleum** an das Gotteshaus an. Die Pläne für den kleinen neubarocken Kuppelbau lieferte Julius Carl Raschdorff (1823–1914), der wenig später als Erbauer des Berliner Doms in die Architekturgeschichte einging. Im Mittelpunkt der Grabstätte steht der vom führenden preußischen Bildhauer Reinhold Begas geschaffene Marmorsarkophag des ›99-Tage-Kaisers‹ Friedrich III. (1831–1888). Allerdings handelt es sich um eine Replik; das Original wurde 1905 in den frisch eingeweihten Berliner Dom gebracht. Außerdem ruhen im Mausoleum Friedrichs III. Gemahlin, die Kaiserwitwe Victoria, und ihre Söhne Sigismund und Waldemar, ebenfalls in Sarkophagen von Reinhold Begas. Jüngster Neuzuzug und zugleich ältestes Hohenzollern-Grabmöbel im Raum ist der 1991 von der schwäbischen Burg Hechingen überführte Sarg des Soldatenkönigs Friedrich Wilhelm I.

Schon auf die Zeit des Soldatenkönigs geht auch der **Marlygarten** an der Friedenskirche zurück. 1715 ließ Friedrich Wilhelm I. das Gelände als Küchengarten einrichten – und mit Blick auf die imposante Grünanlage von Schloss Marly-le-Roi des französischen Sonnenkönigs Louis XIV. nannte der spartanische Preußenmonarch seinen Gemüsegarten ironisch ›mein Marly‹. 1846/47 gestaltete Peter Joseph Lenné den Bereich neu als Landschaftsgarten.

Sanssouci

Besucherzentrum an der Historischen Mühle, An der Orangerie 1, Tel. 0331/9694200, www.spsg.de, April-Okt. Di-So 8.30-18 Uhr, Nov.-März tgl. 8.30-17 Uhr.

Besucherzentrum am Neuen Palais, Am Neuen Palais 3, Tel. 0331/9694200, www.spsg.de, April-Okt. Mi-Mo 9-18 Uhr, Nov.-März Mi-Mo 10-17 Uhr.

Belvedere auf dem Klausberg, Mai-Okt. Sa/So 10-18 Uhr.

Bildergalerie, Mai-Okt. Di-So 10-18 Uhr.

Chinesisches Haus, Mai-Okt. Di-So 10-18 Uhr.

Friedenskirche, tgl. Mai-Okt. Mo-Sa 10-18, So 12-18 Uhr.

Historische Mühle, April-Okt. tgl. 10-18 Uhr, Nov.-März Sa/So 10-16 Uhr (Dezember geschlossen).

Neue Kammern, April-Okt. Di-So 10-18 Uhr.

Neues Palais, April-Okt. Mi-Mo 10-18 Uhr, Nov.-März Mi-Mo 10-17 Uhr; Königswohnung (nur mit Führung), April-Okt. Mi-Mo 10-18 Uhr; Das Schlosstheater, Marmorsaal und Grottensaal sind wegen umfassender Sanierungsarbeiten bis einschließlich 2015 nicht zu besichtigen.

Normannischer Turm auf dem Ruinenberg, Mai-Okt. Sa/So 10-18 Uhr.

Orangerie, April Sa/So 10-18 Uhr, Mai-Okt. Di-So 10-18 Uhr, Besichtigung nur mit Führung. Ausnahme: Immer sonntags, im Juli/Aug. zusätzlich samstags ist auch ein ungeführter Besuch möglich.

Römische Bäder, Mitte April-Ende Okt. Di-So 10-18 Uhr.

Schloss Sanssouci, April-Okt. Di-So 10-18 Uhr, Nov.-März Di-So 10-17 Uhr, Besichtigung nur mit Führung. Der Kartenverkauf ist limitiert und das Ticket gilt nur für den Tag des Erwerbs. Der Andrang, vor allem im Sommerhalbjahr, ist groß. Es empfiehlt sich deshalb, die Eintrittskarte möglichst früh am Tag zu erwerben, am besten gleich bei Öffnung der Kasse um 10 Uhr, auch wenn man anschließend womöglich noch einmal weggehen muss und erst an einer Führung beispielsweise um 13 Uhr teilnehmen kann.
Unter https://tickets.spsg.de besteht die Möglichkeit, mit dem Erwerb einer ›Premium Tageskarte Online‹, die zum einmaligen Besuch aller Schlösser der Stiftung Preußische Schlösser und Gärten an einem Tag berechtigt (außer Belvedere auf dem Pfingstberg und Schloss Sacrow), eine feste Einlasszeit für Schloss Sanssouci mitzubuchen, so dass man zeitgenau für die Schlossbesichtigung anreisen kann.
Ohne obligatorische Führung ist der Damenflügel Sa/So 10-18 Uhr zu besichtigen, Schlossküche und Weinkeller April-Okt. Di-So 10-18 Uhr.

Schloss Charlottenhof, Mai-Okt. Di-So 10-18 Uhr.

Restaurant & Café Drachenhaus, Maulbeerallee 4a, Tel. 0331/5053808, www.drachenhaus.de, April-Okt. tgl. ab 11 Uhr, Nov.-März Di-So 11-18 Uhr. Delikate deutsche Küche mit internationalen Einflüssen; Kuchen und Eis drinnen und draußen auf der Sommerterrasse steht ebenfalls auf der Karte.

Weitere praktische Informationen ab → S. 194

Stadtspaziergänge

Im Potsdamer Norden – Bornstedt und Bornim

Nördlich am Fuß des Bornstedter Endmoränenbogens, auf dessen Anhöhe zwei der schönsten Schlösser im Park Sanssouci thronen, liegt eine weitere Perle der königlichen Potsdamer Stadt- und Landschaftsgestaltung. Nur einen Katzensprung von Schloss Sanssouci oder dem Orangerieschloss den Hügel hinab, erstreckt sich das ›italienische Dörfchen‹ Bornstedt mit Krongut, Kirche und berühmtem Friedhof, auf dem viel Prominenz des 19. Jahrhunderts zur letzten Ruhe gebettet ist. Seit 1999 zählt das Krongut Bornstedt als Teil der Potsdamer Schlösser- und Gartenlandschaft zum Weltkulturerbe, ebenso wie das kleine Schloss Lindstedt weiter westlich am Rande des Potsdamer Forsts.

Nach Norden hin dehnt sich das Bornstedter Feld aus. Von den Zeiten Friedrichs des Großen an wurde es militärisch genutzt und bot noch Anfang des dritten Jahrtausends ausreichend Raum, um im Herzen des weitläufigen Areals 73 Hektar für die Bundesgartenschau 2001 abzuzwacken. Heute firmiert das ehemalige Buga-Gelände als Volkspark, in dem man sich im Unterschied zu den preußischen Schlössern und Gärten auch Freizeitvergnügen wie Radeln, Skaten oder auch Grillen hingeben darf.

Gartenfreunde kommen an den Ausläufern der Bornimer Feldflur außerdem in Karl Foersters Staudengarten auf ihre Kosten. Der Schau- und Versuchsgarten des bekannten Staudenzüchters und Gartenphilosophen galt lange Zeit als ein ›Worpswede der Gartengestalter‹.

Bornstedt – märkisches Dorf mit italienischem Flair

Vom Sanssouci-Orangerieschloss aus ist der alte Ortskern von Bornstedt in einem gemütlichen fünfminütigen Spaziergang erreicht. Das Dörfchen blickt auf eine lange Geschichte zurück. Der Gründer der Mark Brandenburg, Albrecht der Bär, gab den Flecken Erde 1157 seinem Gefolgsmann Esicus de Burnenstede zum Lehen. Gut anderthalb Jahrhunderte

Karte S. 76

Die Bornstedter Kirche

Blumenmarkt auf dem Krongut Bornstedt

später tauchte ›Bornstede‹ 1304 erstmalig in einem Schriftstück auf. 1664 erwarb der Große Kurfürst Friedrich Wilhelm (1620–1688) das Rittergut und verleibte es seinen Potsdamer Ländereien ein. Zwei Generationen später übereignete König Friedrich Wilhelm I. (1688–1740) das Gut dem 1722 von ihm gestifteten Militärwaisenhaus. Unversorgte Soldatenkinder erhielten dort eine Schul- und Berufsausbildung, mussten dafür allerdings, zur Finanzierung des Waisenhauses, in den zugehörigen Manufakturen schuften. So auch im Bornstedter Gut, das sich der Seidenraupenzucht widmete und seit 1689 bereits im Gebäude neben dem Herrenhaus die Herstellung eines ›vortrefflichen Braunbiers‹ betrieb, später noch komplettiert um eine Schnapsbrennerei. Noch im Jahr der Thronbesteigung 1840 von Friedrich Wilhelm IV. (1795 –1861) setzte sich das ärmliche Gutsdorf rundum aus strohgedeckten niedrigen Lehmfachwerkhäuschen zusammen. Und das unmittelbar zu Füßen der glanzvollen königlichen Schlösser von Sanssouci.

Die Verschönerung der Bornstedter Flur stand deshalb gleich nach Friedrich Wilhelms IV. Regierungsantritt auf dem Plan. Schon 1827 hatte man auf Vorschlag Peter Joseph Lennés (1789–1866) den Bornstedter Hopfengarten zugunsten der königlichen Parkanlagen eingeebnet. Und jetzt war es wieder Lenné, der im Sinne seines ›Verschönerungsplans für die Insel Potsdam‹ beim neuen König für den Rückkauf des ganzen Amts Bornstedt warb. 1841 erfolgte das Kaufgeschäft, anschließend wurden die militärischen Schießstände vom Ruinenberg weg verlegt, die Bier- und Schnapsproduktion im Gut eingestellt und Bornstedt in den Kronfideikommiss (das unveräußerliche Vermögen zum Unterhalt der hochwohlgeborenen Häuser) eingegliedert. Fortan war das Dorf mit Herrenhaus, Manufakturen und Bauernhütten ein Krongut, und seine Verschönerung wurde in Angriff genommen.

Krongut Bornstedt

Ein idealtypisches italienisches Dorf sollte das Krongut werden, so wie der italophile ›Romantiker auf dem Thron‹ Friedrich Wilhelm IV. seit seiner ersten Italienreise das führende Land der Klassik und Renaissance kennen und lieben gelernt hatte. 1843 entstand das erste italienisierende Gebäude, indem sich der Tischlermeister Rietz dem König gegenüber für 600 Taler verpflichtete, sein Haus von Ludwig Persius (1803–1845) im Stil italienischer Villen umbauen zu lassen und anschließend ›keinerlei aeußere bauliche oder sonstige Einrichtung oder Anlagen ohne Genehmigung Sr. Majestät des Königs vorzunehmen‹. Der Plan, durch den Umbau sämtlicher Bauernhäuser ein romantisches italienisches Kunstdorf zu gestalten, stieß jedoch schnell an finanzielle Grenzen und wurde wieder aufgegeben.

Dann zerstörte 1846 eine Feuersbrunst das alte Krongut. Bis auf einen Teil des Herrenhauses blieb nichts von ihm übrig und es eröffnete sich die Gelegenheit, das Gut nach königlichem Geschmack neu zu errichten. Binnen Zweijahresfrist entstand nach Entwürfen von Johann Heinrich Haeberlin (1799–1867) ein malerisches **Ensemble aus klassizistischen Gebäuden** mit Herrenhaus, Wasch- und Backhaus, Ställen, Remise und abschließend bis 1851 einer Orangerie, bei dessen Anblick Friedrich Wilhelm IV. ausrief: ›Nun habe ich endlich mein italienisches Dörfchen‹! Dort aufgehalten hat er sich allerdings selten.

Erst 1867 kehrte mit Kronprinz Friedrich (1831–1888) und seiner Gemahlin Victoria blaublütiges Leben ins Krongut ein. Treibende Kraft war vor allem Victoria, älteste Tochter der britischen Königin, die beabsichtigte, Bornstedt als Mustergut für Milchwirtschaft und Hühnerzucht aufzubauen. Letzten höfischen Glanz erlebte das inzwischen mehrfach modernisierte Gebäudeensemble in Person der Prinzessin Feodora, Schwester von Kaiserin Auguste Viktoria, die ab 1901 im Krongut wohnte und dort einen Künstlerkreis pflegte. Nach 1918 wurde das ›italienische Dörfchen‹ bis zum Ende der DDR zunehmend in Wohn- und Bürogebäude, Schuppen und Lager umfunktioniert. Von 1999 bis 2002 folgten umfangreiche Restaurierungsarbeiten. Der schöne **Rosengarten**, den Kronprinzessin Victoria 1875 durch Emil Sello nach englischem Vorbild anlegen ließ, ist seither rekonstruiert, und auch die Gebäude des zum UNESCO-Welterbe zählenden Kronguts erstrahlen wieder im überlieferten Glanz. Traditionelles Kunsthandwerk ist eingezogen ebenso wie das sehenswerte **Zinnfigurenmuseum**, das mit zehntausenden Figuren das Alltagsleben wie die historische Schlachten im alten Preußen noch einmal aufleben lässt. Für das leibliche Wohl sorgen eine Hofbäckerei, ein Café sowie das Brau- und Brennhaus, während es sich im Herrenhaus fürstlich heiraten lässt oder man im Weinkeller edle Tropfen genießt. Von März bis November immer am ersten oder zweiten Samstag im Monat kann man auf dem Hof den ›Langen Kerls‹ beim Exerzieren zuschauen. Die Lieblingssoldaten Friedrich Wilhelms I. und Grenadiere des Königsregiments waren berühmt für ihre außergewöhnliche Körpergröße. Auf mindestens sechs preußische Fuß, also 1,88 Meter, belief sich ihr Gardemaß.

▶ Karte S. 76

Bornstedter Kirche

Auf die Anlage des Kronguts im italienischen Landhausstil folgte schräg gegenüber anstelle zweier Vorgängerbauten 1854–1856 die Errichtung der Bornstedter Kirche. Nach einer Idee Friedrich Wilhelms IV. und Entwürfen von Friedrich August Stüler (1800–1865) entstand eine Basilika mit flachem Satteldach, einem quer zur Straße hin vorgelagerten Arkadengang und einem freistehenden, 34 Meter hohen Campanile im italienischen Stil. 1882 wurde der Chorraum auf Wunsch des Kronprinzenpaars Friedrich und Victoria durch Ludwig Persius'

Das Grab von Peter Joseph Lenné auf dem Bornstedter Friedhof

Sohn Reinhold erweitert. Eine der Kirchenglocken geht auf das 14. Jahrhundert zurück und ist damit die älteste noch erhaltene in Potsdam.

Die Kronprinzenloge im Inneren der Kirche erinnert an das Kronprinzenpaar. Die auf das Jahr 1978 datierte Orgel stammt aus der Potsdamer Schuke-Werkstatt. Die Hauptsehenswürdigkeit aber, so man den Worten Fontanes folgen mag, stellt ein barockes Sandsteinepitaph und zugleich ›Kuriosum ersten Ranges‹ dar: Eine Minerva und ein Hase, Weisheit und Narretei, halten das Wappen des Freiherrn von Gundling, Gelehrter, Trinker und Hofnarr im Tabakkollegium des Soldatenkönigs, den seine Majestät in der ersten Bornstedter Kirche in einem Weinfass begraben ließ. (→ S. 103)

Bornstedter Friedhof

Unmittelbar hinter der Kirche schließt sich der Bornstedter Friedhof an. Zahlreiche namhafte preußische Hofarchitekten, Hofgärtner, Militärs und viele weitere bedeutende Persönlichkeiten der Potsdamer, preußischen und deutschen Geschichte sind hier begraben; weshalb schon Theodor Fontane auf seinen ›Wanderungen durch die Mark Brandenburg‹ konstatierte: ›Und was in Sanssouci stirbt – das wird in Bornstädt begraben.‹

Die Anfänge des Friedhofs lassen sich bis in das Jahr 1599 zurückverfolgen. Im Lauf der Jahrhunderte mehrmals erweitert, rührt die heutige Erscheinung von seiner Wiederinbetriebnahme 1897 und einer Umgestaltung 1911/12 her. Die Trauerhalle, um 1900 errichtet, stammt aus der Feder von Reinhold Persius.

Das Begräbnisgelände selbst gliedert sich in fünf Teile, wobei der denkmalgeschützte älteste Teil 1, auf dem sich auch der berühmten **Sello-Friedhof** befindet, der Kirche am nächsten liegt. Westlich vom Kirchenschiff, auf dem umzäunten kleinen Familienfriedhof der Hofgärtnerdynastie Sello, dessen Grund und Boden Hofgärtner Hermann Sello (1800–1876) 1844 erworben hatte, sind vier Sello-Generationen von Hofgärtnern begraben. Außerdem liegen in der Umfriedung Hermann Sellos Schwager und ›Architekt des Königs‹ Ludwig Persius (1803–1845) und dessen Sohn Reinhold (1835–1912), der Hofbaumeister Ferdinand von Arnim (1814–1866) und das mit der Familie eng befreundete Ehepaar Lenné. Die Grabstätte des größten preußischen Gartenkünstlers Peter Joseph Lenné (1789–1866) und seiner Frau Louise Friederike, genannt ›Fritzchen‹ (1798–1855), Sprössling der Hofgärtnerfamilie Voß, kennzeichnet ein vergleichsweise einfach gestaltetes Marmorkreuz.

Gleich eines der ersten Grabmale, auf das man nach dem Durchschreiten des

Das Grab von Friedrich Ludwig Persius

Arkadengangs stößt, ist das von Heinrich Wilhelm Wagenführer. Dieser war 1690 zu Neuwied geboren und seinerzeit die Nr. 18 im ersten Glied der Leibkompanie des Soldatenkönigs, also ein ›Langer Kerl‹. Nach dem Ende der Militärlaufbahn gelangte der Zweimetermann als Weinhändler zu Wohlstand und Ehren, ein »Wohledler (...) Kauff und Handels Mann zu Potsdam«, wie auf dem Grabstein steht. Seine Ruhestätte ist die einzige, die sich von einem Langen Kerl im Mannschaftsdienstgrad über die Zeiten gerettet hat. Zum 250. Todestag des Grenadiers machte die zeitgenössische Potsdamer Riesengarde ›Lange Kerls‹ e.V. ihrem ›Vorfahr‹ die gebührende Aufwartung.

Heinrich Ludwig Manger (1728–1790), Oberhofbaurat und Garteninspektor, der die bedeutende ›Baugeschichte von Potsdam‹ verfasste, der Luftfahrtpionier Werner-Alfred Pietschker (1887–1911), der Direktor der Berliner Nationalgalerie Ludwig Justi (1876–1957) und zahlreiche weitere historische Persönlichkeiten sind auf dem Bornstedter Friedhof beigesetzt; ebenso die Verschwörer des 20. Juli 1944 Kurt Freiherr von Plettenberg (1891–1945) und Henning von Tresckow (1901–1944). Von Tresckows Grabstätte ist jedoch nur symbolischer Natur. Nach dem gescheiterten Hitler-Attentat nahm sich der Generalmajor, der 1926 in der Bornstedter Kirche geheiratet hatte, an der Ostfront das Leben. Hitler persönlich sorgte dafür, dass seine sterblichen Überreste verbrannt und die Asche in alle vier Winde verstreut wurden. So erinnert nur ein Gedenkstein an ihn und seine Frau Erika.

Zu den jüngsten prominenten Neuzugängen auf dem spektakulären und gleichermaßen idyllischen Friedhof gehören der Hohenzoller Wilhelm Karl Prinz von Preußen (1922–2007), letzter Enkel von Kaiser Wilhelm II., und Gerhard Joop (1915–2007), Vater des in Potsdam gebürtigen Modedesigners Wolfgang Joop.

▲ Karte S. 76

Schloss Lindstedt

Etwa einen Kilometer Luftlinie westlich vom alten Bornstedter Ortskern liegt das kleine Schloss Lindstedt am Saum des Potsdamer Forsts. Die relativ schlichte spätklassizistische Anlage, keine 1000 Meter vom imposanten Neuen Palais im

Figur am Schloss Lindstedt in Bornim

Park Sanssouci entfernt, wurde 1851–1861 unter Friedrich Wilhelm IV. errichtet und sollte dem König als Altersruhesitz dienen. 1858 begann nach seinem dritten Schlaganfall die Bauarbeiten in enger Zusammenarbeiter der Architekten Friedrich August Stüler, Ferdinand von Arnim und Ludwig Ferdinand Hesse (1795–1876). In DDR-Zeiten zuerst für die Pädagogische Hochschule Potsdam und seit den 1980er Jahren für das Gerichtsmedizinische Institut genutzt, bietet das Schloss heute seine Räumlichkeiten für Veranstaltungen an und kann vom öffentlich-rechtlichen Eigentümer, der Stiftung Preußische Schlösser und Gärten, dafür gemietet werden. Für die Öffentlichkeit ist der Schlossbau, der seit 1999 zum Weltkulturerbe zählt, deshalb nicht zugänglich. Der Garten kann aber besichtigt werden.

Volkspark und Biosphäre

Im Norden des ›italienischen Dörfchens‹ und in der Nachbarschaft des Ruinenbergs (→ S. 80) dehnt sich bis nach Nedlitz am Jungfernsee das **Bornstedter Feld** aus. Ab Mitte des 18. Jahrhunderts diente das Gelände fortwährend als Exerzier- und Truppenübungsplatz; von den Regimentern Friedrichs des Großen an über die Nazi-Kasernen, die an der Pappelallee und der Nedlitzer Straße aufgebaut wurden, bis zum Abzug der GUS-Truppen 1994. Ein Herzstück des Areals, wo einst die kulturreiche und die militärische Tradition Preußens – hier Sanssouci, da soldatischer Drill – hart aufeinanderstießen, wurde 2001 für die Potsdamer **Bundesgartenschau** neu gestaltet. Unter dem Motto ›Gartenkunst zwischen Gestern und Morgen‹ wurde das Bornstedter Feld auf 73 Hektar in einen Volkspark verwandelt, »der die kriegerische Nutzung hoffentlich bis in alle Zukunft vergessen macht«, wie die Veranstalter seinerzeit schrieben. »Schutzwälle, Wallkronen, Brücken und andere bauliche Reste aus der Vergangenheit wurden gezielt in die Parkgestaltung mit einbezogen«.

Seitdem sind im **Volkspark**, anders als sonst in der Potsdamer Park- und Schlösserlandschaft, das Betreten der Rasenflächen, Radfahren, Skaten, Picknicken, Grillen und andere Freizeitvergnügen gegen einen geringen Obolus ausdrücklich erlaubt. Vielfältige Spiel- und Sportmöglichkeiten und im Sommer Konzerte und Bühnenprogramme auf der zentralen Parkbühne machen den Volkspark zum Mittelpunkt im lokalen Kulturleben. Im Zentrum der Parkanlage erhebt sich die **Biosphäre**, ein gut 5500 Quadratmeter messendes Glasgebäude, das bei 23 bis 28 Grad Celsius über 20000 tropische Pflanzen und viele Tiere des Tropenwalds präsentiert.

Karl-Foerster-Garten in Bornim

Eine Wallfahrtsstätte für Blumenliebhaber, das ›Worpswede für Gartengestalter‹, liegt am Rande der Bornimer Feldflur in der Gemarkung des 1935 nach Potsdam eingemeindeten Dorfes Bornim. Mitte des 19. Jahrhunderts hatte König Friedrich Wilhelm IV. die Feldflur im Rahmen des ›Verschönerungsplans für die Insel Potsdam‹ durch Peter Joseph Lenné landschaftlich neu gestalten lassen. Und so mag es kein Zufall gewesen sein, dass der Staudenzüchter, Schriftsteller und Garten-Philosoph Karl Foerster (1874–1970) ausgerechnet in Bornim rund 5000 Quadratmeter Ackerland erstand und seine Stauden-Gärtnerei 1910/11 von Berlin dorthin umsiedelte. Es folgte ab 1911 die Anlage seines **Schaugartens** mit einem mehrfach terrassierten Senkgarten und Wasserbecken im Zentrum. Es gibt einen Frühlingsweg, einen Naturgarten, ein Herbstbeet und einen Steingarten. Jedes einzelne dieser fünf Gartenteile ist so komponiert, dass ein über das ganze Jahr hinweg ständig wechselndes Blüten- und Farbenspiel herrscht.

Der Sohn des Berliner Astronomen Wilhelm Foerster gilt als ein Pionier der naturnahen Gartengestaltung. Neben dem Bekanntmachen von Wildstauden, Gräsern und Farnen aus aller Herren Länder in den hiesigen Parks und Gärten stand vor allem die Entwicklung von winterharten robusten Blütenstauden im Mittelpunkt seines Interesses: Phloxe, Rittersporn, Lupinen, Lavendel und der Blumenpracht mehr. Rund 370 neue Sorten hat Karl Foerster im Lauf seines langen Lebens gezüchtet. Ende der 1930er Jahre regte er den Schaugarten auf der Potsdamer Freundschaftsinsel an (→ S. 58) und hat darüber hinaus beinahe 40 Bücher geschrieben, darunter sein bekanntestes, ›Es wird durchgeblüht‹, aus dem Jahr 1968.

Sein Bornimer Garten stand und steht für Besucher stets offen. Einzig das 1912 im englischen Landhausstil errichtete Wohngebäude war Foersters geschützter Privatbereich, wo er bis zu seinem Tod 1970 lebte. Zwei Jahre später wurde die angeschlossene Gärtnerei des berühmten Pflanzenzüchters, der in der DDR nie enteignet worden war, zum Volkseigenen Betrieb ›Bornimer Staudenkulturen‹ erklärt.

Anfang der 1990er Jahre kehrte nach der Wiedervereinigung dann Tochter Marianne nach 30 Jahren aus Brüssel in ihre alte Heimat zurück, gründete die Foerster Stauden GmbH und setzte außerdem die väterliche Tradition des offenen Gartens in Bornim fort. Die Landschaftsgärtnerin verstarb 2010 und verfügte in ihrem letzten Willen, dass Haus und Garten in die Marianne-Foerster-Stiftung übergehen und weiterhin für Blumenfreunde aus aller Welt offen stehen sollen. In einer noch nicht näher bestimmten Zukunft soll auch die untere Etage im Haus mit Foersters Bibliothek, Wohn- und Arbeitszimmer für Besucher zugänglich werden. Auf dem angrenzenden Betriebsgelände der Foerster Stauden GmbH kann man sowohl Foersters literarisches Werk als auch das ganze Sortiment Foersterscher Blütenpracht käuflich erwerben.

Bornstedt und Bornim

Krongut Bornstedt, Ribbeckstraße. 6/7, Tel. 0331/550650, www.krongut-bornstedt.de.

Potsdamer Zinnfigurenmuseum, im Krongut Bornstedt, tgl. 11–19 Uhr.

Kirche und Friedhof Bornstedt, die Kirche steht in der Regel tgl. 13.30–17.30 Uhr offen, der Friedhof ist jederzeit frei zugänglich.

Volkspark Potsdam, Haupteingang Georg-Hermann-Allee 101, www.volkspark-potsdam.de, tgl. 5–23 Uhr. Infopavillon am Haupteingang Mai–Sept. Mo–Fr 12–18, Sa/So 10–18 Uhr, April/Okt. jeweils bis 17 Uhr

Biosphäre, Georg-Hermann-Allee 99, Tel. 0331/550740, www.biosphaere-potsdam.de, Mo–Fr 9–18 Uhr, Sa/So 10–19 Uhr.

Karl-Foerster-Garten und Gärtnerei, Am Raubfang 6, Tel. 0331/5672615, www.foerster-stauden.de. Der Foerstersche Garten steht tgl. von 9 Uhr bis zur Dunkelheit offen; die Gärtnerei hat Mitte März bis Mitte Okt. Mo–Sa 9–18, So 11–14 Uhr geöffnet, ab Mitte Okt. eingeschränkte Öffnungszeiten, ab Mitte Nov. ist die Gärtnerei über den Winter geschlossen.

Weitere praktische Informationen ab → S. 194

▲ Karte S. 76

Freiherr von Gundling – Gelehrter und Narr

›Hier liegt in seiner Haut/halb Schwein, halb Mensch,/ein Wunderding.
In seiner Jugend klug,/in seinem Alter toll,
des Morgens voller Witz,/des Abends toll und voll.
Bereits ruft Bacchus laut:/Das teure Kind ist Gundeling.‹

Könnte der Nachruf auf einen Verstorben würdeloser ausfallen? Doch für Jacob Paul von Gundling, 1673 in Franken geboren, 1731 zu Potsdam an Magengeschwüren gestorben, sollte es post mortem noch viel schlimmer kommen. Was die Geschichtsforschung lange Zeit als bizarres Volksmärchen abtat, ist mittlerweile historisch belegt: Der Soldatenkönig Friedrich Wilhelm I. ließ den Präsidenten der Preußischen Akademie der Wissenschaften tatsächlich in einem Weinfass in der Bornstedter Kirche begraben. So unchristlich fand die Geistlichkeit das Spektakel, dass sie die Leichenrede verweigerte; wodurch Gundlings galligster Feind zum Zuge kam und zum letzten Geleit die oben zitierten Zeilen zum Besten gab. Viel wurde seither gerätselt, warum sich einer der bedeutendsten preußischen Historiker des frühen 18. Jahrhundert vor dem König wortwörtlich zum Affen machte und einer der bekanntesten Alkoholiker seines Landes wurde.

Seit 1705 als Professor für Recht, Geschichte und Literatur in der Berliner Ritterakademie tätig, wird Gundling 1713 zunächst einmal arbeitslos; denn Friedrich Wilhelm I. lässt die vom Vater gegründete Gelehrtenanstalt aus finanziellen Gründen schließen. Doch schätzt er Gundlings juristische Kompetenz, seinen Witz und sein Redetalent und befördert ihn aus den Berliner Gastwirtschaften, wo sich der Professor seit seiner Kündigung am liebsten bewegt, in exzeptionelle Stellungen. 1718 folgt Gundling dem Philosophen Leibniz auf dem Chefsessel der Preußischen Akademie der Wissenschaften. Er berät Friedrich Wilhelm I. in zentralen Wirtschafts- und Finanzangelegenheiten und ist gleichzeitig Gazettenreferent, Kammerherr und Oberzeremonienmeister in des Königs berühmt-berüchtigtem Tabakkollegium. In der derben Männerrunde steckt man ihn in lächerliche Fantasiekostüme mit Ziegenhaarperücke und gibt ihm einen ebenso ausstaffierten, leibhaftigen Affen als ›Sohn‹ an die Hand. Die Liste der Demütigungen ist lang. Sie reicht von groben Scherzen, beispielsweise bricht ein präparierter Tragesessel unter Gundlings Allerwertestem ein, über unterlassene Hilfeleistung, als man den Betrunkenen zur Belustigung im eingebrochenen Eis zappeln lässt, bis hin zur schweren Körperverletzung, als zwei Bären Gundling in seinem Bett furchtbar zurichten und sich der Hof dabei königlich amüsiert. Zwei Mal versucht Gundling vergeblich zu fliehen und schlussendlich stirbt der 1724 vom König zum Freiherrn ernannte Professor an dem 20 Jahre gegen seine Person andauernden Mobbing.

In der Malerei ist Gundling schon zu Lebzeiten meist mit einem Hasen an seiner Seite dargestellt worden. Das altertümliche französische Wort ›haselant‹ für jemanden, der sich einen Spaß macht und angeberisch gibt, wurde in der barocken Bildersprache dem armen Professor am Potsdamer Hof als Spottbild zur Seite gestellt. Auf Gundlings Grabplatte in der Bornstedter Kirche – die aus einem Vorgängerbau in das heutige Gotteshaus kam – gesellt sich dazu noch die römische Göttin der Weisheit, Minerva. Das Weinfass-Grab ist dagegen nicht mehr erhalten.

Nauener Vorstadt und Neuer Garten

Nördlich vom Nauener Tor erstreckt sich in herrlicher Lage zwischen Pfingstberg und Heiligem See die Nauener Vorstadt. Mit ihren noblen klassizistischen Villen und Gründerzeitbauten gehört sie zu Potsdams teuersten und schönsten Wohnvierteln. Die Fülle ihrer Sehenswürdigkeiten ist in einem strammen Tagesmarsch kaum zu erwandern – von der Russischen Kolonie Alexandrowka zum englischen Neuen Garten kulturhistorisch gewissermaßen quer durch den Kontinent.

Auf dem Pfingstberg thront das Belvedere Friedrich Wilhelms IV. als Potsdams schönste Aussicht, die einen atemberaubenden Rundblick über Brandenburgs Landeshauptstadt, Berlin und das Havelland eröffnet. Karl Friedrich Schinkels Erstlingswerk kann man auf dem Pfingstberg bewundern und mit dem alten Jüdischen Friedhof dort auch auf Orte stoßen, die nicht nur von Preußens Glanz und Gloria künden, sondern auch an die dunkelsten Kapitel – Nationalsozialismus und Holocaust – in der Potsdamer Geschichte rühren. Die Erinnerung an die Nauener Vorstadt als ›Verbotenen Stadt‹ 1945–1994 und ihre Opfer wird in der Gedenk- und Begegnungsstätte Leistikowstraße für die Nachwelt bewahrt.

Im Neuen Garten, im englischen Landschaftsstil unter Friedrich Wilhelm II. Ende des 18. Jahrhunderts angelegt, wird das Marmorpalais am Ufer des Heiligen Sees als eine der schönsten Perlen des frühen Klassizismus in Preußen gerühmt. Geschichtsträchtigen Boden betritt man nur wenige Spazierminuten entfernt im Schloss Cecilienhof, wo die Siegermächte im Sommer 1945 auf der ›Potsdamer Konferenz‹ die Nachkriegsordnung festlegten. Der Neue Garten mit seinen Schlössern und Bauwerken zählt heute, ebenso wie die Alexandrowka und der Pfingstberg, zum Weltkulturerbe der Menschheit.

Haus in der Kolonie Alexandrowka

▲ Karte hintere Umschlagklappe

Russische Kolonie Alexandrowka

Am Fuß des Pfingstbergs begegnet einem bei der Holzhauskolonie Alexandrowka ein kleines Stück ›Russland‹. König Friedrich Wilhelm III. (1770–1840) hat die 14 mit kunstvollen Schnitzereien verzierten Blockhäuser 1826/27 nach Art russischer Soldatendörfer errichten lassen. Sein Landschaftsbaumeister Peter Joseph Lenné (1789–1866) war für die Planung zuständig und wählte für die Anlage die Form eines Hippodroms. Dabei ließ er die ovale Fläche solcherart von Alleen durchschneiden, dass sie – zu Ehren des russischen Nationalheiligen Andreas – ein Andreaskreuz bilden. Links und rechts an den vier Schenkeln des Kreuzes wurden jeweils zwei Gehöfte gruppiert, je zwei weitere im südlichen und im nördlichen Bogen sowie am Schnittpunkt der Alleen im Herzen der Anlage ein Haus, das für den Aufseher gedacht war.

Für die Holzhäuser standen russische Originalbaupläne zur Verfügung, die eine Blockbauweise vorsahen. Aus Kostengründen griff man aber auf einen Trick zurück, den schon Friedrich der Große mit den ›Vorhemdchen‹ in der barocken Innenstadt angewandt hatte: Der rustikale, teure Blockbau wurde lediglich vorgetäuscht, indem man der einfachen Fachwerkkonstruktion eine Holzbohlenfassade vorsetzte. In dieser Manier fertiggestellt, machte der König jedem seiner zwölf russischen Sänger im Soldatenchor des Ersten Garderegiments von Preußen und ihren Familien ein solches Haus mit großem Wirtschaftsgarten, Viehstall und Kuh zum Geschenk.

Wie aber sind die russischen Sängersoldaten ausgerechnet nach Potsdam gelangt? Um deren abenteuerliche Reise durch halb Europa nachzuvollziehen, muss man 20 Jahre zurück in der Geschichte blicken: Bereits seit ihrer ersten Zusammenkunft 1802 in Memel waren Preußenkönig Friedrich Wilhelm III. und der russische Zar Alexander (1777–1825) einander in enger Freundschaft verbunden. Infolge des Zusammenbruchs 1806 durch Napoleon verlor Preußen dann nicht nur die Hälfte seines Staatsgebiets und hatte die französische Besatzung zu erleiden, sondern musste außerdem Truppenkontingente für den französischen Kaiser stellen. So marschierten 1812 preußische Soldaten in der Grande Armée mit auf Napoleons Russlandfeldzug. Auf umgekehrtem Weg gerieten russische Kriegsgefangene bis nach Berlin, wo Friedrich Wilhelm, der die russische Volksmusik liebte, sie vorsingen ließ, aus den Besten einen 21-köpfigen Chor bildete und in seine Residenz Potsdam abkommandierte. 1814 waren die Sängersoldaten in den Befreiungskriegen – nun im Militärbündnis zwischen Preußen und Russland – bei der Eroberung von Paris mit dabei. Und nach dem endgültigen Sieg über Napoleon 1815 schenkte sie der Zar seinem Freund, dem preußischen Kö-

Die Alexander-Newski-Kapelle

nig. Die Verluste im Chor ließ er durch das Übermitteln von neuen Sängern aus seiner leibeigenen russischen Soldatenschar wieder auffüllen.
Ein Jahrzehnt später war der Chor trotzdem wieder zusammengeschrumpft. Zwölf Sänger zählte er noch. Um sie weiter am Hof zu halten – und auch als Ausdruck der Verbundenheit mit dem Haus Romanow – veranlasste Friedrich Wilhelm III. den Bau der russischen Kolonie und gab ihr, im Andenken an den mittlerweile verstorbenen Zaren, den Namen Alexandrowka. Ein einzigartig erhaltenes Beispiel ›romantischer russischer Bauernhäuser‹ befand die UNESCO und erklärte die Russische Kolonie Alexandrowka 1999 zum Weltkulturerbe. Die Blockhäuser werden heute privat bewohnt. Russische Kolonie Nr. 2 beherbergt das **Museum Alexandrowka**, das sich der Geschichte der Alexandrowka von der Entstehung bis in die Gegenwart widmet. Unter dem Dach von Russische Kolonie Nr. 1 ist ein Restaurant mit Teestube und Sommergarten untergebracht, das zu russischen Klängen Spezialitäten wie Borschtsch oder Plinsen und dazu geistige Getränke aus den Ländern der ehemaligen Sowjetunion serviert.

■ Alexander-Newski-Kapelle

Damit sich die Sängersoldaten auch in Glaubensfragen zuhause fühlten, ließ der König auf der Anhöhe über der Kolonie eine Zwiebeltürmchen-Kapelle errichten. 1826 war Grundsteinlegung auf dem Kapellenberg, der damals noch Minenberg und anschließend Alexanderberg hieß. 1829 konnte das russisch-orthodoxe Gotteshaus mit seinen vier kleinen Zwiebeltürmen an den Ecken und einer großen Zwiebelspitze in der Mitte eingeweiht werden. Seinen Namen erhielt der Sakralbau nach Alexander Newski (um 1200–1263), Fürst von Nowgorod und Großfürst von Wladimir, der nach seinen Siegen über die Schweden und den Deutschen Orden als Retter des russischen Reichs im 16. Jahrhundert heilig gesprochen wurde. Das Porträt des Schutzheiligen ist über dem südlichen Torbogen der Kapelle zu sehen.
Für die Bauausführung zeichnete Karl Friedrich Schinkel (1781–1841) verantwortlich. Er folgte dabei dem Entwurf eines berühmten Zeitgenossen, dem St. Petersburger Architekten Wassili Stassow (1769–1848), und verband damit den russischen mit dem preußischen Klassizismus. Der Innenraum besticht durch eine prächtige Ornamentik und schöne Ikonen.
Mit ihrem Gründungsdatum ist die Alexander-Newski-Kapelle die älteste russisch-orthodoxe Kapelle in Westeuropa. Bis heute besitzt sie eine aktive Kirchengemeinde. Das 14. Haus in der Kolonie steht direkt neben der Kapelle und dient seit seiner Errichtung durchgehend als Wohnhaus des Kirchenvorstehers. Heute lebt hier der Erzpriester Anatolij Koljada mit seiner Familie. Seit 1986 betreut er die etwa 1000 russisch-orthodoxen Gemeindemitglieder.

Auf dem Pfingstberg

Hinter dem Kapellenberg steigt der Pfingstberg an. Mit 76 Metern über dem Meeresspiegel zählt er zu den höheren Erhebungen in der Havelstadt. Obenauf krönt ihn das klassizistische Belvedere, das nicht nur im Werbeprospekt ›Potsdams schönste Aussicht‹ verspricht. Der Weg hinauf führt vom Kapellenberg aus zunächst zum 1743 geweihten **Jüdischen Friedhof.** Zahlreiche Grabsteine auf der knapp zwei Hektar großen Fläche stammen noch aus dem 18. Jahrhundert. In der Reichspogromnacht 1938 wurde der Friedhof geschändet, 1942 fand die letzte Beisetzung statt. Nach der Wie-

▶ Karte hintere Umschlagklappe

dervereinigung begann die umfangreiche Sanierung der bereits seit 1977 denkmalgeschützten Anlage. Auch die Trauerhalle von 1912 konnte wieder instandgesetzt und 1995 neu eingeweiht werden. Seitdem dient das Areal wieder als jüdische Begräbnisstätte – die bislang einzige im ganzen Land Brandenburg.

Pomonatempel

Nur wenige Meter nach der Alexander-Newski-Kapelle steht am Südhang vom Pfingstberg, unterhalb des mächtigen Belvedere, der kleine **Pomonatempel**. Der quadratische Teepavillon nach antiken Vorbildern ist das Erstlingswerk von 1801 des damals 19-jährigen Karl Friedrich Schinkel und trägt den Namen der römischen Göttin der Baumfrucht Pomona. Auftraggeber war der Geheime Rat und Obstbauer Carl Ludwig von Oesfeld (1741–1804), dem der Pfingstberg damals gehörte. Das Tempelchen war ein Geschenk für seine Frau. 1817 kaufte König Friedrich Wilhelm III. das Gelände. 1945 von 1993 war der gesamte Berg, so nah bei der ›verbotenen Stadt‹ der Sowjetarmee, für das gemeine Volk gesperrt. Der Pomonatempel verfiel und konnte erst nach der Wiedervereinigung 1992/93 restauriert werden. Im Inneren führt eine Treppe auf die sommers von einem Zeltdach überspannte Dachterrasse. Das Erdgeschoss dient für Wechselausstellungen.

Belvedere auf dem Pfingstberg

Oben auf der Anhöhe erhebt sich die bildschöne klassizistische Doppelturmanlage des Belvedere auf dem Pfingstberg – Potsdams höchster Aussichtspunkt, der einen wahrhaftig atemberaubenden Ausblick verspricht. Über knapp 90 Stufen geht es im Turm eine enge gusseiserne Wendeltreppe zur schönen Aussicht hinauf, und oben angelangt wird man mit einem Panorama weit über Potsdam, Berlin und das Havelland hinweg belohnt. Seit seiner ersten Italienreise 1828 plante Friedrich Wilhelm IV. (1795–1861)

Das Belvedere auf dem Pfingstberg

an diesem fantastischen Blickpunkt ein Märchenschloss. Mit Kolonnaden, Galerien und aufwändigen Wasserspielen sollte es sich über mehrere Terrassen den Hang hinab zum Neuen Garten erstrecken. von 1847 bis 1863 wurden nach Skizzen des Königs immerhin Teile dieses Traums durch seine Baumeister Ludwig Ferdinand Hesse (1795–1876) und Friedrich August Stüler (1800–1865) verwirklicht. Nach dem Vorbild der römischen Villa Medici entstand der immer noch imposante obere Abschluss des Aussichtsschlosses als durch eine Bogengalerie verbundener Doppelturmbau. Schmuckstücke im Inneren der beiden Türme sind jeweils ein Römisches und ein Maurisches Kabinett. Umrahmt von Marmor und kostbaren Deckengemälden, kann man sich in Letzterem heute das Ja-Wort geben.

Dass das Belvedere wieder zugänglich ist und man die fantastische Sicht seit 2001 wieder genießen darf, ist vor allem dem rührigen Engagement des Fördervereins Pfingstberg e.V. zu verdanken. In unermüdlichem Einsatz hat er sich für die Sanierung des in der DDR dem Verfall preisgegeben Bauwerks stark gemacht. Denn fast ein halbes Jahrhundert lang, von 1945 bis 1993, war das gesamte Areal abgeriegelt. Es lag in unmittelbarer Nähe zur ›Verbotenen Stadt‹, der Deutschlandzentrale des KGB. Darüber hinaus hätte das Belvedere dank seiner Aussichtstürme einen Blick weit über die DDR-Grenzanlagen hinweg nach Westberlin offengelegt und westlich davon auf das sowjetische Truppengelände auf dem Bornstedter Feld.

2005 waren die umfangreichen Rekonstruktions- und Restaurierungsarbeiten abgeschlossen. Seitdem dient das Belvedere wieder der schönen Aussicht und immer im Juli außerdem als romantische Kulisse für Konzert- und Theateraufführungen. Zusammen mit dem Pomonatempel zählt die Anlage seit 1999 zum UNESCO-Weltkulturerbe.

▶ Karte hintere Umschlagklappe

Nauener Vorstadt

Wie ein Keil schiebt sich die vornehme Nauener Vorstadt in die herrliche Lage zwischen Alexandrowka und Pfingstberg, Neuem Garten und Jungfernsee. Außerhalb der Akzisemauer grünten im 18. Jahrhundert im Gebiet vor dem Nauener Tor die Weinberge begüterter Potsdamer Bürger; die Namen der Großen und der Kleinen Weinmeisterstraße erinnern daran. Im Zusammenhang mit dem Bau des Neuen Gartens ab 1787 unter König Friedrich Wilhelm II. (1744–1797) begann dann die Erschließung des Terrains. Erste repräsentative Villen hoher Staatsbediensteter und adeliger Familien wurden errichtet. Doch sollte es noch einmal knapp 100 Jahre dauern, bis sich die Konturen der Nauener Vorstadt so abzeichneten, wie man sie in großen Teilen bis heute besichtigen kann. Insbesondere seit der Reichsgründung 1871 nahm das noble Viertel Gestalt an. Elegante neoklassizistische Repräsentationsbauten und opulente Gründerzeitvillen entstanden für Bankiers und erfolgreiche Entrepreneurs.

Den Zweiten Weltkrieg überdauerte der Stadtteil ohne allzu große Zerstörungen. Das Kapitel einschneidender Veränderungen wurde erst im Zuge der Potsdamer Konferenz aufgeschlagen, zu der die Alliierten vom 17. Juli bis 2. August 1945 gleich um die Ecke im Schloss Cecilienhof im Neuen Garten zusammengefunden hatten. Vom sowjetischen Geheimdienstchef Berija, der in Stalins Delegation reiste, stammte wahrscheinlich der Vorschlag, das Villenviertel für die Sowjetische Militäradministration in Deutschland zu beschlagnahmen. Gesagt, getan. Nur wenige Tage nach

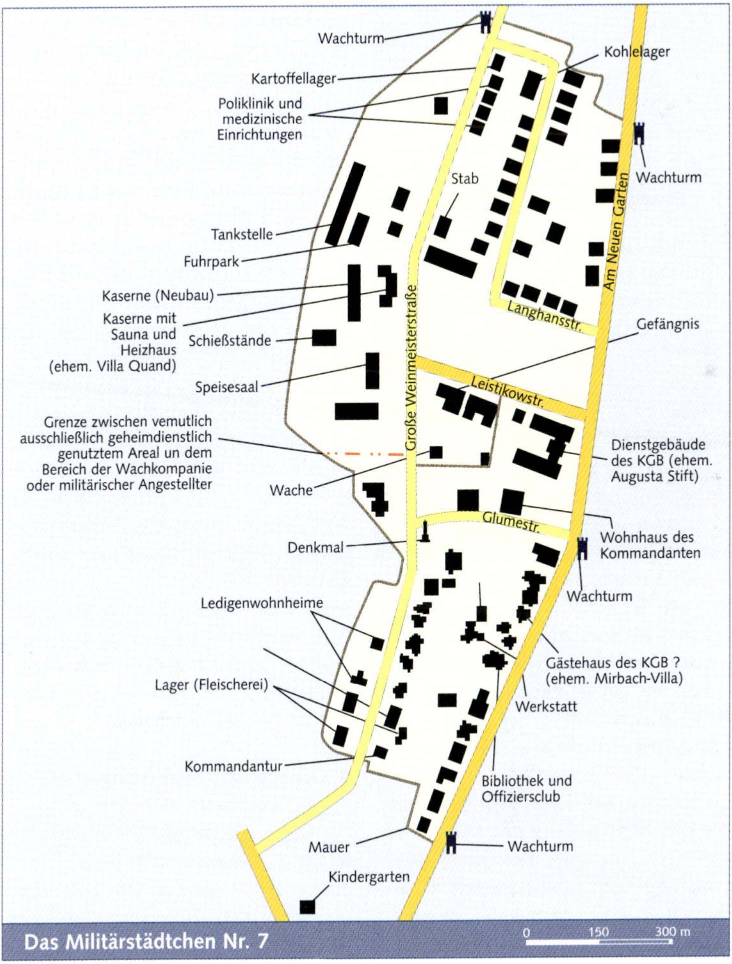

Das Militärstädtchen Nr. 7

Konferenzende vertrieb man die Villenbewohner, quartierte sich in den Häusern ein und erklärte den gesamten Bereich zwischen Neuem Garten, Großer und Kleiner Weinmeisterstraße zum militärischen Sperrbezirk.

Drumherum wurde eine zwei Meter hohe Mauer mit Wachtürmen und Stacheldraht hochgezogen. Das sowjetische **Militärstädtchen Nr. 7** war entstanden, hinter dessen euphemistischen Titelchen sich neben Wohnungen, Schulen, Einkaufsläden und anderen Infrastruktureinrichtungen für Militärangehörige und ihre Familien außerdem die Schreckensinstituionen des sowjetischen Geheimdienstes verbargen. Den Potsdamern war der Zutritt in die **Verbotene Stadt**, wie sie das Sperrgebiet nannten, verwehrt. Ebenso den 15000 einfachen Sowjetsoldaten, die in der Region Potsdam kaserniert waren. Das luxuriösen

In der Leistikowstraße

Villenquartier war ausnahmslos hochrangigen Offizieren der Armee, der Aufklärungs- und Geheimdienste vorbehalten. Erst mit dem Abzug der letzten GUS-Truppenkontingente aus Potsdam im August 1994 wurde die Verbotene Stadt aufgelassen. Im April 1995 folgte dann die offizielle Freigabe des Militärstädtchens Nr. 7 für die Öffentlichkeit. Rückübertragungen schlossen sich an und Sanierungsarbeiten begannen. Zwischenzeitlich haben Alteigentümer wie neue betuchte Bewohner die meisten Gebäude denkmalgerecht restauriert.

Unter ihnen befindet sich die **Villa Quandt** am Fuß des Pfingstbergs in der Großen Weinmeisterstraße 46/47. Das in der ersten Hälfte des 19. Jahrhunderts errichtete und nach der Kriegsrätin Ulrike Augusta von Quandt benannte Gebäude gelangte 1841 in den Besitz Friedrich Wilhelms IV. und diente später dem Hohenzollernprinz Oskar, einem Sohn Kaiser Wilhelms II., als Domizil. Nach Ende des Zweiten Weltkriegs zog der KGB in die Villa ein, die fortan als Verwaltungsgebäude für die sowjetische Militärgerichtsbarkeit fungierte. Im Lauf der Jahre litt die Bausubstanz so massiv, dass das Haus wegen Baufälligkeit gesperrt werden musste. Nur das Kasino sowie die Sauna mit Tauchbecken blieben noch bis zum Abzug der Russen 1994 in Betrieb. 2007 zogen nach Abschluss der grundlegenden Sanierungsarbeiten das Brandenburgische Literaturbüro und das Theodor-Fontane-Archiv in die Villa Quandt ein.

In der benachbarten **Villa Lepsius** (Große Weinmeisterstraße 45) lebte und arbeitete von 1908 bis 1926 der Theologe Johannes Lepsius (1858–1926), der den Völkermord an den Armeniern im Ersten Weltkrieg öffentlich thematisierte. 2011 hat das Haus nach 12-jähriger Sanierung als deutsch-armenisch-türkische Forschungs- und Begegnungsstätte neu eröffnet. Eine Ausstellung zum Wirken von Lepsius kann man sich nach telefonischer Anfrage anschauen.

Gedenk- und Begegnungsstätte Leistikowstraße Potsdam

Das Gebäudeensemble Große Weinmeister-/Ecke Leistikowstraße gehört zu den düstersten Orten in Potsdam. Hier befand sich das zentrale **Untersuchungsgefängnis des sowjetischen Geheimdiensts** in der Sowjetischen Besatzungszone (SBZ) bzw. DDR. Ungezählte Menschen wurden in den Gefängniszellen verhört, gefoltert und in Militärtribunalen zum Tode verurteilt oder mit langjährigen Haftstrafen in den Gulag geschickt, insbesondere ins sibirischen Straflager Workuta. Zunächst waren es vermeintliche und tatsächliche Verbrecher des Naziregimes, Spione und Westagenten, ab 1946/47 immer mehr Widerstandsgruppen und politisch Aktive gegen die totalitäre Gleichschaltung in der

▲ Karte hintere Umschlagklappe

SBZ/DDR und noch bis Mitte der 1980er Jahre Sowjetsoldaten, denen man Fahnenflucht oder Kollaboration zur Last legte. Für diese neue Funktion als Militärtribunal, Gefängnis und Folterkeller wurde die 1916–1918 vom Evangelisch-Kirchlichen Hilfsverein (EKH) errichtete Villa unter der Postanschrift Leistikowstraße 1 fluchtsicher umgebaut, die großen Fenster auf schmale Sichtschlitze zugemauert und mit Eisengittern versperrt. Dabei diente das Haus ursprünglich mildtätigen Zwecken. Namentlich war es Sitz der 1899 gegründeten ›Evangelischen Frauenhilfe‹ des EKH mit Büro und Redaktionsräumen und verfügte ferner über eine Dienstwohnung für den leitenden Pfarrer.

1994 erhielt der EKH die Villa zurück und setzte sich in der Folgezeit, gemeinsam mit Bürgerinitiativen und Betroffenen-Organisationen, für den Erhalt des ehemaligen KGB-Gefängnisses als Mahnmal ein. 2007/08 saniert und um ein Besucherinformationszentrum erweitert, ist die Leistikowstraße 1 seit 2009 nun **Gedenkstätte**. Seit 2012 wird die Dauerausstellung ›Sowjetisches Untersuchungsgefängnis Leistikowstraße Potsdam‹ gezeigt.

Doch nicht nur dort, auch im Nachbarhaus Leistikowstraße 2/3 tagten die Militärtribunale ebenso wie im **Kaiserin-Augusta-Stift**, zu DDR-Zeiten zentraler Dienstsitz des sowjetischen Geheimdiensts in Ostdeutschland, also KGB-Hauptquartier. Das 1900–1902 erbaute Stift füllt mit seinen wilhelminischen Bauten einen großen Teil des Geländes im Karree zwischen Großer Weinmeister- und Leistikowstraße, Straße am Neuen Garten und Glumestraße aus. Unter der Schirmherrschaft der Kaiserin Auguste Viktoria, Stifterin der Frauenhilfe im Evangelisch-Kirchlichen Hilfsvereins, war es als Erziehungsanstalt für die Töchter getöteter deutscher Offiziere (›auf dem Feld der Ehre Gebliebener‹) ins Leben gerufen worden. Die Schriftstellerin Christa Winsloe (1888–1944) hat die Institution bereits 1930 in einem Theaterstück bekannt gemacht. 1931 wurde es unter dem Titel ›Mädchen in Uniform‹ erstmals auf Zelluloid gebannt und erreichte 1958 in der Verfilmung von Geza von Radvanyi mit Lilly Palmer und Romy Schneider in den Hauptrollen eine große Öffentlichkeit. In der hauseigenen Kapelle im Kaiserin-Augusta-Stift fanden ab Sommer 1945 die Militärtribunale statt. Heute beherbergt der Gebäudekomplex luxuriöse Eigentumswohnungen.

In der Großen Weinmeisterstraße 17 waren die Wachen für den Gefängnisbereich untergebracht. Die Glumestraße 2 diente als Wohnsitz des Sowjetkommandanten.

Nauener Vorstadt

Alexander-Newski-Kapelle, Russische Kolonie 14, Tel. 0331/296313, www.r-o-k.de, Mitte März–Okt. außerhalb der Gottestdienstzeiten tgl. 10–18 Uhr.

Belvedere auf dem Pfingstberg, Tel. 0331/9694200, www.spsg.de, April/Mai/Okt. tgl. 10–18 Uhr, Juni–Aug. tgl. 10–20 Uhr, März/Nov Sa/So 10–16 Uhr.

Gedenk- und Begegnungsstätte Leistikowstraße Potsdam, Leistikowstr 1, Tel. 0331/2011540, www.gedenkstaette-leistikowstrasse.de, Di–So 14–18 Uhr.

Jüdischer Friedhof, Puschkinallee 18, April–Sept. Mo–Fr 9–16, So 10–16 Uhr, Okt.–März Mo–Fr 10–17, So 10–13 Uhr; Männer müssen zum Friedhofsbesuch eine Kopfbedeckung tragen.

Museum Alexandrowka, Russische Kolonie 2, Tel. 0331/8170203, www.alexandrowka.de, März–Okt. Di–So 10–18, Nov.–Feb. Fr-So 10–17 Uhr.

Pomonatempel, auf dem Pfingstberg, Tel. 0331/9694200, www.spsg.de, Mitte April bis Ende Okt. Sa/So 15–18 Uhr.

Villa Lepsius, Große Weinmeisterstr. 45, Tel. 58164511, http://lepsiushaus.wordpress.com; Besichtigungen des Hauses und Führungen durch die Ausstellung auf Anmeldung.

Russisches Restaurant und Teestube, Russische Kolonie 1, Tel. 0331/2006478, www.alexandrowka-haus1.de. Mai–Sept Di–Fr 11.30–22, Sa bis 21, So bis 20 Uhr; Nov./Dez. Di–Sa 11.30–21, So bis 20 Uhr; Jan/Feb. Di–Fr 11.30–18, Sa bis 21, So bis 20 Uhr; März/April Di–Fr/So 11.30–20, Sa bis 21 Uhr. Von Bliny über Borschtsch und Soljanka zu Boeuf Stroganoff zum Dessert mit Wareniki und Eierkuchen, traditionelle russische Küche vom Feinsten. Dazu wird Tee aus dem Samowar, St. Petersburger Bier und natürlich auch Wodka kredenzt.

Weitere praktische Informationen ab → S. 194

Neuer Garten

Östlich vom Pfingstberg dehnt sich, umrahmt vom Jungfernsee und dem Heiligen See, der Neue Garten aus. Der Dessau-Wörtlitzer Gartenarchitekt Johann August Eyserbeck (1762–1801) legte den 102 Hektar großen Park 1787–1797 im Auftrag von König Friedrich Wilhelm II. an. Der Volksmund nannte den Genussmenschen und Casanova, Neffe und Nachfolger Friedrichs des Großen, wegen seiner sinnenfreudigen Lebensführung ›Dicker Wilhelm‹ oder auch ›Dicker Lüderjahn‹. Dieser hatte das Land am Heiligen See 1783 vom Weingutbesitzer Punschel erworben – und nun war die Gartenbaukunst Eyserbecks gefragt, um die Ackerschollen und Weingärten, Obst- und Maulbeerplantagen in eine naturähnliche Parkanlage zu verwandeln. Der Neue Garten stellt den ersten an englischen Gärten orientierten Landschaftspark der preußischen Herrscher dar und bildet somit den Kontrapunkt zur im Kern barocken Anlage von Sanssouci. Anders auch als der ›Alte Fritz‹ ließ der ›Dicke Wilhelm‹ seinen Park von einer hohen Mauer umziehen. Jedermann sollte den Neuen Garten als des Königs intime ländliche Idylle verstanden wissen, zu der deshalb auch nur wenigen Auserwählten Zulass gewährt wurde.

Die Gotische Bibliothek

Karte hintere Umschlagklappe

Parallel zu der Grünanlage nahmen auch die Bauwerke im Neuen Garten Gestalt an. Im holländischen, ägyptischen, gotischen oder klassizistischen Geschmack zeichneten für das Parkmeublement vor allem die Baumeister Carl von Gontard (1731–1791) und Carl Gotthard Langhans (1732–1808) verantwortlich.

Marmorpalais

Auch eine majestätische Sommerresidenz für Friedrich Wilhelm II. durfte nicht fehlen. Sie entstand ab 1787 in fünf Jahren Bauzeit am Ufer des Heiligen Sees nach Entwürfen von Gontard und Langhans.

Das Marmorpalais im Neuen Garten

Der schlesische Marmor, den die Architekten zusammen mit rotem Backstein an der Fassade verbauen ließen, verlieh dem frühklassizistischen kleinen Schloss den Namen Marmorpalais.

Allerdings war das quadratische zweigeschossige Flachdachhaus mit einem Rundtempel für die schöne Aussicht obenauf für monarchische Ansprüche viel zu klein geraten. Ab 1797 begann deshalb Baumeister Michael Philipp Boumann (1747–1803) mit dem Anbau von zwei Seitenflügeln. Den mangelnden Marmornachschub bekam man in den Griff, indem man die Knobelsdorffschen Marmorkolonnaden im Park Sanssouci respektloserweise abriss und ins neue Sommerpalais am Ufer des Heiligen Sees einfügte. Die Fertigstellung der beiden Flügel zog sich mit Innenausschmückung vom Todesjahr Friedrich Wilhelms II. an bis in die Mitte des 19. Jahrhunderts hinein. Gleichwohl nutzten ab etwa 1830 der spätere Kaiser Wilhelm I. und seine Gemahlin Augusta das malerische Schlösschen gewissermaßen als ›Notunterkunft‹, so lange die Bauarbeiten an ihrem Schloss Babelsberg noch nicht abgeschlossen waren. Nach der Vollendung des Marmorpalais 1848 bevölkerten Hohenzollernprinzen und ihre Gäste die Räumlichkeiten; ab 1881 bis zur Thronbesteigung 1888 der Kaiser in spe Wilhelm II. mit Familie und zwischen 1904 und der Fertigstellung des nahe gelegen Schlosses Cecilienhof 1917 zu guter Letzt Kronprinz Wilhelm und Gattin Cecilie.

Unter den glanzvollen Innenräumen mit wertvollen Hölzern und kostbaren Marmorböden stechen im Obergeschoss besonders das **Orientalische Kabinett** und der **Konzertsaal** hervor. Im Erdgeschoss bildet die königliche Marmortreppe gleichermaßen einen Mittel- und Höhepunkt. Dahinter schließt sich gen Osten der **Grottensaal** an, der mit schönem Blick auf den Heiligen See einst zum Speisen diente. Von einer Bootsanlegestelle an der weitläufigen Seeterrasse aus pflegten die Hofgesellschaften zu vergnüglichen Schiffspartien aufzubrechen. Unterirdisch war der Grottensaal mit der wenige Schritte südlich am Seeufer gelegenen **Schlossküche** verbunden. Wie alle zum Marmorpalais gehörenden Zweckbau-

Das Küchenhaus im Neuen Garten

ten wurde auch die Küche nach dem damals bevorzugten Geschmack exotisch gestaltet und erscheint in Form einer romantischen Tempelruine. Der **Eiskeller** zur Kühlung der Lebensmittel, einen Steinwurf nördlich vom Schloss, gleicht einer Pyramide.

In DDR-Zeiten fungierte das Marmorpalais ab 1961 als Armeemuseum mit Panzerschau und MiG-Jagdflugzeug auf den Terrassen. Wegen des fortschreitenden Verfalls musste das Haus 1988 schließen. Nach der Wiedervereinigung erfolgte eine jahrelange, aufwändige Restaurierung des kleinen Juwels unter den Potsdamer Schlössern.

Im nördlichen Parkteil

Der Neuen Garten, so wie ihn Eyserbeck im ausklingenden 18. Jahrhundert konzipiert hatte, wurde nach 1816 von Peter Joseph Lenné grundlegend überarbeitet. Dabei schuf der große Gartenarchitekt unter anderem Blickverbindungen zu den in jener Zeit entstehenden Parkanlagen an den gegenüberliegenden Seeufern in Sacrow, Babelsberg und auf der Berliner Seite in Glienicke. Er verband die jüngere Potsdamer Schlösser- und Gartenlandschaft damit zu einem Gesamtkunstwerk.

Auf dem Weg vom Marmorpalais zum Jungfernsee passiert man das **Rote Haus** und kurz danach das **Grüne Haus**. Sie tragen wie das **Weiße Haus** südlich im Park und das **Braune Haus** im Nordwesten den Namen nach ihrem historischen Anstrich und zählen, man glaubt es kaum, zu den ältesten Gebäuden im Neuen Garten. Ihre Ursprünge gehen auf die Zeit des Kaufmanns und Winzers Punschel zurück, mit dem der Dicke Wilhelm gern einen Schoppen leerte, schon lange bevor er von Punschel das Land am Heiligen See erwarb.

Ganz oben im Park auf der Landnase Quapphorn, die in den Jungfernsee ragt, kann man seit 2007 wieder die kleine **Eremitage** in Augenschein nehmen. Der 1796 aufgerichtete, fensterlose Pavillon gaukelt durch seine Außenhülle aus Eichenrinde und Ästen, mit einem rohrgedeckten Dach obenauf, eine einfache Waldhütte vor. Innen jedoch war er standesgemäß mit bestem italienischen Marmor, Schnitzereien, Intarsien, Kronleuchtern, Spiegeln und Marmorskulpturen ausstaffiert. Nach 1945 im Todesstreifen gelegen, verfiel diese kuriose Spielerei und musste 1964 komplett dem Ausbau der DDR-Grenzanlagen am Jungfernsee weichen. 2006 hat man mit dem Wie-

▲ Karte hintere Umschlagklappe

deraufbau begonnen. Die Rekonstruktion des Innenraums steht noch an.
Aus Friedrich Wilhelms II. Zeiten stammt nicht weit entfernt auch die **Crystall- und Muschelgrotte**. 1792–1794 nach einem Entwurf des Oberhofbaurats Andreas Ludwig Krüger (1743–1822) verwirklicht, diente der vermeintliche Grottenbau, der nach königlichem Willen ›nicht als Kunstwerk erscheinen, sondern den Eindruck eines urtümlich wilden, gewachsenen Naturprodukts vermitteln‹ sollte, innen mit drei Kabinetten als Aufenthaltsort für sommerliche Abendvergnügen.
Ein dritter solcher Staffagebau, wie sie für das ausklingende 18. Jahrhundert in Parks üblich waren, findet sich mit der **Borkenküche** ganz in der Nähe von Schloss Cecilienhof. Der kleine Rundbau mit Rohrdach stammt original von 1796, wurde 1958 wegen Baufälligkeit abgerissen und von 2010 bis 2012 wieder aufgebaut.

Schloss Cecilienhof

Ein letzter gestaltgebender Eingriff von königlicher Hand im Neuen Garten und zugleich krönender Abschluss fand 1913–1917 mit dem Bau von Schloss Cecilienhof statt. Kaiser Wilhelm II. hatte das Fachwerkschloss im englischen Landhausstil für seinen Sohn, Kronprinz Wilhelm, und dessen Ehefrau Cecilie zu Mecklenburg-Schwerin für 1,5 Millionen Reichsmark beim Architekten Paul Schultze-Naumburg (1869–1949) in Auftrag gegeben. Das Kronprinzenpaar, ihre sechs Kinder sowie die gesamte höfische Entourage sollten also in einem verwinkelten ›Englischen Haus‹ untergebracht werden. So hatte es der Architekt und Mitbegründer des Deutschen Werkbunds, Hermann Muthesius, um die Jahrhundertwende in Mode gebracht. Schultze-Naumburg löste das Problem, indem er die 176 Zimmer um fünf Höfe gruppierte, dadurch jeweils eine intime Atmosphäre herstellte und dabei trotzdem ausreichend Raum für eine angemessene Hofhaltung bewerkstelligte. Als i-Tüpfelchen wurden dem fachwerkgeschmückten Cottage-Ensemble gut 50 unterschiedliche Schornsteine aufgepflanzt, die meisten davon nur zu Dekorationszwecken. Und als ab 1914 im Ersten Weltkrieg bereits Hunderttausende auf den ›Feldern der Ehre‹ ihr Leben verloren, ließ die Hohenzollernfamilie weiter an ihrem Cecilienschloss werkeln. Es sollte der letzte Schlossbau der Hohenzollern werden.
Nach der Abdankung von Kaiser Wilhelm 1918 am Ende des Ersten Weltkriegs erhielten Sohn Wilhelm und seine Cecilie acht Jahre später ein Wohnrecht auf Lebenszeit in Cecilienhof. Bis zum Ende des Zweiten Weltkriegs war das Schloss von den Hohenzollern bewohnt. Danach überstürzten sich die Ereignisse: Nur wenige Wochen nach der deutschen Kapitulation geriet der Prachtbau als Tagungsort der **Potsdamer Konferenz** in den Blick der Weltöffentlichkeit. Vom 17. Juli bis zum 2. August 1945 handelten die alliierten Staats- und Regierungschefs Truman (USA), Stalin (UdSSR) und Churchill bzw. Attlee (Großbritannien) in seinen Räumlichkeiten die neue Weltordnung aus. Die Beschlüsse der Siegermächte gingen als ›Potsdamer Abkommen‹ in die Geschichte ein und prägten im nächste halben Jahrhundert mit der Spaltung in zwei Militärblöcke die Geschicke Deutschlands, Europas und der ganzen Welt.
Die **historischen Konferenzräume** sind heute Museum, und die **Privaträume des Kronprinzenpaars** können im Rahmen einer Führung besichtigt werden. Der größte Teil von Schloss Cecilienhof wird als elegantes Hotel mit Café und Restaurant genutzt.

Schiffsanleger an der Meierei

Aber nicht nur für Kunst und Kultur, Geschichte und Weltpolitik ist der Neue Garten bekannt, sondern mit dem **Heiligen See** auch für Freizeitvergnügen. Nicht weit vom Schloss Cecilienhof entfernt, lädt er am Nordostufer nahe dem Hasengraben mit großer **Badewiese** zum Sprung ins kühle Nass ein. Mehrere kleinere und größere, teilweise glitschige und etwas unwegsame Wassereinstiege finden sich zwischen dem Schilf. Ein jeder badet wie es ihm gefällt, mit Textil am Leib oder hüllenlos. Da es sich um keine offizielle, sondern nur um eine geduldete Badestelle handelt, ist sie unbewacht und man badet auf eigene Gefahr. In der Winterzeit, wenn der See zugefroren ist, herrscht hier reger Schlittschuhbetrieb.

Im südlichen Parkteil

Der Spaziergang in den südlichen Teil des Neuen Gartens führt als erstes zur **Orangerie**. Keine fünf Minuten vom Marmorpalais entfernt erstreckt sich die 1791–1793 von Carl Gotthard Langhans erbaute Pflanzenüberwinterungshalle auf fast 90 Metern Länge. Ihre Besonderheit ist das von einer Sphinx und zwei ägyptischen Götter-Statuen bewachte **Ägyptische Portal**. Ausdrücklicher Wunsch des Bauherrn Friedrich Wilhelm II. war außerdem, dass im Mittelteil des Gebäudes ein Saal zum Musizieren entsteht. Der König selbst spielte mit Leidenschaft Cello, und die Aufführungen seines Kammerensembles sollen nicht die schlechtesten gewesen sein. Große Rundbogenfenster erhellen den **Palmensaal** mit seiner kostbaren Holztäfelung, den kunstvollen Intarsien und Schnitzereien, gekrönt von einem floralen Deckengemälde des Operndekorationsmalers Bartolomeo Verona. Hier pflegte Friedrich Wilhelm II. vor seinem Hofstaat Konzerte zu geben. An diese Tradition knüpfen heute die ›Musikfestspiele Potsdam Sanssouci‹ an, wenn sie alljährlich die Konzert- und Festsäle der Potsdamer Schlösser – von den Neuen Kammern über das Neuen Palais bis zum Marmorpalais – und auch den Palmensaal in der Orangerie zum Erklingen bringen.

Der Orangerie zur Seite gestellt ist das **Holländisches Etablissement**. Die 1789/90 von Carl Gotthard Langhans nach holländischer Art mit rotem Klin-

▶ Karte hintere Umschlagklappe

kerstein, Treppen- und Schweifgiebeln errichteten Gebäude fungierten als Kavalierhaus, Dienstbotenunterkunft, Werkstätten und Remisen. In lockerer Abfolge säumen sie den Hauptweg im Neuen Garten bis hinunter zum Portiershäuschen am Haupteingang.

Ganz unten am letzten südlichen Zipfel des Heiligen Sees steht die **Gotische Bibliothek**. Der kleine oktogonale Bau mit offenem Arkadenumgang, 1794 errichtet, beherbergte Friedrich Wilhelms II. Büchersammlung; im Erdgeschoss französische, im Obergeschoss deutsche Werke. Viele können es allerdings nicht gewesen sein, so winzig wie der Raum wirkt. Anfang der 1990er Jahre wäre der baufällige Pavillon fast in den See gestürzt. Stein für Stein musste er abgetragen, ein neues Fundament gegossen und danach grundlegend neu aufgebaut werden.

Palais Lichtenau

Schon außerhalb der Parkmauer gelegen, aber mit dem Neuen Garten auf das Engste verbunden, ist das eingeschossige Palais Lichtenau gegenüber der Gotischen Bibliothek, das unter der Adresse Behlertstraße 31 gefunden werden kann. 1796/97 hat es Michael Philipp Boumann – oder auch Carl Gotthard Langhans, die Urheberschaft ist umstritten – für Wilhelmine Encke, Gräfin Lichtenau (1753–1820) erbaut; im Auftrag von und finanziert durch König Friedrich Wilhelm II. In ganz Preußen pfiffen es die Spatzen von den Dächern, dass sie die Mätresse des Dicken Wilhelm war (→ S. 120). So entstand, in Sichtweite zum Marmorpalais, für die zur Gräfin erhobene Lebensgefährtin, die als preußische Madame Pompadour in die Geschichte einging, das frühklassizistische Palais Lichtenau. Wilhelmine Encke kann dort aber nur kurz gelebt haben, denn bald nach der Fertigstellung des Domizils 1797 starb Friedrich Wilhelm. Sie wurde verhaftet, verbannt und ihr Besitz eingezogen. Neueren Forschungen zufolge soll sie das Palais in der Behlertstraße überhaupt nicht bewohnt haben. In der jüngeren Vergangenheit wurde das Haus als Filmkulisse bekannt, darunter für den DEFA-Klassiker ›Karbid und Sauerampfer‹ von 1963. Seit 2013 ist im außen wie innen originalgetreu restaurierten Palais Lichtenau ein medizinisches Haut- und Laserzentrum untergebracht.

Von der Meierei über den See nach Sacrow

Zünftig geht es im Ausschank der **Meierei** direkt am Ufer des Jungfernsees zu. Von 1790 bis 1792 errichtete Andreas Ludwig Krüger nach Plänen von Carl Gotthard Langhans ein kleines Molkereigebäude, das aus den Produktionsräumen, einer Wohnung für den Meier, Ställen für das Milchvieh und einem Kabinett für den König bestand, in dem seine Majestät mit herrlichem Seeblick Frischmilch genießen konnte. 1844 erweiterte Ludwig Persius das Haus in Form einer normannischen Burg zur ›Meierei-Villa‹, indem er es aufstockte

Schöne Villen in der Seestraße

Die Sacrower Heilandskirche

und ihm Turm und Zinnen verlieh; innen nun um vornehme Milchstuben und Teezimmer für den König und seine Höflinge bereichert. Anfang der 1860er Jahre wurde der Molkereibetrieb aufgeben, die Villa abermals aufgestockt, ein Schornstein errichtet und in den Kuhstall ein Dampfmaschinenpumpwerk eingebaut. Die alte Meierei wurde zur Pumpstation für die Bewässerung des Neuen Gartens umfunktioniert. Aus dem Jungfernsee wurde dazu das Wasser hinauf in das Becken des Belvedere auf dem Pfingstberg getrieben, damit es von dort aus zielgerichtet die Grünanlagen benetzte. Nach dem Untergang des deutschen Kaiserreichs fand die ehemals königliche Meierei-Pumpstation eine neue Bestimmung: 1928 eröffnete sie als beliebtes Ausflugslokal. Ende des Zweiten Weltkriegs brannte das Gebäude aus und verfiel anschließend, da im hermetisch abgeriegelten DDR-Grenzbereich gelegen, zur Ruine. Ende der 1990er Jahre begann der Wiederaufbau, und bereits 2003 konnte die Gasthausbrauerei ›Meierei im Neuen Garten‹ eingeweiht werden. Seitdem kommt drinnen und draußen im Biergarten zum deftigen Essen hausgebrautes Bier auf den Tisch. Dazu geht der Blick über die Havel hinweg bis zur Sacrower Heilandskirche oder südwärts in Richtung Glienicker Brücke und dem Park Babelsberg. Alle diese herausragenden Sehenswürdigkeiten lassen sich von der Haltestelle an der Meierei aus schnell und bequem im Linienbetrieb der **Potsdamer Wassertaxis** erreichen. Auf dem Taxi-Fahrplan verzeichnet ist beispielsweise das kleine **Schloss Sacrow** am Nordufer des Jungfernsees. Ursprünglich ein Barockbau von 1773, kaufte König Friedrich Wilhelm IV. nach seinem Regierungsantritt 1840 Dorf und Gut Sacrow und ließ das Herrenhaus von Ludwig Persius ausbauen und klassizistisch umgestalten. Die Neugestaltung des gleichnamigen Parks nahm Peter Joseph Lenné in die Hand, so wie er sie in seinem ›Verschönerungsplan der Insel Potsdam‹ bereits vorgelegt hatte. Zeitgleich und gänzlich neu entstand in der Nachbarschaft zwischen 1840 und 1844 nach Persius-Plänen die **Sacrower Heilandskirche**. Malerisch erhebt sich der nach Art frühchristlicher Basiliken errichtete Saalbau am Havelufer. Mit einem freistehenden Glockenturm, das arkadenumzogene Kirchenschiff auf einem Podest gleichsam über dem Wasser schwebend, zählt die Heilandskirche für viele zu den schönsten sakralen Kleinoden in der Region.

Nach der Gründung der DDR lag Sacrow auf einmal im unmittelbaren Grenzbereich zu Westberlin. Das Schloss diente zunächst noch als Kinderheim und Erholungsstätte für die Verfolgten des Naziregimes. Doch mit dem Mauerbau 1961 wurden der Park und seine Bauwerke abgeriegelt. In Schloss Sacrow quartierten sich Grenzsoldaten der Nationalen Volksarmee und ab 1973 der DDR-Zoll ein. Die Grünanlage wurde zur Trainingseinrichtung für die berüchtigten

▲ Karte hintere Umschlagklappe

Zollspürhunde umfunktioniert. Die Heilandskirche – an einer Havelenge nur wenige Schwimmzüge vom Westberlin Ufer entfernt gelegen – fristete ihr Dasein fortan, von Grenzanlagen umzingelt, hinter dem Todesstreifen im Niemandsland. Dank einer spektakulären Spendenaktion Mitte der 1980er Jahre auf Initiative des damaligen Westberliner Regierenden Bürgermeisters Richard von Weizsäcker konnte das bildschöne Gotteshaus vor dem Einsturz bewahrt werden. Nach dem Mauerfall fand Heiligabend 1989 erstmalig wieder ein Gottesdienst statt. Anschließend begann die Sanierung der Heilandskirche, und bereits seit 1995 erstrahlt im Inneren das Fresko des Genremalers Adolf Eybel, das den Heiland und die Apostel zeigt, wieder im alten Glanz. Mit der feierlichen Einweihung der neuen Orgel im Juni 2009 war die Kirchenrestaurierung vollendet. Die Arbeiten am Schloss Sacrow sind dagegen bis heute noch nicht vollständig abgeschlossen. Bereits 1938, als es zum Dienstsitz des Generalforstmeisters umgebaut wurde, hatte man den Räumen ihre alte Pracht genommen. Seit 2002 steht es im Sommer für gelegentliche Wechselausstellungen offen und kann darüber hinaus im Rahmen von Veranstaltungen besucht werden.

Als Bestandteile des bau-, kunst- und kulturgeschichtlichen Ensembles der Potsdamer Schlösser- und Gartenlandschaft sind Schloss mit Park Sacrow und die Sacrower Heilandskirche seit 1990 als herausragende Zeugnisse der Geschichte der Menschheit Bestandteile des UNESCO-Welterbes.

Neuer Garten

Marmorpalais, Im Neuen Garten 10, Tel. 0331/9694200, www.spsg.de, Mai–Okt. Di–So 10–18, Nov.–März Sa/So 10–16, April Sa/So 10–18 Uhr, Besichtigung nur mit Führung.

Schloss Cecilienhof, Im Neuen Garten 11, Tel. 0331/9694200, www.spsg.de, April-Okt. Di–So 10–18, Nov.–März Di–So 10–17; die Privaträume des Kronprinzenpaares Di–So mit Führung jeweils um 10, 12, 14 und 16 Uhr.

Sacrower Heilandskirche, Schlosspark Sacrow, Tel. 0331/5052144, www.heilandskirche-sacrow.de, Mai–Aug. Di–So 10–16, März/April und Sept./Okt. Di–So 10–15.30, Nov.–Feb. Sa/So 10–15 Uhr.

Schloss Sacrow, Krampnitzer Str. 33, Tel. 0331/9694200, www.spsg.de; das Haus steht zu Wechselausstellungen und Veranstaltungen offen, Infos unter www.ars-sacrow.de.

Meierei im Neuen Garten, Im Neuen Garten, Tel. 0331/7043211, www.meierei-potsdam.de, April–Okt. Di–Sa 11–22, So 11–20, Nov.–März Di–Sa 12–22, So 12–20 Uhr. Hausgebraute Bierspezialitäten und dazu deftige Gaststättenküche, ob Brezel oder Schmalzstulle, Pommes oder Boulette und für den großen Hunger Berliner Eisbein und Wiener Schnitzel.

Badewiese am Heiligen See, im Neuen Garten am Nordufer des Heiligen Sees, zu erreichen entweder über Schloss Cecilienhof oder über die Berliner Vorstadt (dort über die Seestraße oder über die Schwanenallee). Große Wiese mit Blick auf das Marmorpalais, FKK und Textil ist bunt gemischt; mehrere kleinere und größere Wassereinstiege zwischen dem Schilf, teils glitschig und etwas unwegsam. Bei der beliebten Badewiese handelt es sich um keine offizielle Badestelle. Sie ist deshalb unbewacht, das Baden wird toleriert und ist auf eigene Gefahr.

Weitere praktische Informationen ab → S. 194

Friedrich Wilhelm und Wilhelmine

In späteren Zeiten hätte man die lebenslange Liebesgeschichte zwischen Wilhelmine Encke und Friedrich Wilhelm II. vielleicht als romantisch beschrieben. Oder als Märchen: Prinz verliebt sich in Bürgerliche. Aber nicht so in Preußen im 19. Jahrhundert. 1753 kommt Wilhelmine Encke, die man später die ›preußische Madame Pompadour‹ nennen wird, in Dessau zur Welt. Die Familie zieht nach Berlin, als der Vater, ein Hornist, seinen Dienst in der Berliner Hofkapelle antritt. Dort begegnen sich Friedrich Wilhelm und Wilhelmine das erste Mal wohl um 1763. Sie ist zehn oder elf Jahre alt, während der dickliche Jüngling, schon damals der holden Weiblichkeit mehr als zugeneigt, an der Spitze seiner fidelen Offizierskameraden durch die Berliner Bordelle steigt. Dieweil hat er bereits Gefallen an dem Mädchen Wilhelmine gefunden und veranlasst ihre Ausbildung und höfische Erziehung, 1766 sogar mit Aufenthalt in Paris. Dem gestrengen, asketischen und kinderlosen Oheim Friedrich dem Großen, dem Kronprinz Friedrich Wilhelm (1744–1797) auf dem preußischen Thron folgen soll, dräut angesichts der leichtfertigen Lebensart seines Neffen Unheil. »Ich werde Ihnen sagen, wie es nach meinem Tode gehen wird«, prophezeit er seinem Minister Graf von Hoym. »Es wird ein lustiges Leben bei Hofe werden. Mein Neffe wird den Schatz verschwenden, die Armee ausarten lassen. Die Weiber werden regieren, und der Staat wird zugrunde gehen.«

In der Hoffnung, dass der Ehebund Friedrich Wilhelm zivilisieren werde, verheiratet ihn König Friedrich II. 1765 mit seiner Lieblingsnichte, der ebenso schönen wie geistreichen Elisabeth Christine von Braunschweig-Wolfenbüttel. Doch die Ehe dauert kaum vier Jahre, da Elisabeth dem Schürzenjäger, der keinen Rockzipfel auslässt, Gleiches mit Gleichem vergilt, das Kind eines anderen Mannes empfängt, deshalb geschieden und vom Hof verbannt wird. Die nächste angeordnete Vermählung folgt stante pede. Noch im Sommer 1769 heiratet Friedrich Wilhelm die eher schlichte Friederike Luise von Hessen-Darmstadt. Aus der Ehe gehen sieben Kinder hervor. Seine Verbindung mit der Encke ist zu diesem Zeitpunkt schon preußenweit bekannt.

Wilhelmine wird ein Haus eingerichtet, sie erhält eine fürstliche Apanage, Kutsche, Garderobe, Personal. Bis 1780 schenkt sie dem Kronprinz fünf Kinder, wird seine Vertraute und seine Beraterin, der auch der ungebrochene Faible ihres Geliebten für schöne Zofen und Schauspielerinnen nichts anhaben kann. Erst sein Hang zum Okkulten wird ihr zum Verhängnis. Der frömmelnde Friedrich Wilhelm umgibt sich mit einer Kamarilla von Rosenkreuzern, die ihn zu allerlei spiritistischem Hokuspokus verleitet und darüber hinaus zur Auflösung seiner Beziehung mit Wilhelmine Encke bewegt. 1781 wird veranlasst, dass sie den Kämmerer Johann Friedrich Ritz ehelicht. Dem Kronprinz bleibt sie dennoch in enger Freundschaft verbunden.

Als Friedrich der Große 1786 das Zeitliche segnet und der 42-jährige Neffe als Friedrich Wilhelm II. den Thron besteigt, nennen ihn seine Untertanen längst ›Dicker Wilhelm‹, oder dank seines ausschweifenden Lebenswandels auch ›Dicker Lüderjahn‹. Mit zwei weiteren Frauen lässt er sich ›zur linken Hand‹ trauen und bereichert mit ihnen, lebensfroh und lendenstark, die Welt um weitere kleine Hohenzollern. Doch Wilhelmine bleibt zeitlebens die Favoritin. Sie bezieht einen großzügigen monatlichen Unterhalt aus der Schatulle seiner Majestät und verfügt mittlerweile über einen beträchtlichen Reichtum.

König Friedrich Wilhelm II., ein Mann von imposanter Statur, ist zu Beginn seiner Regenschaft sehr populär. Unter dem Soldatenkönig und dann Friedrich II. hatte insgesamt 74 Jahre lang nüchterne Pflichterfüllung regiert und nun hofft man, dass der Neue auf dem Thron die Zügel ein bisschen lockerer ließe. Doch schnell verspielt der Monarch sein Startkapital. Am Hof ziehen Mätressen- und Günstlingswirtschaft ein, und der Staatsschatz von über 50 Millionen Talern, den der ›Alte Fritz‹ aufgehäuft hat, schmilzt nicht nur zusammen, sondern weicht einem ähnlich hohen Schuldenberg – innerhalb von elf Jahren. Gleichwohl geht der Hohenzoller nicht nur als Verschwender, sondern auch als Förderer der schönen Künste in die Geschichte ein. Dem leidenschaftlichen Cellospieler sind zahlreiche der schönsten Bauwerke in den Residenzstädten Berlin und Potsdam zu verdanken – zuallererst sei hier das berühmte Brandenburger Tor in Berlin genannt. Außenpolitisch bezieht er Stellung gegen das revolutionäre Frankreich. Mit der Zweiten und Dritten Polnischen Teilung fallen ihm große Teile Polens zu, wodurch er Preußen um mehr als ein Drittel vergrößern kann. Dabei steht ihm stets Wilhelmine Encke als Vertraute zur Seite.

Im Alter von 50 Jahren ist der König ein schwerkranker Mann. Wasser in Brust und Beinen, womöglich verursacht durch ein Herzleiden, machen das Atmen und Gehen schwer. Bis zuletzt pflegt Wilhelmine ihn aufopferungsvoll. 1796 erhebt Friedrich Wilhelm sie als Gräfin Lichtenau in den Adelsstand. Im Jahr danach stirbt der König.

Unverzüglich lässt der eheliche Sohn und Nachfolger auf dem Preußenthron, Friedrich Wilhelm III., die verhasste Konkubine verhaften. Ihr wird der Prozess gemacht, der Besitz konfisziert und sie wird nach Schlesien in die Verbannung geschickt. 1809 erfolgt nach der Niederlage Preußens gegen Napoleon, durch dessen Intervention, ihre Rehabilitierung. Sie kehrt nach Berlin zurück, wo sie bis zu ihrem Tod 1820 lebt.

Friedrich Wilhelm II. von Preußen, gemalt von Johann Christoph Fritsch (Ausschnitt)

Berliner Vorstadt und Schlosspark Klein-Glienicke

Potsdams schönste und teuerste Lage erstreckt sich auf dem schmalen Landstreifen zwischen dem Heiligen See, Jungfernsee und Tiefen See oder – als UNESCO-Welterbestätten beschrieben – zwischen Neuem Garten, Schlosspark Klein-Glienicke und Park Babelsberg. Nachdem 1795 der durch Friedrich Wilhelm II. veranlasste Ausbau der Berlin-Potsdamer Chaussee zwischen den beiden Residenzstädten fertiggestellt war, entwickelte sich zu beiden Seiten vom Damm die Berliner Vorstadt. Hohe Offiziere, Adelige und später auch Industrielle ließen sich in der schönen Umgebung nieder. Seit Mitte des 19. Jahrhunderts prägen exklusive Villen insbesondere die erste Reihe am Heiligen See und in der Schwanenallee.

Etwa zur selben Zeit entstand am Südufer des Tiefen Sees auf dem ehemaligen Werftgelände an der Schiffbauergasse ein Industriegebiet. In seiner unmittelbaren Nachbarschaft wurden Kasernengebäude und Reitställe für das Husarenregiment errichtet. Sie bilden heute, zusammen mit den Relikten des Industriezeitalters und um einige moderne Bauten ergänzt, den Kulturstandort Schiffbauergasse. Vom stattlichen Neubau des Hans-Otto-Theaters über Tanz in der alten Maschinenhalle bis hin zur Off-Kultur im historischen Waschhaus versammeln sich in der Schiffbauergasse die unterschiedlichsten Akteure, die in Potsdam kulturelle Zeichen setzen.

Das nördliche Entrée in die Berliner Vorstadt bildet die berühmte Glienicker Brücke, auf der im Kalten Krieg Spione ausgetauscht wurden. Sie verbindet Brandenburgs Landeshauptstadt mit der Bundeshauptstadt und schlägt darüber hinaus eine Brücke vom Potsdamer zum Berliner Teil der einzigartigen preußischen Schlösser- und Gartenlandschaft. Das Schloss Glienicke und der Schlosspark Klein-Glienicke mit seinen königlichen Bauten auf der Berliner Seite stehen Sanssouci und dem Neuen Garten an formvollendeter Schönheit nicht nach. Ebenfalls einzigartig ist die brandenburgische Enklave Klein-Glienicke, die auf Berliner Territorium liegt und zu DDR-Zeiten Sperrgebiet war.

▲ Karte hintere Umschlagklappe

Kulturstandort Schiffbauergasse

Am Südwestufer des Tiefen Sees dehnt sich auf etwa zwölf Hektar der Kulturstandort Schiffbauergasse aus. Er trägt seinen Namen nach den fleißigen Handwerkern, die hier an der Havelenge ab 1818 für den Ingenieur und Pionier der Dampfschifffahrt John Barnett Humphreys Hammer und Säge schwangen. In jenem Jahr verlegte der gebürtige Londoner seine Schiffswerft aus Spandau bei Berlin an die Havel nach Potsdam. Bereits 1815 hatte ihm die preußische Regierung das Privileg ›Dampfmaschinen zum Forttreiben von Schiffsgefäßen zu benutzen‹ erteilt. Noch 1818 lief ein erstes Potsdamer Dampfschiff namens – wie könnte es in Preußen anders heißen? – ›Friedrich Wilhelm‹ vom Stapel. Im Jahr darauf wurde die ›Fürst Blücher‹ zu Wasser gelassen, einer der damals größten europäischen Dampfer. Und was zunächst wie eine Erfolgsstory klingt, entpuppte sich schon bald als gravierender Standortnachteil: Die Fahrrinnen der Brandenburger Flüsse und Kanäle waren viel zu schmal und die Brücken zu niedrig, als dass große Prestigeschiffe von Potsdam aus auch ökonomisch erfolgreich hätten Fahrt aufnehmen können. 1819 verkaufte Humphreys die Werft an das Königreich Preußen, wenige Jahre später wurde der Betrieb eingestellt.

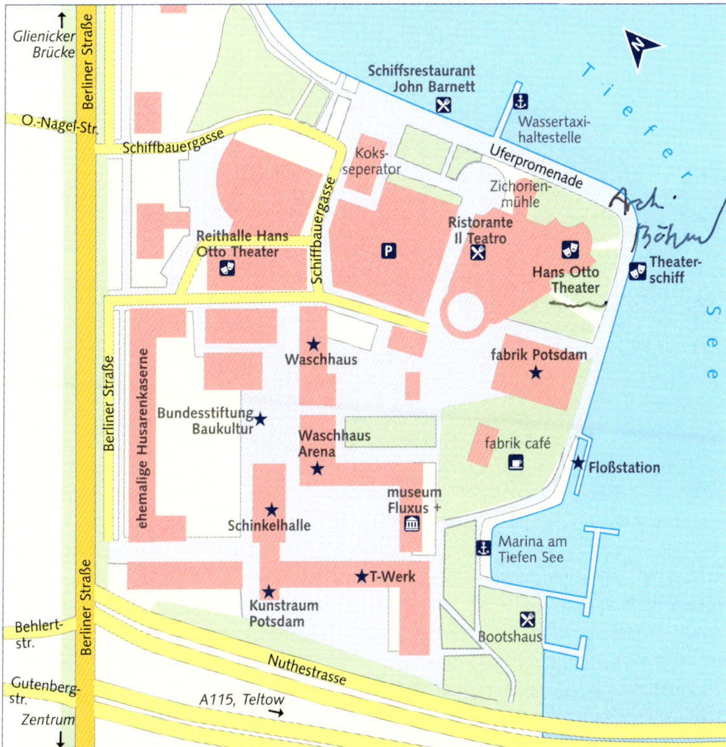

Der Kulturstandort Schiffbauergasse

Statt dessen wuchsen auf dem Gelände eine Husaren-Kaserne mit Reithallen, Ställen und Wäscherei sowie später ein Kohlegaswerk inklusive aller zugehörigen Industrieanlagen empor; Potsdams ›militärisch-industrieller Komplex‹ sozusagen. Zu DDR-Zeiten quartierten sich die Nationale Volksarmee und das Logistikbataillon des sowjetischen Geheimdienstes KGB ein. Nach der Wende besetzten Künstler die teils leer stehenden Hallen und Produktionsstätten und machten den Standort zur angesagten Location für kreative Aktionen, Techno-Partys, Clubkonzerte und Soziokultur. Nach der Jahrtausendwende folgte die städtebauliche Weiterentwickelung. Die Gebäude wurden teils abgerissen, teils saniert und für Kunst und Kommerz umfunktioniert. Geblieben ist der Name Schiffbauergasse, der heute nicht nur für eine Straße steht, sondern für einen kompletten Kulturstandort mit einem Mix aus Hightech-Unternehmen, Theater, Museum, Off-Szene und im Sommer großem Open-Air-Kino.

Hans-Otto-Theater und Zichorienmühle

Noch früher als die Werft, nämlich auf 1799 datiert, befindet sich auf dem damaligen Holzlagerplatz vor den Toren der Stadt die ›**Zichorien Fabrique**‹. In der Mühle wurden geröstete Zichori-

Das Hans-Otto-Theater mit der Zichorienmühle

enwurzeln gemahlen, deren kultivierte, bittere Blätter man heute als Chicorée oder Radicchio genießt. Seinerzeit diente die Wegwarte, wie die Pflanze mit deutschem Namen heißt, als Ersatzkaffee, der sich im Unterschied zur echten schwarzen Bohne aber nie wirklich durchsetzen konnte. Das 1766 von Friedrich dem Großen angeordnete Verbot der privaten Einfuhr, des Röstens und Handelns mit Kaffee hob Friedrich Wilhelm II. (1744–1797) Ende des 18. Jahrhunderts wieder auf. Mit einem Schlag waren gut 400 verhasste ›Kaffeeschnüffler‹ arbeitslos, und auch der Muckefuck-Konsum ging zurück. 1813 wurde die Industriemühle deshalb dichtgemacht. 1859 stockte sie der Hofarchitekt Ludwig Ferdinand Hesse (1795–1876) auf und verzierte sie – so nahe gegenüber dem königlichen Park Babelsberg – mit einem Zinnenkranz; 1929 wurde ihr erstes Geschoss zu einer Wohnung umgebaut. Und so überdauerte die alte Mühle alle weiteren historischen Wechselfälle, bis sie sich 2006 in den Neubau des Hans-Otto-Theaters einbezogen wiederfand. Seitdem beherbergt die Zichorienmühle das Restaurant ›Il Teatro‹, das mit italienischer Küche für das leibliche Wohlergehen der Theatergäste sorgt.

Der Mühle zur Seite prunkt seit 2006 der Neubau des **Hans-Otto-Theaters**. Nach der Wiedervereinigung musste seine alte Spielstätte in der Zimmerstraße 1991 schließen und der Theaterbetrieb in ein Provisorium am Alten Markt umziehen. Dort machte sich das Hans-Otto-Theater sowohl mit seinen Inszenierungen als auch durch den Spielbetrieb in der provisorischen ›Blechbüchse‹ einen Namen. 2006 konnte das Haus dann in der Schiffbauergasse seine erste Premiere feiern – in einem vom Kölner Architekt und Bildhauer Gottfried Böhm (*1920) entworfenen Neubau, der mit seiner muschelförmig zur Havel hin auskragenden Überdachung ein wenig an das Opera House in Sidney erinnert. In die Anlage integriert wurde neben der Zichorienmühle außerdem ein denkmalgeschützter Gasbehälter des ehemaligen Gaswerks.

▲ Karte S. 123

Koksseparator

Seit Anfang des 19. Jahrhunderts erhellen Gaslaternen die Städte, zuerst 1814 in London, 1826 in Berlin und 1856 schließlich auch in Potsdam. Zur Produktion des notwendigen Steinkohlegases ging 1856 am Kai der alten Humphreys'schen Schiffswerft eine Gasanstalt in Betrieb. Der Gasverbrauch stieg kontinuierlich, und 1920 folgte die Expansion. Neue Kohlelager, eine Entladebrücke, weitere Öfen mit zahlreichen Schornsteinen, Reiniger- und Kühlanlagen sowie vier große Gasbehälter wurden gebaut. Der Werkleiter fand 1929 ein neues Zuhause in der umgebauten Zichorienmühle.

Nach 1945 wurde die Uferkante mit Kriegstrümmern aufgeschüttet, so dass man zusätzliches Gelände gewann. Seit 1951 Volkseigener Betrieb und um weitere Öfen, eine Generatorenhalle und eine Schwefelreinigungsanlage vergrößert, wurde 1953–1955 nach einem Entwurf von Karl-Gottfried Pust der 35 Meter hohe Koksseparator errichtet. Die verklinkerte Stahlbetonkonstruktion im Stil der Neuen Sachlichkeit diente dem Ablöschen vom glühend heißem, aus den Produktionsöfen ausgeworfenem Koks und seiner Sortierung. Noch bis Ende Juni 1990 sorgte das Kohlegaswerk in Potsdam für Licht und Wärme – als seinerzeit ältestes in Mitteleuropa. Ein unrentabel gewordener Dinosaurier, der in seinem maroden Zustand zudem Böden und Grundwasser verseuchte. 2001 begannen der Abriss und die Sanierungsarbeiten. Einzig ein Gasbehälter sowie der Koksseparator blieben stehen. Ersteren integrierte man in den Neubau des Hans-Otto-Theaters; während der Koksseparator, mit vollständig entkerntem und neu aufgebautem Innenleben, seine neue Bestimmung 2003 als Deutschlandsitz der Softwareschmiede Oracle gefunden hat.

›fabrik Potsdam‹ und Marina am Tiefen See

Zeitgleich mit dem Koksseparator und ebenfalls nach Plänen von Karl-Gottfried Pust entstand für das Gaswerk eine neue **Maschinenhalle**. Sie duckt sich südlich im Schatten des Hans-Otto-Theaters und dient seit Abschluss der Sanierungsarbeiten 2006 als Domizil der **›fabrik Potsdam – Internationales Zentrum für Tanz und Bewegungskunst**‹. Gastspiele und eigene Produktionen sowie die jährlichen internationalen ›Potsdamer Tanztage‹ haben die fabrik als Theater für zeitgenössischen Tanz zu einer weithin beachteten Spielstätte gemacht. Draußen lädt, dem Havelufer zugewandt, in der schönen Jahreszeit das **fabrik Café** mit Strandbar und Beachvolleyball zum Chillen und abends zu Cocktails im Schein bunter Lichterketten ein.

Wenige Meter weiter die Uferpromenade hinab dümpeln Segel- und Motorboote an der **Marina**. Sowohl Wasserwanderer als auch Dauergäste finden dort einen Liegeplatz. Von April bis Oktober verleiht das Hafenbüro neben Charterbooten außerdem Fahrräder. Die Hafengaststätte ›Bootshaus‹ trägt mit Deftigem aus Topf und Pfanne zur Stärkung der Segler bei.

Marina am Tiefen See

Husarenkaserne, Reithallen und Reitställe

An der Berliner Straße erhebt sich auf fast 140 Meter Länge und von Zinnen gekrönt die ehemalige **Kaserne des Garde-Husaren-Regiments**. 1838 erteilte König Friedrich Wilhelm III. (1770–1840) die Order, für die 600 Reitersoldaten erstmals – und das war eine völlig neue Idee – eine gemeinsame Unterkunft zu schaffen. Den Entwurf dafür entwickelte der Direktor der preußischen Militärbauverwaltung Carl Hampel, und Baumeister Karl Friedrich Schinkel (1781–1841) überarbeitete ihn. So nahm die Kaserne ab 1839 in drei Jahren Gestalt an, komplettiert durch Funktionsnebengebäude, ein Waschhaus und ein Häuschen zum Austreten.

Schon ab 1822 hatte Direktor Hampel in Zusammenarbeit mit Karl Friedrich Schinkel auf dem Gelände erste Bauten für die preußische Kavallerie veranlasst. Nach Schinkel-Plänen entstand bis 1823 eine große Reithalle mit Stallanlagen für Ross und Reiter. Nach 1945 zog das Funk- und Logistikbataillon des sowjetischen Geheimdiensts KGB in die Mauern

Restaurantschiff in der Schiffbauergasse mit Blick auf den Flatowturm

▲ Karte S. 123

ein, 1976 musste ein Teil der Schinkel-Hallen dem Bau der Humboldtbrücke weichen. Die verbliebene **Schinkelhalle** wurde nach der Jahrtausendwende saniert und fungiert seither als Konzert- und Veranstaltungshalle.

Noch drei weitere Reithallen wurden in den nächsten knapp 100 Jahren errichtet. In der **Reithalle A** ist heute das Kinder- und Jugendtheater des Hans-Otto-Theaters untergebracht, und auch die **Reithalle B** dient der Schauspielkunst. Die **Reitställe am ›Schirrhof‹** beherbergen das Theaterzentrum **T-Werk**, den **Kunstraum Potsdam**, der Arbeiten zeitgenössischer internationaler Künstler zeigt, sowie das **museum FLUXUS+**. Dieses stellt Kunstwerke der Fluxus-Bewegung und von Wolf Vostell (1932–1998) aus, Pionier der Videokunst, des Kunst-Happenings und Mitbegründer der Fluxus-Bewegung.

Waschhaus

Carl Hampels kleine Wäscherei aus der Anfangszeit der Husaren-Kaserne konnte den Erfordernissen eines modernen Militärbetriebs auf Dauer nicht standhalten. Bereits 1880/82 wurde deshalb die ›Königliche Garnisons-Dampfwaschanstalt‹ mitten im geografischen Zentrum des heutigen Kulturstandortes Schiffbauergasse hochgezogen. Sie diente zum Waschen und Plätten all dessen, was die Soldaten und Offiziere am Standort Potsdam am Leib trugen. 1949 zur Großwäscherei VEB Rewatex (›reinigt und wäscht Textilien‹) ausgebaut und 1988 durch ein Großfeuer abgebrannt, haben nach der Wende Künstler das Gebäude besetzt und aus der Wäscherei einen Kulturraum gemacht. 1993 gründete sich der Verein Waschhaus e.V., der seitdem im historischen Waschhaus und auch in der ehemaligen ›Russenhalle‹ nebenan, heute Waschhaus Arena, viele

Potsdamer Konzerte, Literaturnächte, Ausstellungen und weitere Veranstaltungen organisiert.

Berliner Vorstadt

Vom Kulturstandort Schiffbauergasse aus über die Berliner Straße hinweg Richtung Heiliger See bietet sich ein Spaziergang durch das ›Beverly Hills von Potsdam‹ an. Prachtvolle historische und neu erbaute Luxusvillen säumen die stillen Straßen auf dem schmalen Landstreifen zwischen Tiefem See und Heiligem See. Vor allem die **Mangerstraße**, die auf Höhe der Gotischen Bibliothek am Neuen Garten beginnt, und die daran anschließende **Seestraße** sind einen Bummel wert. In der schmucken Villenkolonie hat sich viel Prominenz niedergelassen, die über das nötige Kleingeld für die hochpreisigen Domizile verfügt: Geschäftsführer und Vorstandsvorsitzende millionenschwerer Unternehmen, Supermodels, Starjournalisten und allen voran die wohl berühmtesten Bewohner der ersten Reihe am Heiligen See, der TV-Moderator Günther Jauch und der Modemacher Wolfgang Joop.

In der Mangerstraße 34–36 lohnt ein Blick auf die **Villa Kellermann**, 1914 für den höfischen Zeremonienmeister von Hardt errichtet und nach dem Zweiten Weltkrieg Sitz des DDR-Kulturbundes. Ihren Namen trägt sie seit 1956 nach dem Schriftsteller Bernhard Kellermann (1879–1951), der Mitbegründer des Kulturbundes gewesen ist. Nach der Wende übernahm der Immobilienspekulant Johannes Rey das Anwesen von der Jewish Claims Conference und versuchte mit skrupellosen Methoden die Mieter zu vertreiben. Schlagzeilen machte dabei vor allem die Schikane gegen ein beliebtes italienisches Restaurant im Haus, das dem neuen Eigentümer ein Dorn im Auge war. Nachdem Rey finanziell ins Trudeln

Die Villa Kellermann

geraten war, wurde die Villa Kellermann 2005 zwangsversteigert – als das letzte bis dahin noch öffentlich zugängliche Villen-Grundstück am Heiligen See. Gleich am Anfang der Seestraße firmiert unter der Hausnummer 45 das 1912 errichtete **Landhaus Rubinski**, nach seinem Bauherrn, dem jüdischen Kaufhausbesitzer Julius Rubinski, benannt. Von den Nazis enteignet, zog der Potsdamer Polizeipräsident Heinrich von Dolega-Kozierowski ein. In der DDR als ›Haus des Lehrers‹ bekannt, gelangte die Jugendstilvilla 2005, als sie sich wie die Villa Kellermann im Besitz des havarierten Spekulanten Rey befand, unter den Hammer und wurde von Wolfgang Joop ersteigert.

Mühlenweg/Ecke Seestraße erhebt sich mit der Nr. 43 das **Landhaus Andreae**. Der Architekt von Schloss Cecilienhof Paul Schultze-Naumburg entwarf das feudale Herrenhaus mit Wirtschaftsflügel und Stallgebäude 1913 für den königlichen Rittmeister August Andrae. In DDR-Zeiten war unter dem Dach ein Kinderheim untergebracht, heute fungiert das Gebäude als Kita.

Die Seestraße 41/42 ist Sitz der equadorianischen Botschaft. 1925 als **Landhaus Prölls** errichtet, beherbergte es in den DDR-Jahren die französische Mili-

Matrosenstation Kongsnaes

tärverbindungsmission; das zugehörige kleinere Nachbarhaus Nr. 40 diente den französischen Schlapphüten zum Wohnen. Die große Betonvilla nebenan ist das Domizil eines bekannten Fernsehstars.

Weithin sichtbar erhebt sich nahebei in strahlendem Weiß die **Villa Wunderkind**, auch ›Weiße Villa‹ genannt, unter der Adresse Seestraße 35–37. 1908 vom Architekten Paul Renner für einen Amtsgerichtsrat erbaut, entfaltet sie ihre ganz Pracht nicht zur Straße, sondern zur Seeseite hin, würdevoll dem Marmorpalais am anderen Ufer des Heiligen Sees gegenüber gelegen. In den 1920er Jahren wechselte sie in den Besitz des Senatspräsidenten des Preußischen Verwaltungsgerichts Kameke über und hieß fortan ›Villa Kameke‹. Ende 1943 bis Juli 1944 lebte hier der Diplomat und Widerstandskämpfer Ulrich von Hassell (1881–1944). Er war am Attentat auf Hitler am 20. Juli 1944 beteiligt und wurde am 8. September 1944 in Berlin-Plötzensee hingerichtet. Ab 1958 war das vornehme Haus am See Sitz der britischen Militärverbindungsmission. Später kaufte es der Modedesigner Wolfgang Joop und gründete dort sein Label ›Wunderkind‹.

Mittlerweile ist Joop mit seiner Firma einmal um die Ecke in die **Villa Rumpf** in der Ludwig-Richter-Straße 17 umgezogen. Nach Plänen von Gustav Meyer entstand die im holländischen Neobarock errichtete Backsteinvilla für den Maler Fritz Rumpf (1856–1927). Das Haus war Künstlertreff, die Maler Max Liebermann, Max Slevogt und Lovis Corinth gingen ein und aus ebenso wie die Architekten Peter Behrens und Henri van der Velde. Rumpf selbst machte sich nicht nur als Kunstmaler einen Namen, sondern vor allem als Kunstförderer und Potsdamer Stadtverordneter. Nach einem Brand 1945, der dem Gebäude arg zusetzte, wurden im Rahmen des Wiederaufbaus umfangreiche Änderungen vorgenommen. Abermals zogen zu DDR-Zeiten Künstler ein. Im Jahr 2000 erwarb Wolfgang Joop die Villa Rumpf bei einer Zwangsversteigerung und veranlasste ihre originalgetreue, aufwändige Restaurierung.

Folgt man der Seestraße bis zu ihrem Ende als kleine Stichstraße und überquert dann den Hasengraben, ist man im Neuen Garten bei der Badestelle am Heiligen See angelangt (→ S. 116). Wählt man den Weg weiter die Tizianstraße entlang, hat man bald darauf die Schwanenallee am Ufer des Jungfernsees erreicht.

■ Schwanenallee

Weitere schöne Villen stehen, mit herrlichem Blick weit über den Jungfernsee, zwischen dem Neuem Garten und der Berliner Straße an der Schwanenallee. Aufmerksamkeit verdient mit der Hausnummer 9/10 die 1874 errichtete, spätklassizistische **Villa Eckert**, auch sie nach ihrem Bauherren benannt. Einen Hingucker wert sind außerdem die Villa Richter,

▲ Karte hintere Umschlagklappe

die Villa Luckwald und die Villa Stachow (Nr. 5a, Nr. 5 und Nr. 4), die so genannte **Landhausgruppe in der Schwanenallee** aus den 1930er Jahren, deren Entwürfe allesamt aus dem Potsdamer Architekturbüro Estorff & Winkler stammen. Der Regierungsbaudirektor Otto von Estorff (1896–1974) und sein Studienfreund Gerhard Winkler (1898–1975) zählten in den Zwischenkriegsjahren zu den führenden Architekten in der Region. Mit zahlreichen Bauten haben sie für Potsdam und seine schönen Umgebung einen typischen Landhausstil geprägt.

Auf halber Höhe in der Schwanenallee überrascht einen – nach so vielen Holländerhäusern, italienischen Villen, französischen und englischen Gärten – auf einmal ein Holzhaus-Ensemble im Norwegen-Stil. Es handelt sich dabei um die drei noch erhaltenen Bauten der **Matrosenstation Kongsnaes** (norwegisch für ›des Königs Landnase‹): das Käptenshaus, die Matrosenunterkunft und eine Werkstatt. Der begeisterte Norwegen-Fahrer Kaiser Wilhelm II. (1859–1941) hatte die Station in Auftrag gegeben, und 1892–1896 entstand sie nach Plänen des norwegischen Architekten Holm Hansen Munthe (1848–1898) im norwegischen Drachenstil. Vom zugehörigen Boothaus, einem hölzernen Torbogen und dem reich geschmückten Empfangsgebäude, der Vente-Halle, ist seit der Zerstörung im Zweiten Weltkrieg nichts mehr zu sehen. Doch der Wiederaufbau der königlichen Hafenanlage ist angestrebt. Anfang des neuen Jahrtausends hat man dazu mit der Rekonstruktion des Torbogens am Seeufer ein erstes Zeichen gesetzt.

An der Schwanenallee/Ecke Berliner Straße steht als letztes Haus vor der Glienicker Brücke die **Villa Schöningen**. 1845 hat Ludwig Persius (1803–1845) die grazile Turmvilla für den preußischen Generalmajor Kurd von Schöning erbaut und damit ein würdiges Gegenüber zu den Schlossanlagen auf der anderen Seite der Havel in Glienicke und Babelsberg geschaffen. Als Familienerbe ging der Besitz 1882 an den jüdischen Mitgründer der Deutschen Bank Hermann Wallich über. Nach der Wende erhielten die Wallich-Erben das im Dritten Reich konfiszierte und in der DDR volkseigene Haus zurück. 2007 kaufte es der Vorstandschef der Axel Springer AG Mathias Döpfner, ließ es denkmalgerecht sanieren und richtete in seinen Mauern eine Ausstellung zur Geschichte des Ortes und Räume für Wechselausstellung zeitgenössischer Kunst ein. Die Eröffnung fand am 20. Jahrestag des Mauerfalls am 9. November 2009 statt.

Schon südlich der Berliner Allee und ein paar Schritte die Uferpromenade hinunter, lässt sich durch das hohe Buschwerk hindurch die **Villa Kampffmeyer** in Augenschein nehmen. Die unschwer an ihrer helmbeflügelten Merkurfigur auf der Kuppel auszumachende Residenz am Glienicker Horn wurde 1924 für den damals

Figur auf der Villa Kampffmeyer

Stadtspaziergänge

größten Mühlenbesitzer in Brandenburg Kurt Kampffmeyer errichtet. Im Kalten Krieg fungierte sie für den KGB und die Stasi beim Agenten-Austausch auf der Glienicker Brücke als Beobachtungsposten. Nach der Wende mehrmals verkauft, wurde auf dem weitläufigen Grundstück eine umstrittene postmoderne Wohnanlage gebaut. Zu den prominenten Villa-Bewohnern zählten Anfang der 2000er Jahre die Schweizer Diplomateneheleute Thomas und Shawne Borer-Fielding, die das Kampffmeyer-Anwesen auch in der Yellow Press weithin bekannt gemacht haben.

Glienicker Brücke

Durch die Glienicker Brücke sind die Bundeshauptstadt Berlin und die brandenburgische Landeshauptstadt Potsdam über eine Havelenge hinweg miteinander verbunden. Um auf direktem Landweg in seine zweite Residenz ›jottwehdeh‹ (janz weit draußen) neben Berlin zu gelangen, ließ der Große Kurfürst 1660 eine erste hölzerne Klappbrücke errichten. 1777 wurde diese durch eine robustere neue Zugbrücke mit Wachhäuschen zu beiden Seiten ersetzt. Wer passieren wollte, hatte einen Wegzoll zu entrichten; allerdings nur das gemeine Volk, nicht die Blaublütigen, die in ihren Kutschen auf der bis 1795 ausgebauten Berlin-Potsdamer Chaussee zwischen den beiden Residenzstädten pendelten. Mit steigendem Verkehrsaufkommen hatte auch die zweite Brücke bald ausgedient. Es folgte 1831 der erste Spatenstich für eine backsteinerne Ziehbrücke nach Plänen Karl Friedrich Schinkels. 1834 konnte sie – nun ohne Zollhäuschen – eingeweiht werden und versah ihre Aufgabe bis in das 20. Jahrhundert hinein. Dann musste die schmucke Schinkelbrücke zum Entsetzen der Denkmalschützer einer breiteren und vor allem höheren Stahlträgerkonstruktion mit zwei großen Durchfahrten weichen, die den Anforderungen des einsetzenden motorisierten Verkehrs zu Wasser und zu Land besser standhalten konnte. 1906/07 entstand die ›plumpe Eisenkonstruktion‹, wie die Architekturkritik seinerzeit ätzte.
In den letzten Kriegstagen 1945 wurde die Glienicker Brücke in Trümmer gelegt. Die kommenden beiden Jahre half man

Die Glienicker Brücke

▲ Karte hintere Umschlagklappe

sich mit einem Ponton-Provisorium über die Havelenge hinweg, anschließend wurde die Stahlkonstruktion bis 1949 wieder aufgebaut – ausgerechnet unter dem Namen ›Brücke der Einheit‹. Denn immer häufiger kam es zur Absperrung des nunmehrigen Grenzübergangs zwischen der DDR und Westberlin: ab 1952 zunächst für Privat-Pkw und Fußgänger ohne Sondergenehmigung, ab Sommer 1953 dann in Gänze. Nur noch die Offiziere und Mitarbeiter der alliierten Militärverbindungskommissionen konnten von hüben nach drüben wechseln. Mit dem Mauerbau 1961 wurde die Glienicker Brücke schließlich hermetisch abgeriegelt und blieb dies bis zum Fall des Eisernen Vorhangs 1989.

Im Kalten Krieg erlangte die Glienicker Brücke als ›Brücke der Spione‹ Weltbekanntheit. Ein erstes Mal tauschten die feindlichen Militärblöcke 1962 enttarnte ›Kundschafter für den Frieden‹ zwischen den schmiedeeisernen Brückenköpfen aus. Danach wechselten mindestens zwei weitere Dutzend Mal Agenten beider Lager in solchen Operationen die Seiten, jedoch an anderen, weniger aufsehenerregenden, konspirativen Orten. Zum nächsten Austausch auf der Glienicker Brücke kam es erst wieder 1985. Die wohl spektakulärste Aktion folgte ein Jahr später, als der sowjetische Dissident Anatolij Schtscharanski und drei weitere wegen Verrat verurteilte Ostblock-Häftlinge unter dem Blitzlichtgewitter von hunderten Journalisten aus aller Welt gegen fünf Westgefangene über die Brücke wechselten. 1988 machte die Flucht von drei DDR-Bürgern Schlagzeilen: Mit einem Lkw durchbrachen sie auf der Glienicker Brücke die deutsch-deutschen Grenzanlagen. Im Jahr darauf fiel am 9. November 1989 in Berlin die Mauer. An der Glienicker Brücke musste man sich noch einen Tag länger gedulden. Erst am 10. November um 18 Uhr wurde die Verbindung über die Havel von Potsdam nach Berlin ›für die Abfertigung‹ geöffnet. Danach war kein Halten mehr. Von überall strömten die Menschen herbei, lagen sich lachend und weinend in den Armen und feierten die Grenzöffnung. Im Januar 1990 begann der Abbau der tödlichen Grenzanlagen. Nach der Wiedervereinigung im Herbst selbigen Jahres wurde die Stahlkonstruktion grundlegend saniert. Seitdem bietet sich die Glienicker Brücke vor allem als schöne Aussicht auf die Potsdamer Schlösser- und Gartenlandschaft an: im Süden auf Park und Schloss Babelsberg, im Westen auf die Ausläufer des Neuen Gartens, im Norden bis zur Sacrower Heilandskirche und in Berlin auf Schloss Glienicke.

Schloss Glienicke und Park Klein-Glienicke

Schon auf der Berliner Havelseite gelegen, aber dennoch auf das Innigste mit der Potsdamer Schlösser- und Gartenlandschaft verbunden sind das Schloss Glienicke und der umgebende Park Klein-Glienicke. Wie die prachtvollen königlichen Anlagen auf der Potsdamer Seite zählt auch dieser Teil der einst von Künstlerhänden geschaffenen Symphonie aus Bauwerken und Gartenanlage zum UNESCO-Weltkulturerbe. Ein weiteres Stück ›preußisches Arkadien‹, das ab Anfang des 19. Jahrhunderts Gestalt annahm.

Die Ursprünge gehen auf ein Gutshaus von 1753 zurück, das nach mehreren Eigentümerwechseln 1814 in den Besitz des preußischen Staatskanzlers Karl August Fürst von Hardenberg (1750–1822) gelangte. Neben Umbauarbeiten am Gutshaus beabsichtigte der Fürst, auch das Gelände rundum gartenkünstlerisch neu arrangieren zu lassen. Den Auftrag erhielt 1816 der junge Peter Joseph Len-

Löwenfontäne am Schloss Glienicke

né (1789–1866), der soeben eine Gehilfenstelle in preußischen Diensten angetreten hatte. Ein ›Pleasureground‹, eine Art als Sommerwohnung unter freiem Himmel dienender Gartenbereich nach englischem Vorbild, entstand – Lennés erstes seiner zahlreichen Gartenbauwerke in Potsdam.
Nach Hardenbergs Tod erwarb König Friedrich Wilhelm III. das Anwesen und schenkte es 1824 seinem Sohn Carl, Prinz von Preußen (1801–1883) und jüngerer Bruder des künftigen Königs Friedrich Wilhelm IV. (1795–1861). Im Jahr zuvor war Prinz Carl erst begeistert von einer Italienreise zurückgekehrt und hatte daraufhin beschlossen, seinen italienischen Traum daheim an der Havel Wirklichkeit werden zu lassen. Dazu bestellte er Karl Friedrich Schinkel und seinen Schüler Ludwig Persius (1803–1845) als Architekten ein. Für die Gestaltung der Grünanlagen nahm man abermals Lenné in die Pflicht, nach dessen Plänen allmählich ein ausgedehnter Landschaftspark entstand.
Das vorhandene Gutshaus baute Schinkel 1825–1829 klassizistisch, im römischen Landhausstil, zum dreiflügeligen **Schloss Glienicke** um. Auch die Innengestaltung entsprang von der Farbgebung bis hin zum edlen Mobiliar den Entwürfen des großen preußischen Baumeisters, darunter der **Festsaal** oder die **Gemächer des Prinzen Carl und seiner Gemahlin**, die man besichtigen kann. Im Westflügel präsentiert das **Hofgärtnermuseum** die Geschichte der preußischen Gartenkunst.

Im Pleasureground

Die Schlossfront zur Königsstraße hin schmückte Schinkel mit der **Löwenfontäne**. Die beiden goldenen Löwen, die von säulengetragenen Podesten herab Wasser in ein zentrales Becken speien, sind russischer Provenienz. Es handelt sich um Abgüsse von zwei Bronzeskulpturen an der St. Petersburger Schlossbrücke – ein Zeichen nicht nur der politischen, sondern auch familiären Verbindung mit dem Zarenhaus Romanow. Prinz Carls Schwester Charlotte war seit 1817 mit Nikolaus Pawlowitsch Holstein-Gottorp-Romanow verheiratet, ab 1825 Zar Nikolaus I. von Russland. In Gegenwart des russischen Kaiserpaars ging die Fontäne 1838 zum ersten Mal in Betrieb. Das war eine Sensation. Denn in Sanssouci sollte es noch weitere vier Jahre dauern, bis die Dampfmaschinen auch dort einen Wasserstrahl in die Höhe trieben.
Bereits 1825/26 erfolgte an der Königsstraße der Umbau eines alten Gartenhäuschens zur **Kleinen Neugierde**, einem Teepavillon, aus dessen Fenstern heraus man die zwischen Berlin und Potsdam pendelnden Kutschen vortrefflich beobachten konnte. Einen noch größeren Platz zum Teetrinken im Pleasureground bot ab 1840 das **Stibadium**. Von Ludwig Persius als erhobener Sitzplatz entworfen, vermittelte es im Schutz eines zeltartigen, auf kleinen dorischen Säulen ruhenden Holzdachs ebenso gute Ausblicke auf die Königstraße. Die Errichtung der **Großen Neugierde**, der säulenumzogenen Aussichtsrotunde fast bei der Glienicker Brücke, wurde 1835 nach dem Neubau der Glienicker Brücke durch Schinkel in Angriff genommen. Im Norden der Rotunde verwandelte der Baumeister schon 1824 ein älteres Billardhaus am Havelufer in ein von weinumrankten Pergolen umstandenes **Casino**. Diese erste Arbeit Schinkels für Prinz Carl diente fortan als königliches Gästehaus.

Bauwerke im Park

Zwischen Schloss und Casino liegt seit 1850 der romantische **Klosterhof**, den viele als das schönste Bauwerk im Park

Tor zum Schloss Klein-Glienicke

bezeichnen. Ob Prinz Carl persönlich den Entwurf skizzierte und vom Persius-Schüler Ferdinand von Arnim (1814–1866) ausführen ließ oder ob nicht vielmehr König Friedrich Wilhelm IV. seinem Architekten Stüler diesen Auftrag erteilte, lässt sich nicht mehr mit Sicherheit sagen. Gewiss ist jedoch, dass Teile dieser wie verzaubert wirkenden Anlage aus originalen Stücken einer 1840 abgetragenen Kartäuserabtei bei Venedig stammen.

Mit dem Bau des **Hofgärtner- und Maschinenhauses** 1838 durch Ludwig Persius war nicht nur die Voraussetzung zum Betreiben der Wasserspiele geschaffen, sondern auch für einen Neubau 1839 von Gewächshäusern und Orangerie auf der technischen Höhe der Zeit. Sie entstanden ebenfalls nach Persius' Plänen. Den **Jägerhof** im Norden des Parks, der mit seinen Zinnen und Tudorbögen Stilformen der englischen Gotik aufnimmt, ließ Persius bereits 1828 nach einem Entwurf seines Lehrmeisters Schinkel ausführen. Zusammen mit Persius' über eine künstliche Schlucht gespannte Teufelsbrücke stellt der nördliche Parkteil das kühlere ›Deutschland‹ vor, während der Süden der Anlage mit ihren Bauten der Idee nach ›Italien‹, das Land der Sehnsucht, symbolisiert.

Seit 1990 gehört der Park Klein-Glienicke mit seinen Bauwerken als Bestandteil des bau-, kunst- und kulturgeschichtlichen Ensembles der Potsdamer Schlösser und Gärten zum Weltkulturerbe der Menschheit.

Jagdschloss Glienicke

Das Schloss auf der Südseite der Königsstraße wurde 1682–1693 von Charles Philipe Dieussart im Auftrag des Großen Kurfürsten Friedrich Wilhelm (1620–1688) erbaut und unter dem ersten preußischen König Friedrich I. (1657–1713) 1701 barock erweitert. Danach war es jedoch vorbei mit seiner Funktion als Adelssitz. Soldatenkönig Friedrich Wilhelm I. (1688–1740) quartierte in den Mauern ein Lazarett für sein Garderegiment ein, Friedrich der Große (1712–1786) verwandelte das Haus 1763 in eine Manufaktur für Wachstuchtapeten. Ab 1832 Waisenhaus, kaufte 1859 Prinz Carl von Preußen das Schloss und ließ es für seinen Sohn vom Hofarchitekten Ferdinand von Arnim vergrößern und im barockisierenden Stil herrichten. 1889 kamen Neorenaissance-Verzierungen und noch ein Turm dazu, ab Ende des Ersten Weltkriegs begann der Verfall. Nach 1945 engagierte sich der Berliner Oberbürgermeister Ernst Reuter für die Sanierung des Jagdschlosses unmittelbar an der Zonengrenze. 1963/64 folgte in Westberliner Zeiten ein Umbau durch Max Taut (1884–1967) zur Jugendbegegnungsstätte. In dieser Funktion wurde das Schloss bis 2003 genutzt. Der Südflügel, der in jenem Jahr einem Brand zum Opfer fiel, wurde seit 2005 wieder aufgebaut. Heute dient das Jagdschloss Glienicke dem Sozialpädagogischen Fortbildungsinstitut Berlin-Brandenburg. Wie das gegenüber liegende Schloss Glienicke zählt es zum Weltkulturerbe.

▲ Karte hintere Umschlagklappe

Enklave Klein-Glienicke

Nicht nur das Jagdschloss Glienicke erhielt nach dem Kauf durch Prinz Carl 1859 ein neues Aussehen. Auch das umliegende Dörfchen Klein-Glienicke sollte schöner werden, um die Hofdienerschaft standesgemäß unterzubringen. So entstand eine Idylle, die heute ebenfalls zum UNESCO-Welterbe gehört. Zwischen 1863 und 1867 beauftragte ›Sir Charles Glienicke‹, wie der Prinz seine Privatkorrespondenz gerne zeichnete, seinen Architekt Ferdinand von Arnim mit dem Bau von Villen im damals topmodischen ›Schweizer-Styl‹. Vier von ursprünglich zehn **Schweizer-Häusern** sind noch erhalten: zwei in der Waldmüllerstraße direkt gegenüber vom Bürgershof, ein weiteres in der Louis-Nathan-Allee kurz vor deren Einmündung in die Wannseestraße und das vierte in der Leuschnerstraße 1 gleich neben der Kapelle. In etwa dreißig Minuten lassen sie sich auf einem Rundgang erwandern.

Die neugotische **Kapelle Klein-Glienicke** lohnt ebenfalls einen Blick. Nach Plänen von Reinhold Persius (1835–1912) errichtet und 1881 geweiht, hat man sie nach dem Mauerbau dem Verfall preisgegeben. 1993 begann ihre Wiederherstellung, und zum krönenden Abschluss der Restaurierung erhielt sie 1999 eine Orgel aus der berühmten Potsdam-Werderaner Orgelbauer-Dynastie Schuke.

Sechs der ehemals zehn Schweizer-Häuser fielen während der deutschen Teilung der DDR-Grenzsicherung zum Opfer. Wohl kein anderer Mauerabschnitt rund um Westberlin war von den Grenztruppen der DDR aufwändiger zu kontrollieren als die innerdeutsche Grenze zwischen hüben dem Jagdschloss Glienicke und drüben dem Flecken Klein-Glienicke. In einem höchst kuriosen Grenzverlauf, der ein bisschen einem Hirschgeweih gleicht, nimmt die heutige Brandenburger Enklave mit zahlreichen Winkeln und Ecken etwa drei Hektar Fläche auf Berliner Territorium ein. Von Potsdam ist Klein-Glienicke durch den Griebnitzsee und die Glienicker Lake getrennt, die der Teltowkanal hier auf einem kurzen Stück Wasserweg miteinander verknüpft. Dergestalt wurde der 500 Einwohner kleine Ort infolge des Mauerbaus 1961 zu einer grenzpolitischen Merkwürdigkeit: eine DDR-Insel in Westberlin – von der Berliner Mauer umzogen und einzig durch eine schmale, schwer bewachte Brücke über das Wasser hinweg mit Potsdam und dem Rest der Deutschen Demokratischen Republik verbunden.

Die für Ortsfremde ohne Passierschein unzugängliche ›Sondersicherheitszone‹ wurde zur Achillesferse des sozialistischen Deutschlands. Hier befand sich mit 15 Metern von Mauer zu Mauer die engste Stelle der DDR. Und immer wieder glückten Republikfluchten, zuletzt im Juli 1973, als zwei Familien durch einen selbst gegrabenen 19 Meter langen Tunnel die Flucht in die Freiheit gelang.

Zwischen dem Jagdschloss Glienicke und der Parkbrücke, über die man seit dem Mauerfall wieder mit wenigen Schritten von Klein-Glienicke in den Park Babelsberg gelangt, erstreckt sich in herrlicher

Eines der Schweizer-Häuser

Stadtspaziergänge

Lage am Ufer der Glienicker Lake der **Bürgershof**. Bereits seit 1873 herrscht in dem traditionsreichen Gartenlokal Ausflugsverkehr. Das Haupthaus auf dem Gelände wurde im Zuge der DDR-Grenzsicherung abgerissen. Die alte Stehbierhalle hat die DDR-Jahre dagegen als ›WGG‹ (Wohngebietsgaststätte) überdauert und beherbergt heute einen Restaurantbetrieb. Die Speisekarte verzeichnet drinnen saisonale regionale Gerichte und draußen im riesigen Biergarten alles, was zu einer zünftigen Einkehr gehört: Brezeln und Leberkäse oder Würstchen und Krustenbraten zum Bier und natürlich auch Eis, Kaffee und Kuchen.

Berliner Vorstadt

museum FLUXUS+, Schiffbauergasse 4f, Tel, 0331/601089, www.fluxus-plus.de, Mi–So 13–18 Uhr.

Schlosspark Klein-Glienicke, Königstraße 36, Berlin, Tel. 0331/9694200, www.spsg.de: **Schloss Glienicke** April–Okt. Di–So 10–18 Uhr, Nov.–März Sa/So 10–17 Uhr, im Winter Besichtigung nur mit Führung; **Hofgärtnermuseum** April–Okt. Di–So 10–18 Uhr, Nov.–März Sa/So, Besichtigung nur mit Führung; **Casino** April–Okt. Sa/So 10–18 Uhr.

Villa Schöningen, Berliner Straße 86, Tel 2001741, www.villa-schoeningen.org, Do/Fr 11–18, Sa/So 10–18 Uhr.

Hans-Otto-Theater, Schiffbauergasse 11, Theaterkasse Tel. 0331/98118, www.hansottotheater.de.

fabrik Potsdam, Schiffbauergasse 10, Karten-Tel. 0331/240923, www.fabrik-potsdam.de.

Waschhaus, Schiffbauergasse 6, Tel. 27156, www.waschhaus.de.

Bürgershof, Waldmüllerstraße 4–5, Tel. 0331/2378889, www.buergershof.de, April–Okt. Mo–Fr ab 12, Sa/So ab 11 Uhr, Nov.–März Sa/So ab 12 Uhr.

Weitere praktische Informationen ab → S. 194

Die Kolonaden an der Glienicker Brücke sind das Tor zur Berliner Vorstadt

▲ Karte hintere Umschlagklappe

Karl Friedrich Schinkel - Baumeister, Künstler, Genie

Wohl kaum jemand hat die preußische Architektur des 19. Jahrhunderts so nachhaltig beeinflusst wie Karl Friedrich Schinkel. Nordische Kühle und südliche Lichtfülle, mittelalterliche Gotik und klassische Antike, Ästhetik und Funktionalität gehen in Schinkels klarer Formensprache eine geniale Synthese ein. 1781 erblickt der Maler, Designer, Stadtplaner und bedeutende Baumeister des Klassizismus im brandenburgischen Neuruppin das Licht der Welt. Gerade sechs Jahre alt, wird er Zeuge der verheerenden Feuersbrunst, die seine Heimatstadt in Schutt und Asche legt und in deren Folge der Vater stirbt. 1794 zieht die Witwe mit den Kindern nach Berlin, wo Karl Friedrich 1798 Freund und Schüler des aufstrebenden Jungarchitekten Friedrich Gilly und dessen Vater, des geehrten Baumeisters David Gilly, wird. Im Jahr darauf schreibt sich der junge Schinkel an der soeben gegründeten Berliner Bauakademie ein. Im Jahr 1801 nimmt sein erstes Bauwerk, der kleine Pomonatempel auf dem Pfingstberg in Potsdam, Gestalt an. Von 1803 bis 1805 folgt eine lange Studienreise durch Italien und Frankreich, während der unzählige Skizzen und Zeichnungen entstehen. Im Jahr nach der Rückkehr lernt er seine Frau Susanne kennen, die er 1809 heiratet. Die Eheleute haben vier Kinder.

Im napoleonisch besetzten, verarmten Berlin ist die vormals rege Bautätigkeit unterdessen fast zum Erliegen gekommen. Schinkel macht sich seine außergewöhnliche Doppelbegabung als Maler und Architekt zunutze, verdient den Familienunterhalt mit Malerei, großflächigen Dioramen und Bühnenbildern. Zu diesem Zeitpunkt ist das preußische Königshaus längst auf das junge Talent aufmerksam geworden. 1810 erhält der 29-Jährige eine Stelle als Oberbau-Assessor und kann sich nun endlich der Architektur widmen. Fünf Jahre später wird er bereits zum Geheimen Oberbaurat ernannt. In Berlin entsteht Unter den Linden von 1816 bis 1818 die Neue Wache, sein erstes von zahlreichen Berliner Bauwerken und Preußens erster Staatsbau nach den Befreiungskriegen.

Zwei ausgedehnte Informationsreisen - 1824 nach Italien und 1826 nach Frankreich und England - bewirken eine intensive Reflexion über die Verbindung von Form und Funktion, Technik und Ästhetik. Als Ergebnis wird 1830 auf der Berliner Museumsinsel Schinkels Königliches Museum (heute das Alte Museum) feierlich eingeweiht. Deutschlands nach der Münchner Pinakothek zweiter für die Öffentlichkeit zugänglicher Museumsbau löst eine regelrechte ›Schinkelmanie‹ aus. Der Schinkel-Stil wird zum Dernier Cri und der Baumeister zum gefeierten Stararchitekten. 1831 folgt seine Berufung zum Oberbaudirektor.

Der 50-Jährige ist nunmehr fur die gesamte preußische Bautätigkeit vom westlichen Rheinland bis nach Königsberg in Ostpreußen zuständig. Bereits 1825 entwirft er im Auftrag von König Friedrich Wilhelm III. die so genannte ›Schinkelsche Normalkirche‹, die wenig später von Brandenburg bis nach Masuren in unterschiedlichsten Spielarten die Kleinstädte ziert. Schloss Glienicke bei Potsdam ab 1825, Schloss Charlottenhof ab 1826 und die Römischen Bäder im Potsdamer Park Sanssouci schließen sich an. Gleichzeitig beschäftigen den Baumeister neben klassischen antiken Elementen zunehmend nun auch gotische Formen. Für die 1830 in Berlin eingeweihte Friedrichswerdersche Kirche wählt er erstmals seit dem Mittelalter wieder unverputzten Ziegel für eine Außenfassade. Im gleichen

Stil wird 1832 bis 1836 nebenan die Schinkelsche Bauakademie errichtet: in ihrer Klarheit und Funktionalität richtungsweisend bis hin zur Bauhaus-Architektur.

Als Oberbaudirektor ständig auf Reisen, dazu parallel mit der Planung und Durchführung einer Vielzahl von Bauprojekten betraut, wechseln seine Schaffensphasen zunehmend mit längeren Kuraufenthalten ab. Der gefeierte Baumeister, den seine Zeitgenossen als einen heiteren, klugen Menschen beschreiben, humanistisch in der Gesinnung und begnadet als Künstler, ist gesundheitlich schwer angeschlagen. Schinkel fällt 1840 nach einem Schlaganfall ins Siechtum und stirbt ein Jahr später. Auf dem Berliner Dorotheenstädtischen Friedhof findet Preußens großer Baumeister die letzte Ruhe.

Der Pomonatempel auf dem Pfingstberg war das erste Werk Schinkels

Babelsberg

Fast ein Drittel der Brandenburger Landeshauptstädter lebt am östlichen Havelufer in dem Gebiet, das nach dem 78 Meter hohen Babelsberg benannt ist. Als ›Buberow mit dem Holtze drauf‹ wird dieser das erste Mal 1442 erwähnt. Sogar auf 1375 gehen die Ursprünge des Weilers Neuendorf zurück, aus dem einmal, über 500 Jahrhunderte später, gemeinsam mit der Weberkolonie Nowawes und der exquisiten Villenkolonie Neubabelsberg, Potsdams mit bald 50000 Einwohnern größter Stadtteil entsteht. Zu seinen Attraktionen zählen der Park Babelsberg mit dem gleichnamigen Schloss und einer Reihe weiterer feudaler Bauwerke, die zusammen die jüngste unter den königlichen Schlösser- und Gartenanlagen in Potsdam bilden – wie die anderen gehört auch der Park Babelsberg zum UNESCO-Welterbe. Ihm zu Füßen liegt die Weberkolonie Nowawes, 1750 im Auftrag von Friedrich dem Großen gegründet, von deren hübschen historischen Kolonistenhäuschen noch über 100 erhalten sind. Ganz anders nimmt sich dagegen die Villenkolonie Neubabelsberg zwischen Park Babelsberg und Griebnitzseeufer aus, wo ab Ende des 19. Jahrhunderts Bankiers und Industrielle, später auch Schauspieler und Filmproduzenten ihre großzügigen Edeldomizile errichten lassen. Denn südlich der Bahngleise wird im Studio Babelsberg seit 1912 Filmgeschichte geschrieben. Auf einer geführten Studiotour, die man unbedingt rechtzeitig vorher anmelden muss, erhält man in Ateliers, Hallen und Studios Einblicke ins Produktionsgeschehen. Alternativ ist in der Nachbarschaft im Filmpark Babelsberg für Groß und Klein alles in Szene gesetzt, was von Kulissen und Requisiten über Kostüm- und Maskenbildner bis hin zu Aufsehen erregenden Stuntshows einen Tag Abenteuer rund um den Film verspricht.

Park und Schloss Babelsberg

Der Park Babelsberg am Ostufer des Tiefen Sees ist der vergleichsweise unspektakulärste Park in der Potsdamer Schlösser- und Gartenlandschaft. Weder in Sanssouci, wo bereits morgens vor Öffnung der majestätischen Bauwerke die ersten Reisebusse ankommen, noch im Neuen Garten am Heiligen See wird man so ungestört spazieren können. Auf 124 Hektar dehnt sich die nach Sanssouci, dem Neuem Garten und Klein-Glienicke jüngste unter den königlichen Anlagen aus. Rund um den 78 Meter hohen Babelsberg fällt der Park sanft hügelig zum Tiefen See ab, über dem sich, wie hineingemalt in die reizvolle Landschaft, das gleichnamige Schloss Babelsberg erhebt.

■ Schloss Babelsberg

Der romantisch im englischen Burgenstil errichtete Prachtbau geht auf Kaiser Wilhelm I. (1797–1888) und seine Gemahlin Augusta zurück. Bereits als Prinz hatte Wilhelm von Preußen die zauberhafte Lage des Babelsbergs vor den Toren von Potsdam für sich entdeckt. Und nachdem der Vater, König Friedrich Wilhelm III. (1770–1840), seinen Sprösslingen Carl (1801–1883) Schloss Glienicke und Friedrich Wilhelm (1795–1861) Schloss Charlottenhof geschenkt hatte, stand nun auch dem zweitgeborenen Wilhelm der Sinn nach einer eigenen Potsdamer Residenz. 1833 endlich genehmigte – und finanzierte – der König den Bau eines Gartens mit Sommersitz im ›normannischen‹ Stil auf dem Babelsberg, für den Hofarchitekt Ludwig

Persius (1803–1845) schon zwei Jahre vorher erste Entwürfe vorgelegt hatte. Die maßgeblichen Anstöße für die Gestaltung gingen dabei von Prinzessin Augusta von Sachsen-Weimar-Eisenach (1811–1890), der nachmaligen Kaiserin aus. Sie beschäftigte sich eingehend mit der englischen Gotik, hatte englische Baupläne studiert und war mit dem Gemahl eigens an den Rhein gereist, um sich dort von der mittelalterlichen Burgenromantik inspirieren zu lassen. Baumeister Karl Friedrich Schinkel (1781–1841) kam die heikle Aufgabe zu, die dezidierten Vorstellungen der Prinzessin mit dem technisch Machbaren und finanziell Möglichen in Einklang zu bringen. Noch 1833 erfolgte der erste Spatenstich, 1835 war der kleinere Teil der heutigen Schloss-

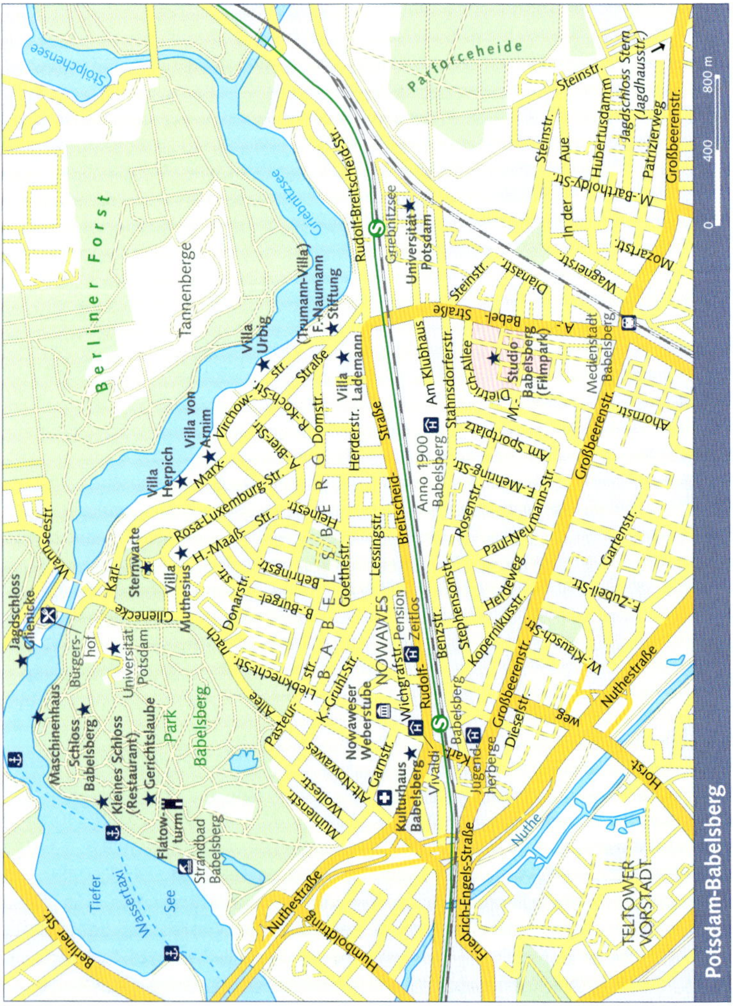

anlage fertiggestellt. Für mehr reichten die Mittel nicht.
Fünf Jahre später wurde Wilhelms Bruder als Friedrich Wilhelm IV. zum preußischen König gekrönt; und da er ohne Nachkommen war, erklärte er Wilhelm zu seinem Thronfolger. Selbst ein leidenschaftlicher Bauherr, stockte der ›Romantiker auf dem Thron‹ umgehend des Bruders Schatulle für Schloss und Park Babelsberg auf. Die zweite Bauphase konnte eingeläutet werden. Dann starb 1841 Karl Friedrich Schinkel und Ludwig Persius übernahm. Nach dessen frühen Tod vollendete 1849 schließlich Johann Heinrich Strack (1805–1880) das Märchenschloss, nunmehr, mit zahlreichen Erkern, Zinnen und Türmen geschmückt, im neugotischen Tudor-Geschmack. Mit zauberhaftem Blick auf die Glienicker Lake bildet Schloss Babelsberg seitdem das pittoreske Herzstück des Babelsberger Landschaftsparks. Zeit seines Lebens war es die Lieblings-Sommerresidenz von Kaiser Wilhelm I.
1945 besetzte die Rote Armee die Anlage, und ein Großteil der wertvollen Innenausstattung verschwand oder wurde zerschlagen. Zu DDR-Zeiten dienten die Räumlichkeiten 1953 kurzfristig der Akademie für Staats- und Rechtswissenschaften, 1954–1957 der Hochschule für Film und Fernsehen und ab 1963 dem Museum für Ur- und Frühgeschichte. Nach der Wende konnte das Schloss einige Jahre lang in Teilen besichtigt werden. Seit 2012 ist es für eine grundlegende Hüllensanierung geschlossen und wird voraussichtlich 2016 eine gewisse Anzahl seiner 99 Säle und Gemächer für das Publikum wieder eröffnen.

Entstehung des Parks

Parallel zur Grundsteinlegung für das Schloss begannen unter Peter Joseph Lenné (1789–1866) die Arbeiten an

Das Schloss Babelsberg von der Havel aus betrachtet

der Parkanlage. Dem Gartenbaukünstler war schon während der Gestaltung des Schlossparks Klein-Glienicke die traumhafte Lage gegenüber am Babelsberger Ufer der Glienicker Lake ins Auge gefallen, und er unterstützte Prinz Wilhelm in seinem Anliegen dort ein Schloss zu errichten. Rund um das im Entstehen begriffene Bauwerk legte Lenné ab 1833 einen typischen englischen Landschaftspark an. Doch hatte er den Geschmack des Prinzenpaares wohl nicht recht getroffen; von ernsthaften Verstimmungen war die Rede. Manche seiner Pflanzungen gingen nicht an und die Geldmittel gingen zur Neige, so dass die Arbeiten schließlich zum Erliegen kamen.
1843, nachdem die Säckel wieder gefüllt waren, beauftragte Prinzessin Augusta Lennés schärfsten Konkurrenten, Hermann Fürst von Pückler-Muskau (1785–1871) – seines Zeichens Exzentriker, Snob, Freigeist, Gigolo, Weltenbummler und einer der begnadetsten Landschaftsarchitekten des 19. Jahrhunderts. Er überarbeitete die Lennéschen Pläne und

Das Kleine Schloss im Park Babelsberg

setzte fort, was jener zehn Jahre vorher begonnen hatten. Unter der Hand des legendären Lebemanns wuchsen bei herrlichen Ausblicken auf die Havelseen und die Potsdamer Stadtsilhouette bis 1867 zahlreiche neue Pflanzungen, Terrassen mit Mosaiken, gewundene Spazierwege, Teppichbeete und andere Gartenkleinode empor. Durch den Bau eines Dampfmaschinenhauses 1843–1845 an der Glienicker Lake konnte eine wetterunabhängige Wasserversorgung für den Park installiert und darüber hinaus eine mit ihrem Wasserstrahl 40 Meter hohe Fontäne in Betrieb genommen werden. Die anfangs 72 Hektar zählende Parkanlage erreichte dank weiterer Ankäufe und Schenkungen bis 1865 ihre gegenwärtige Ausdehnung.

Die Wilhelm I. und Augusta nachfolgenden Hohenzollern nutzten Park und Schloss Babelsberg nur sehr gelegentlich, weshalb manche Pücklersche Kreation schon um die Jahrhundertwende wieder verkrautet war. In den ersten DDR-Jahren gelangte die Parkpflege dann völlig zum Stillstand. Denn die Gärtner hatten alle Hände voll damit zu tun, das von Staats wegen ausgerufene Planziel an frischem Gemüse zu liefern. Oberhalb vom Schloss baute man in den 1950er Jahren Häuser für die Akademie für Staats- und Rechtswissenschaften auf. Sie werden heute als Studentenwohnheim der Universität Potsdam genutzt. Am gegenüberliegenden Parkende richtete man 1958 am Ufer des Tiefen Sees das **Strandbad Babelsberg** ein, und damals wie heute lädt es in der schönen Jahreszeit zum Sonnenbaden und erfrischendem Sprung ins Wasser ein. Die infolge des Mauerbau 1961 abgesperrten und darob verwilderten Parkzonen wurden nach der Wiedervereinigung rekonstruiert.

■ Ein Spaziergang durch den Park

Der Spaziergang durch die Parkanlage mit ihren historischen Bauwerken und schöner Möblierung startet im Nordosten an der schmalen Parkbrücke, die über den Teltowkanal hinweg Klein-Glienicke (→ S. 135) und den Park Babelsberg mit-

▲ Karte S. 140

einander verbindet. Von dort wenige Schritte bergan ist der **Haupteingang** mit dem Pförtnerhäuschen an der Allee nach Glienicke/Ecke Karl-Marx-Straße erreicht. Bleibt man dagegen auf dem **Uferweg** gerät gleich darauf das 1843–1845 von Ludwig Persius erbaute **Dampfmaschinenhaus** an der Glienicker Lake in den Blick. Woran Lenné im Jahrzehnt zuvor noch gescheitert war, nämlich zum Wachsen und Gedeihen der Pflanzen für eine gleichmäßige Bewässerung der Parkanlage zu sorgen, das konnte nun dank der neuen Dampfmaschinentechnik in die Tat umgesetzt werden. 1865 wurde eine weitere Maschinenhalle angebaut, um die Wasserkapazität zu erhöhen. Noch heute pumpt die Dampfmaschine im von Persius mit Zinnen, Türmchen und Erkern im ›normannischen‹ Stil verzierten Gebäude das Havelwasser in höher im Park gelegene Becken hinauf. Von dort fließt es in ein weit verzweigtes Leitungssystem und speist darüber hinaus die 40 Meter hohe Fontäne unterhalb von Schloss Babelsberg. Bis 2016 wird das historische Bewässerungsnetz mit neuen Druckrohrleitungen und dem Einbau einer modernen Pumpstation im Dampfmaschinenhaus vollständig wieder hergestellt.

Kurz darauf erinnern der Bowling Green und der vom **Schloss Babelsberg** (→ S. 139) sanft zum Ufer abfallende **Pleasureground** an die Englandverliebtheit der Kaiserin Augusta. Im Verständnis der Pücklerschen Gartenarchitektur sollte der an das Schloss grenzende Pleasureground als vom restlichen Park abgetrennter und extra geschmückter Gartenbereich ›in unmittelbarer Beziehung mit dem Wohnzimmer (...) gleichsam nur eine Fortsetzung desselben unter freyem Himmel bilden‹. An den vorhergegangenen Schöpfer des Parks erinnert weiter unten am Wasser die Lennésche Bucht, dort, wo die Havel gegenüber dem Glienicker Horn ihre engste Stelle zwischen der Glienicker Lake und dem Tiefen See ausbildet. Nahebei findet sich als weitere Pücklersche Spielerei die **Rosentreppe**, die als gotisch geschwungener Laubengang knapp 30 Meter den Berg Richtung Schloss hinaufführt.

Südlich davon, nun schon am Tiefen See, folgt bald darauf das **Kleine Schloss** als nächste Sehenswürdigkeit. Unweit vom Seeufer baute Ludwig Persius 1841/42 ein schlichtes Gartenhaus nach dem Willen Augustas in ein repräsentatives Schlösschen im Charakter der englischen Tudor-Gotik um. Das schmucke weiße Gebäude bewohnte zunächst Preußenprinz Friedrich Wilhelm, der spätere Kaiser Friedrich III. Im Anschluss fungierte es als hochherrschaftliches Gästehaus. Heute wartet dort das Café ›Kleines Schloss‹ mit hausgebackenen Kuchen und Torten auf. Eine Etage höher am Hang wurde bereits 1839 der **Marstall** für die Unter-

Das Dampfmaschinenhaus im Park Babelsberg

bringung der hochherrschaftlichen Rösser und Kutschen fertiggestellt.
Die nächste Station im Parterre nahe dem Seeufer ist das von Johann Heinrich Strack konzipierte und 1842 errichtete **Matrosenhaus**. Als Vorbild für das grazile Backsteinhaus mit hohen Staffelgiebeln diente das mittelalterliche Rathaus in Stendal. Unter seinem Dach hatte man die Seeleute untergebracht, die für den königlichen Wasserfuhrpark zuständig waren.
Folgt man von dort dem Weg bergan auf die Lennéhöhe, lässt sich schon kurz darauf die backsteinrote **Gerichtslaube** ausmachen. Die aus dem 13. Jahrhundert stammende Halle stand ursprünglich im Herzen Berlins und war dort im Mittelalter der Ort der städtischen Rechtsprechung. 1861 musste sie für den Bau des Roten Rathauses Platz machen, wurde abgetragen und unter Verwendung von Originalteilen unter der Regie von Johann Heinrich Strack im Park Babelsberg wieder aufgebaut. Die an ihren Eckpfeilern angebrachten Skulpturen symbolisieren alles Verdammenswerte, was in der Gerichtslaube dazumal auf ein hartes Urteil traf: das Schwein Unzucht und Völlerei, der Adler Raubgier, der Affe

Nördlicher Eingang zum Park

▲ Karte S. 140

Besitzgier und die Sirenen unversöhnlichen Zorn. An einem Pfeiler schüttet der ›Kaak‹, eine Schimäre aus Vogelkörper und Menschenkopf, Schande über die Verurteilten aus, die für die öffentliche Zurschaustellung einst an seine Mauer gekettet waren.
Ebenfalls aus der Feder des Hofarchitekten und Professors an der Berliner Kunstakademie Strack stammt der buchstäbliche Höhepunkt im Park Babelsberg. Ab 1853 entstand nach seinem Entwurf auf einem Hügel der 46 Meter hohe, weithin sichtbare **Flatowturm**. Zur Vorlage gereichte der mittelalterliche Turm des Eschenheimer Tors in Frankfurt am Main. 1856 war der Wohnturm mit Wehrgang und Spitzhelm vollendet. Die Räumlichkeiten im Inneren sind teils noch original ausgestattet, und von der Aussichtsplattform bietet sich ein wunderbarer Panoramablick auf die Dächer von Potsdam, die Havelseen und die gesamte Potsdamer Parklandschaft.
Einen weiteren Höhepunkt bildet die **Siegessäule** auf der Viktoriahöhe, 1866 zur Feier des preußischen Siegs über Österreich auf dem höchsten Punkt im Park Babelsberg aufgestellt. Anders als die Berliner Namensschwester kann man sie aber nicht erklimmen. Das korinthische Kapitell mit einer Statue von Christian Daniel Rauch (1777–1857) obenauf hat die reine Zierde zum Zweck. Und die schöne Aussicht, die hier einmal herrschte, haben im Lauf der Zeit längst hohe Baumkronen zugestellt.
Im südlichen, jüngsten Parkteil, für dessen Gestaltung in der Nachfolge von Fürst Pückler-Muskau der Hofgärtner Otto Kindermann (1843–1918) verantwortlich zeichnete, verteilen sich weitere höfische Bauten: das **Hofgärtnerhaus** (1861/1865) mit zugehörenden Wirtschaftsgebäuden, und das **Kutscherhaus**, ursprünglich die Herberge für den Win-

Der Flatowturm

zer, das zu den ältesten Gebäuden im Park Babelsberg zählt. Der Kindermannsee ganz im Süden vom Park nimmt den Namen des preußischen Hofgärtners auf.

Weberkolonie Nowawes

Im Süden der Parkanlage liegen rund um den Weberplatz und den Neuendorfer Anger die historischen Siedlungskerne von Babelsberg. Bereits 1375 wurde der Weiler Neuendorf erstmals erwähnt. Knapp 400 Jahre später entstand dann auf Order Friedrichs des Großen (1712–1786) die **Weberkolonie Nowawes**. 1750 beauftragte der König seinen Oberst Wolf Friedrich von Retzow mit dem Bau eines ›Etablissements‹, das protestantische Weber und Spinner aufnehmen könnte, die als Glaubensflüchtlinge von Böhmen in die Mark gelangt waren. Also setzte von Retzow für die Anwerbeaktion einen Aufruf auf, der die nachgefragten böhmischen Handwerker dazu bewegen sollte nach Potsdam zu kommen. Von 1751 bis 1754 wurde auf der Neuendorfer Flur in unmittelbarer Nähe zum alten slawischen Rundlingsdorf Neuendorf für gut 300 Kolonistenfamilien gebaut. Um den dreieckigen **Weberplatz** herum wuchsen in Fachwerkbauweise eingeschossige kleine Doppelhäuser aus dem Boden empor. »Schmucklos, aber doch liebenswürdig: überdachte Häuschen mit wunderhübschen Rokoko- oder Empiretüren und amüsant geteilten, hundertfach wechselnden Einteilungen der Oberlichter über den Türen«, wie sie 1926 Georg Hermanns in seinem ›Spaziergang in Potsdam‹ beschreibt. Eine jede Familie, die sich in der auf ›Böhmisch Neuendorf‹ getauften Siedlung niederließ, erhielt eine Haushälfte und dazu eine Gartenparzelle. Im Mittelpunkt errichtete des Königs Baumeister Jan Bouman (1706–1776) 1753 die **Friedrichskirche**, einen achteckigen Saalbau mit steilem Walmdach. Die Gottesdienste wurden überwiegend in Tschechisch gefeiert, und auch der Name ›Böhmisch Neuendorf‹ hatte nicht lange Bestand. Schnell wich er der Bezeichnung Nowawes (tschechisch Nova Ves für Neuendorf).

Weberhäuschen

Die ungewöhnliche dreieckige Platzform ist möglicherweise religiös motiviert und geht auf das Comenius-Dreieck zurück. Ein solches Dreieck veranschaulicht grafisch die Philosophie des letzten Bischofs der böhmischen Brüdergemeinde, Johann Amos Comenius (1592–1670): Denken, Reden und Handeln als die drei Spitzen eines gleichschenkligen Dreiecks verschmelzen miteinander zum Wesentlichen. Dagegen nimmt sich die Sage, die von der Platzgründung geht, eher praktisch aus: Auf die Frage, wie er denn aussehen solle, habe Friedrich der Große seinen Dreispitz auf den märkischen Boden geworfen und befohlen: ›So soll er werden!‹ Zwischen 1764 und 1767 wurde Nowawes um weitere 55 **Kolonistenhäuser** vergrößert. Rund 100 von ihnen sind heute insgesamt noch erhalten. Und auch die Straßennamen **Tuchmacher-, Wolle-, Jute-, Spindel- oder Garnstraße** in schöner Lage am Parkrand erzählen vom Ursprung von Nowawes.

Doch so idyllisch, wie sich der Ortsteil mit seinen denkmalgeschützten niedrigen Häuschen heute ausnimmt, war er lange Zeit nicht. Zumeist regierte Schmalhans als Küchenmeister im Weberdorf. Die Bedingungen für die Textilhandwerker waren hart, das Spinnen und Weben eine brotlose Kunst, und

Weberhäuschen mit Inschrift

▲ Karte S. 140

auch die Seidenraupenzucht als zweites wirtschaftliches Standbein brachte kein Glück. 1000 Maulbeerbäume, deren Blätter den Seidenspinnerraupen als Futter dienen, hatte Friedrich II. bei Nowawes pflanzen lassen. Allerdings mochten die Bäume den märkischen Sandboden und das im Winter oft raue Klima nicht. Mehr noch erwiesen sich besonders die Seidenspinnerraupen als heikel. Für ihre arbeitsintensive Aufzucht werden spezielle Räumlichkeiten benötigt, in denen weder Zugluft noch schwankende Temperaturen, Lärm oder grelles Licht herrschen dürfen – Bedingungen, wie sie in Nowawes nirgends gegeben waren.

Schon bald nach der Gründung genoss die Kolonie – gewiss auch wegen der Armut der Weber – einen zweifelhaften Ruf. Wie den Caputhern weiter südlich am Schwielowsee sagte man auch den Nowawesern nach, sie würden klauen wie die Raben. Selbst König Friedrich II. soll sich sicher gewesen sein: ›Und wenn mir meine Feinde auch mein ganzes Land nehmen, meine Caputher und Nowaweser stehlen es mir in einem Jahr wieder zusammen.‹

Zur wirtschaftlichen Verelendung trug vollends die industrielle Textilproduktion bei, die 1830 mit der Entwicklung der ersten vollständig selbsttätigen Spinnmaschine in England ihren Anfang nahm. In den Kämpfen der Revolution von 1848 waren die Weber von Nowawes in Potsdam an vorderster Front mit dabei. In der zweiten Hälfte des 19. Jahrhunderts versuchte man dann, ihrer Not durch eine bessere Ausbildung an modernen Geräten beizukommen. Textilfabriken entstanden, 1852 eine erste Nähseidenfabrik, nach 1860 weitere Industriebetriebe, darunter Jute- und Kammgarnspinnereien, Teppich-, Tuch-, Sack- und Zeltfabriken. Um 1900 folgen weitere Industrieansiedlungen wie Eisengießerei und

Lokomotivfabrik. Nowawes entwickelt sich zur proletarischen Arbeitersiedlung. 1904 wird es mit dem benachbarten Neuendorf zu einer Gemeinde vereint und diese 1938 mit der vornehmen Villenkolonie Neubabelsberg am nahen Griebnitzsee zur **Stadt Babelsberg** zusammengelegt.

Der Spaziergänger Georg Hermanns notiert 1926: ›Birken, Kiefern, Trockenheit, ein Stückchen Moor und sandige Wege, und bald tanzen so die ersten Weberkaten von Nowawes – ein absonderlicher Name! – vorbei.‹ Der ›absonderliche‹, slawische Name Nowawes, an dem insbesondere die Nationalsozialisten Anstoß nehmen, ist damit für längere Zeit ausgelöscht. Nur ein Jahr später, 1939, wird die frischgebackene Stadt Babelsberg nach Potsdam eingemeindet. Das vormalige **Rathaus** an der Karl-Liebknecht-Straße/Ecke Rudolf-Breitscheid-Straße, 1898–1900 von Otto Kerwien in historistischer Manier erbaut, fungiert bereits seit DDR-Zeiten als kultureller Treff, heute das **Kulturhaus Babelsberg**. In der Karl-Liebknecht-Straße 23 ist in einem Kolonistenhaus aus dem Jahr 1752 die **Nowaweser Weberstube** untergebracht. Anhand von Bildern, Dokumenten und historischen Ausstellungsstücken bietet es einen Ausflug in die Geschichte von Babelsberg, die einmal mit dem Weiler Neuendorf und der Weberkolonie Nowawes begonnen hat. Wenige Schritte entfernt findet sich mit der Hausnummer 28, ebenfalls von 1752, das ehemalige Pfarrhaus der böhmischen Weber.

Villenkolonie Neubabelsberg

Im extremen Gegensatz zur ›roten‹ Weberkolonie Nowawes steht die Geschichte der feudalen Villenkolonie Neubabelsberg. Sie beginnt nach der Reichsgründung 1871 gleich nebenan am Ufer des Griebnitzsees. Gründerfie-

Wandfries an der Villa Sarre

ber, Bodenspekulation und Bauboom kennzeichnen die hitzigen Anfangsjahre des Deutschen Kaiserreichs. Auch die beiden Regierungsbauräte Hermann Ende (1829–1907) und Friedrich Wilhelm Böckmann (1832–1902) mischen mit, erkennen die bevorzugte Lage eines bis dato wenig lukrativen Forstgeländes ganz in der Nähe von Kaiser Wilhelms I. Lieblingsschloss Babelsberg und erwerben es günstig. Für die Entwicklung des Geländes spricht neben der Aura, die der nahe Kaiserhof ausstrahlt, auch die bevorstehende Eröffnung der Wannseebahn. Binnen Stundenfrist würde sie die Reichshauptstadt mit der schönen Umgebung verbinden und eine kaufkräftige großbürgerliche Klientel zwischen ihren Villen im Grünen und den Berliner Büros hin- und herchauffieren.

Die Genehmigung zur Bebauung wurde 1873 erteilt, Straßen wurden gebaut, Alleebäume gepflanzt, und ein Jahr später bereits öffnete der eigens für die künftigen Villeninhaber errichtete Bahnhof Neubabelsberg (heute Bahnhof Griebnitzsee) als Haltepunkt der Wannseebahn. In der neuen Spitzenlage zwischen Park Babelsberg und der heutigen Rudolf-Breitscheid-Straße entstanden nach strenger

Die Villa Urbig

Bauvorschrift, die unter anderem nicht mehr als zwei Geschosse vorsah, schmucke Villen für hohe Regierungsbeamte, Bankiers, Fabrikanten und Glücksritter, die die Gründerzeitwelle ganz nach oben getragen hatte. Namhafte Architekten wie Hermann Muthesius (1861–1927), Alfred Grenander (1863–1931) oder der junge Mies van der Rohe (1886–1969) erhielten die Aufträge für die Planung der repräsentativen Gebäude.

In den 1920er/1930er Jahren gesellten sich berühmte Filmstars der nahen Ufa-Studios dazu. Leinwandgrößen wie Heinz Rühmann, Brigitte Horney und Marika Rökk hatten hier ihr Zuhause – während die jüdischen Eigentümer nach 1933 aus ihren Häusern vertrieben wurden. 1945 ging die Villenkolonie in die Geschichte ein, als die Staats- und Regierungschefs der drei Siegermächte Stalin, Truman und Churchill bzw. Attlee für die Dauer der Potsdamer Konferenz ihr Quartier in drei besonders großen und noblen Bauten im Viertel bezogen.

In den Anfangsjahren der DDR dienten die Gebäude als Domizile für Kindergärten, Behörden und Hochschulen ebenso wie für Stasi-Einrichtungen. Mit dem Mauerbau 1961 änderte sich dann das Bild. Mitten im Griebnitzsee verlief die deutsch-deutsche Grenze. Die Villenkolonie wurde Sperrgebiet und der lauschige Uferweg zum Postenweg für die DDR-Grenztruppen. Wachtürme und Hundelaufanlagen bestimmten das Bild, und manche der prächtigen Seeufervillen fand sich als Herberge für die Grenztruppen wieder.

Nach der Wende gingen die Immobilien an die Alteigentümer und ihre Erben zurück. Der Postenweg auf dem ehemaligen Mauerstreifen wurde damit Privatbesitz. Dagegen stand der direkt nach der Maueröffnung im Januar 1990 gefasste Beschluss der Stadt Potsdam, die ehemaligen Grenzanlagen in öffentliche Erholungsgebiete für die Bevölkerung umzuwandeln. Im neuen Jahrtausend kam es deshalb zum Konflikt, als einige Neueigentümer den Uferweg, der Teil des **Berliner Mauerwegs** rund um die einstige Westberliner Halbstadt ist, verbarrikadieren ließen. ›Weil sie ihre Grundstücke genießen wollen‹, wie ihre Anwälte verlauten lassen. Seitdem ist der Öffentlichkeit der Uferweg abschnittsweise versperrt. Die Auseinandersetzungen verschärften sich 2011, als zwei Eigentümer das letzte bisher frei begehbare Stück zwischen Bahnhof Griebnitzsee und der Berliner Stadtgrenze mit einem Bauzaun und einer aus Holzblöcken aufgetürmten Mauer abriegelten. Die Bevölkerung ist empört. Die Stadt Potsdam hält das für rechtswidrig und beabsichtigt den ehemaligen Mauerstreifen je nach Situation mal zu enteignen, mal freizukaufen. Gerichtsprozesse dazu stehen noch an.

■ Rundgang durch die Villenkolonie

Startpunkt ist der Bahnhof Griebnitzsee. Von dort nach wenigen Schritten rechts in die Karl-Marx-Straße eingebogen – in den Gründerjahren ›Kaiserstraße‹ und im Dritten Reich ›Straße der SA‹ genannt

▲ Karte S. 140

-, bildet die **Villa Katsch** mit der Hausnummer 1 den Auftakt des Spaziergangs durch die Villenkolonie. Das rote Backsteinhaus wurde 1890 von Hermann Ende und Friedrich Wilhelm Böckmann für die Industriellen-Familie Quandt erbaut. Heute beherbergt es eine Kindertagesstätte.

Ein Jahr später nahm nebenan in der Karl-Marx-Straße 2 das ›Haus Erlenkamp‹ Gestalt an. Nach Plänen der Architekten Karl von Großheim (1841–1911) und Heinrich Joseph Kayser (1842–1917), deren Architekturbüro seinerzeit zu den führenden in Deutschland zählte, entstand die Villa für den Verleger und Eigentümer der Groteschen Verlagsbuchhandlung, Carl Müller-Grote. Für die Dauer der Potsdamer Konferenz vom 17. Juli bis zum 2. August 1945 bewohnte US-Präsident Truman den stattlichen Putzbau, der seither den Namen **Truman-Villa** trägt. Die Historiker sind sich uneins darüber, ob der amerikanische Präsident von hier aus den Befehl für die Atombombenabwürfe auf Hiroshima und Nagasaki gegeben hat. Der kleine Hiroshima-Nagasaki-Platz gegenüber erinnert zumindest daran. Nachfolgend bezog bis Frühjahr 1946 der Oberkommandierende der sowjetischen Streitkräfte in Deutschland, Marschall Georgi Shukow (1896–1974), die Räume. In der DDR wurden sie zunächst als Parteischule, 1961 bis 1974 als polytechnische Oberschule und schließlich als Möbellager genutzt. 1998 erwarb die FDP-nahe Friedrich-Naumann-Stiftung die Immobile, ließ sie sanieren und um einen Neubau auf dem Grundstück ergänzen. Seit 2001 ist die Villa Hauptsitz der Stiftung.

Das einzige noch aus den Gründungsjahren der Kolonie herrührende Gebäude ist die 1874 von Ende und Böckmann errichtete **Villa Stern** in der **Karl-Marx-Straße 3**. Ihren Namen erhielt sie nach einem Umbau 1919/20, den der neue Besitzer Siegbert Stern in Auftrag gegeben hatte. Unter der Adresse **Karl-Marx-Straße 4** firmiert das **Schweizerhaus Fernbach**, 1905 für den Zeitungsverleger Otto Fernbach erbaut.

Das Schweizerhaus Fernbach

Dem Schweizerhaus mit dem Hirschgeweih am Giebel schräg gegenüber steht an der Einmündung der Virchowstraße mit Türmchen- und Zinnenschmuck die **Villa Lademann (Karl-Marx-Straße 66)**. Bauherr war der Generalleutnant Lademann, als Architekt fungierte Gustav Lilienthal (1849–1933), der jüngere Bruder des Flugpioniers Otto Lilienthal. In den 1930er Jahren stand die Villa im englischen Tudorstil als Ufa-Gästehaus Leinwandstars zur Verfügung, wenn sie zu Dreharbeiten in den nahen Filmstudios weilten; unter anderen wohnten Hans Albers, Willy Fritsch und Marlene Dietrich im Haus.

Ab hier folgt der Spaziergang der Virchowstraße, die rechts von der Karl-Marx-Straße abknickt und weiter an den Seeufergrundstücken entlang führt. Gleich am Anfang erhebt sich in einem parkähnlichen Grundstück unter der Adresse **Virchowstraße 1–5** die von Kayser und Großheim 1907 für den Rittmeister von Bernuth errichtete Villa. 1928 gelangte sie in den Besitz des Rüstungsbarons Günther Quandt (1881–1954), Hitler-Förderer und Waffenproduzent, der in seinen Werken Zwangsarbeiter, KZ-Häftlinge und Kriegsgefangene ausbeutete. Quandts erheblich jüngere zweite Frau Magda heiratete nach der Scheidung 1931 den künftigen Reichspropagandaminister Joseph Goebbels.

Die **Villa Heyroth** in der **Virchowstraße 19** ist mit einer Rennfahrerlegende verbunden. In den 1930er Jahren lebte zeitweilig der Pilot Hans Stuck (1900–1978) in ihren vier Wänden. 1890 vom Geheimen Regierungsrat Anton Heyroth als Sommerhaus in Auftrag gegeben, wurde die Villa 1927 von Sigmund Freuds Sohn Ernst Ludwig Freud umgebaut.

Die **Villa Urbig** mit der Adresse **Virchowstraße 23** und dem Entstehungsdatum 1915–1917 ist eines von insgesamt drei Häusern in der Villenkolonie von Ludwig Mies van der Rohe (1886–1969). Für den Mitinhaber der Deutschen Bank Franz Urbig errichtet, zählt das neoklassizistische Gebäude zu den ersten eigenständigen Auftragsarbeiten des jungen Baukünstlers, der bald darauf zum Bauhaus-Direktor und einem der bedeutendsten Architekten der internationalen Moderne aufsteigen sollte. Während der Potsdamer Konferenz bewohnten der britische Premier Winston Churchill und sein Nachfolger Clement Attlee die Räumlichkeiten. Deshalb ist das Gebäude auch als ›Churchill-Villa‹ bekannt. In der DDR waren dort Einrichtungen der Filmhochschule Konrad Wolf untergebracht. Nach der Wende folgten Rückübertragung, mehrere Eigentümerwechsel und 2009 schließlich der Kauf durch den Wahl-Potsdamer und Software-Millionär Hasso Plattner.

Die **Villa Althoff** in der **Virchowstraße 25** wurde vom renommierten Architekturbüro Kayser & Großheim für die Mäzenatin der Wissenschaften Elise Wentzel-Heckmann erbaut. Anschließend bewohnte sie der Filmpionier Gustav Althoff und in den 1950er Jahren der berühmte DEFA-Regisseur und Direktor der Filmhochschule Kurt Maetzig.

Ein weiteres Gebäude der ›Gründerväter‹ Ende und Böckmann stellt die **Villa Saltzmann** aus dem Jahr 1890 in der **Virchowstraße 27** dar. Der Marinemaler und Professor an der Berliner Kunstakademie, Carl Saltzmann (1847–1923), war hier zuhause.

In der **Virchowstraße 43** ließ 1881 der Theaterdirektor und seinerzeit hochpopuläre Bühnenautor Adolph L'Arronge(1838–1908) sein Landhaus von Böckmann und Ende errichten. L'Arronge begründete das Deutsche Theater in Berlin, das er mit einer Mischung aus leichter Kost und anspruchsvoller

▲ Karte S. 140

Theaterkunst zum Erfolg führte. Seine Bühnenstücke zählten zu den meistgespielten in der wilhelminischen Zeit. 1921 verkaufte er seinen Babelsberger Sitz an den jüdischen Großbankier Jakob Goldschmidt (1882–1955), der die Villa wesentlich umbauen ließ, die seitdem **Villa Goldschmidt** heißt. Der Bankier genoss den Ruf, ein äußerst dynamischer, unkonventioneller und angriffslustiger Geschäftsmann zu sein. 1933 verlor er die Villa an die Nationalsozialisten, die dort eine Reichsführerinnenschule für den Bund deutscher Mädchen einrichteten. Goldschmidt emigrierte über die Schweiz in die USA, wo er 1934 angelangte.

Wenige Spazierminuten später stößt die Virchowstraße, bis 1945 ›Ringstraße‹, wieder auf die Karl-Marx-Straße, auf der der Rundgang fortgesetzt wird.

Karl-Marx-Straße 25: die **Villa von Arnim**. Henning von Tresckow (1901–1944), einer der führenden Köpfe des militärischen Widerstands und des Attentats gegen Hitler am 20. Juli 1944, nutzte das Haus seiner Schwester für konspirative Treffen.

Karl-Marx-Straße 27: die **Villa Herpich**, auch ›Stalin-Villa‹ genannt. 1910/11 wurde sie vom schwedischen Architekten Alfred Grenander (1863–1931) errichtet. Grenander zeichnete verantwortlich für die Berliner Hochbahn durch Kreuzberg und machte sich vor allem mit der Konzeption zahlreicher Berlin U-Bahnhöfe einen Namen. Sein Auftraggeber war der Fabrikant und reiche Kaufhausinhaber Paul Herpich. Zur Potsdamer Konferenz zog die sowjetischen Delegation unter Stalin ein. In DDR-Zeiten nahm die Villa die Akademie der Staats- und Rechtswissenschaften und zeitweise auch Einrichtung der Hochschule für Film und Fernsehen auf. Heute ist sie Sitz des Bauindustrieverbandes Berlin-Brandenburg.

Karl-Marx-Straße 29: das **Haus Mosler**. Der neoklassizistische Backsteinbau, 1924–1926 errichtet, ist ein Werk des jungen Luwig Mies van der Rohe für das Vorstandsmitglied der Dresdner Bank Georg Mosler.

Im steilen Winkel geht es wenige Schritte später links in die Spitzweggasse hinein, wo unter der Adresse **Spitzweggasse 3** das **Haus Riehl** firmiert. Das dritte von Ludwig Mies van der Rohe entworfene Gebäude in der Villenkolonie ist zugleich das älteste, 1908 für den österreichischen Philosophieprofessor Alois Riehl realisiert, der damals an der Berliner Universität lehrte. Das ›Klösterli‹, wie der Professor seinen Alterssitz nannte, ist Mies van der Rohes Erstlingswerk, mit dem er 21-jährig seinen Einstand als freischaffender Architekt gab.

Der Entwurf für die **Villa Sarre** in der **Spitzweggasse 6** stammt aus der Feder des Regierungsbaumeisters Otto Sior. Auftraggeber für die 1906 fertiggestellte Turmvilla nach Art der italienischen Frührenaissance war der Direktor der Islamischen Abteilung des Berliner Kaiser-Friedrich-Museums (seit 1956 Bode-Museum) Friedrich Sarre. Im Arkadengang im Obergeschoss des zweiten Flügels ließ er eine Kopie des zwölf Meter langen Löwenfrieses der Prozessionsstraße aus Babylon anbringen, deren Original sich auf der Berliner Museumsinsel befindet. 1945 diente die Villa als Sitz der sowjetischen Kommandantur. 1957–1993 waren unter ihrem Dach Einrichtungen der Hochschule für Film und Fernsehen untergebracht.

Ein Abstecher zur Sternwarte

Für einen Abstecher zur historischen **Sternwarte Babelsberg** folgt man dort, wo die Spitzweggasse auf die Rosa-Luxemburg-Straße stößt, dieser rechts eingebogen bergan, und man ist in we-

Die Sternwarte in Babelsberg

nigen Minuten am Ziel angelangt. Im August 2013 feierte die alte Sternwarte ihr 100-jähriges Jubiläum. Wegen des rasanten Wachstums der Reichshauptstadt in der Gründerzeit hatte die Schinkelsche Sternwarte, die einmal allein auf weiter Flur im heutigen Berliner Stadtteil Kreuzberg stand, Ende des 19. Jahrhunderts ausgedient. Die hellen Lichter der Großstadt verunmöglichten den Blick in den Sternenhimmel, und seit dem Hochbahnbau litten die empfindlichen Messinstrumente unter den Erschütterungen der U-Bahn. Mitte der 1890er Jahre unterbreitete der Astronom und Direktor der Berliner Sternwarte Wilhelm Foerster (1831–1921) deshalb den Vorschlag, an einen günstigeren Standort umzuziehen. Die Wahl der kaiserlichen Wissenschaftsverwaltung fiel 1906 auf die Anhöhe über der Villenkolonie Neubabelsberg. Das weitläufige Terrain gehörte zum Park Babelsberg und wurde für den Bau einer neuen Sternwarte von Kaiser Wilhelm II. unentgeltlich bereitgestellt. 1911 begannen die Arbeiten zur Errichtung der Anlage nach Plänen des Geheimen Oberbaurats Georg Thür (1846–1924). Bereits 1913 konnten die Wissenschaftler die neue Sternwarte beziehen, 1915 wurde der Babelsberger Große Refraktor eingeweiht. 1924 folgte das mit 122 Zentimetern seinerzeit zweitgrößte Spiegelteleskop der Welt, wodurch die Sternwarte international zu einer der modernsten astronomischen Forschungseinrichtungen avancierte. 1947 übernahm die Deutsche Akademie der Wissenschaften (ab 1972 Akademie der Wissenschaften der DDR) die Einrichtungen. Heute gehört die historische Sternwarte zum Leibniz-Institut für Astrophysik Potsdam (AIP) und ist Teil des **Forschungscampus Babelsberg**. Vom Eingang an der Rosa-Luxemburg-Straße aus ist das bis 1913 mit einem großen Kuppelbau im Zentrum errichtete **Sternwartengebäude** schnell erreicht. Es dient noch immer der Wissenschaft, namentlich wird in seinen Mauern auf dem Gebiet der Kosmischen Magnetfelder geforscht. Die große Kuppel beherbergt den historischen Babelsberg-Refraktor der Firma Carl Zeiss. In den kleineren Seitenkuppel sind ein 50-cm- und ein 70-cm-Spiegelteleskop untergebracht.
Zeitgleich mit dem Hauptgebäude entstand bis 1913 für den damaligen Direktor der Sternwarte, Hermann Struve, die **Villa Turbulenz**. Ihre Räume dienen gegenwärtig als Büros für Wissenschaftler der stellaren Physik und der Magnetohydrodynamik. Westlich vom Sternwartengebäude kann man in den **ehemaligen Meridianhäusern**, dem heutigen Medien- und Kommunikationszentrum (MCC), 3D-Simulationen der Galaxienentstehung bewundern.

Nahebei erhebt sich der Kuppelbau, in dem sich bis 1945 das 122-cm-Spiegelteleskop befand. Seit 2002 fungiert er als **Bibliothek**. Im benachbarten, etwas spacig ausschauenden **Schwarzschildhaus** aus dem Jahr 2000 wird zum Thema Extragalaktische Astrophysik geforscht. Obenauf trägt es seit 2005 eine 4-m-

▲ Karte S. 140

Kuppel mit dem 80-cm-Schulteleskop RoboTel. Das 2008–2010 errichtete **Leibnizhaus** gegenüber, vom Architekturbüro Stefan Tebroke und Bruno Vennes realisiert, wurde als Forschungsneubau 2011 mit einem Baukulturpreis der Brandenburgischen Architektenkammer prämiert. Für das leibliche Wohl der AIP-Mitarbeiter sorgt eine Cafeteria im **Persiushaus**. Das Gebäude am Haupteingang des Campus an der Allee nach Glienicke stammt vermutlich von Reinhold Persius (1835–1912).

Durch die Rosa-Luxemburg-Straße zurück zum Ausgangspunkt

Von der Sternwarte die Rosa-Luxemburg-Straße hinab, steht, gegenüber der einmündenden Spitzweggasse, in der **Rosa-Luxemburg-Straße 21** die kleine, 1922–1925 im englischen Landhausstil errichte **Villa Muthesius**. Den Namen trägt sie nach Hermann Muthesius (1861–1927), Mitbegründer des deutschen Werkbunds und bedeutender Vertreter der Landhausbewegung, der vermutlich der Architekt des Gebäudes gewesen ist.

In der **Rosa-Luxemburg-Straße 24** erhebt sich die **Villa Tauber**. In der klassizistischen Villa mit großem Säulenportikus logierte der ›König des Belcanto‹ Richard Tauber (1891–1948), wenn er sich zu Dreharbeiten in den Ufa-Studios aufhielt. Der Star-Tenor mit jüdischen Wurzeln, der in den Kinderjahren des Tonfilms die Herzen von Millionen Kinogängerinnen zum Schmelzen brachte, emigrierte 1938 vor den Nazis nach London. 1935 diente das Gebäude als prächtige Kulisse für das Ufa-Melodram ›Schwarze Rosen‹ mit Lilian Harvey und Willy Fritsch in den Hauptrollen. Ab 1976 bot es Raum für die Bibliothek für Film und Fernsehen. Nach einem Leerstand nach der Jahrtausendwende wurde die Villa aufwendig saniert und ist seit 2005 privat bewohnt. Weiter die Rosa-Luxemburg-Straße hinab und über die kreuzende Behringstraße hinweg, lohnt sich, die nächste Straße links eingeschwenkt, ein Blick auf die **Villa Gugenheim** am **Johann-Strauß-Platz 11**. Die aparte Villa im englischen Landhausstil ist ein Spätwerk von Hermann Muthesius, 1921/22 für Hans Gugenheim erbaut, Sohn des jüdischen Textilfa-

Die Villa Muthesius

brikanten Fritz Gugenheim. Nach seiner Emigration 1936 erwarb Ufa-Star Brigitte Horney (1911–1988) drei Jahre später das Anwesen; und ob die Gugenheims den Kaufbetrag je erhalten haben, darf bezweifelt werden. Wahrscheinlicher ist, dass die knapp 144000 Reichsmark, die die Schauspielerin für die Luxusimmobilie bezahlte, als ›Reichsfluchtsteuer‹ von der NS-Finanzbürokratie einbehalten blieben. 1943 bot Horney dem von den Nazis verfemten Erich Kästner Obdach, der im Haus unter dem Pseudonym Berthold Bürger das Drehbuch für den Filmklassiker ›Münchhausen‹ verfasste.

Wie die Villa Gugenheim gingen zahlreiche weitere Neubabelsberger Liegenschaften im Zuge der Arisierung an Stars und Sternchen der nahen Filmstudios, an nationalsozialistische Aufsteiger und NSDAP-Parteibonzen über. Nach der Wiedervereinigung geriet das Haus in die Schlagzeilen, als sowohl die Horney-Erben wie auch die Gugenheim-Nachfahren beim Amt für offene Vermögensfragen Anträge auf Rückübertragung stellten – auch dieses kein Einzelfall.

Die wenigen Schritte zur Rosa-Luxemburg-Straße zurück, sei noch auf das Gebäude am **Johann-Strauß-Platz 3–4** aufmerksam gemacht, das ehemalige

Die Villa Tauber

▲ Karte S. 140

Rathaus der Gemeinde Neubabelsberg. Wo das schmale Asphaltband wieder auf die größere Straße stößt steht direkt vor Kopf unter der Adresse **Rosa-Luxemburg-Straße 27** das **Haus Marchwitza**. Es wurde nach dem Arbeiterschriftsteller, Kommunisten, Spanienkämpfer, Flüchtling und Emigrant Hans Marchwitza (1890–1965) benannt, der ab 1956 bis zu seinem Lebensende das Objekt bewohnte. Marchwitza war Gründungsmitglied der Akademie der Künste der DDR 1950 und mehrfacher Nationalpreisträger.

Auch die nächste Seitenstraße kann auf berühmte Bewohner verweisen. In der **Sauerbruchstraße 16/18** lebte der legendäre Boxweltmeister im Schwergewicht Max Schmeling (1905–2005) mit seiner Frau, der Schauspielerin Anny Ondra.

Die **Villa Wiener** in der **Rosa-Luxemburg-Straße 40**, vermutlich 1924 von Jean Krämer für den jüdischen Kaufmann Norbert Wiener erbaut, verzeichnet ebenfalls einen prominenten Gast in ihren Annalen. Von Mai 1934 bis April 1935 wurde das Haus zum Refugium für Konrad Adenauer (1876–1967), nachdem ihn die Nationalsozialisten 1933 seines Amts als Kölner Oberbürgermeister enthoben hatten.

Wo die Rosa-Luxemburg-Straße auf die Domstraße trifft, erhebt sich in der **Domstraße 28** die **Villa Zeisler**. Bauherr des zweigeschossigen Gebäudes war der erfolgreiche jüdische Schauspieler, Regisseur und Filmproduzent Alfred Zeisler (1892–1985). Seiner Verhaftung durch die Nazis kam er 1935 durch Flucht in die USA zuvor. Die NS-Filmdiva Marika Rökk (1913–2004) – die als Traumpaar zusammen mit Johannes Heesters in zahlreichen Revue-Streifen das Publikum singend und tanzend bei Laune hielt, während es bereits Bomben auf die deutschen Dächer regnete – übernahm

Die Villa Gugenheim

die Neubabelsberger Immobilie. Alfred Zeisler konnte an seinen Erfolg dagegen nie wieder anknüpfen und lebte später von Sozialhilfe. »Das Haus ist mir einfach weggestohlen worden. Ich habe keinen Pfennig dafür gesehen, und meine ganzen Bücher und Kunstgegenstände, alles habe ich verloren«, sagte er 1983. Gleich nach dem Einzug in die Villa soll Rökk ein großes Hitler-Bild aufgehängt haben. In der DDR enteignet, stellte sie kurz nach der Wende für die Immobilie einen Rückübertragungsantrag. Zeisler konnte keinen mehr einreichen, er starb 1985 ohne Nachkommen in den USA. An seiner Stelle wurde die Jewish Claims Conference tätig.

Ebenfalls an der Ecke, wo die Rosa-Luxemburg- und die Robert-Koch-Straße im spitzen Winkel auf die Domstraße zulaufen, steht in der **Robert-Koch-Straße 8** das Haus des unvergessenen DDR-Regisseurs Heiner Carow (1929–1997). Mit ›Die Legende von Paul und Paula‹ (1973) und ›Coming Out‹ (1989) hat er den Cineasten zwei der schönsten und anrührendsten Filme der ostdeutschen Republik 1948–1989 hinterlassen. Von dort ist man nach gut einem Kilometer Spazierweg über die Domstraße und dann die Karl-Marx-Straße zurück an den Ausgangspunkt am Bahnhof Griebnitzsee gelangt.

Das Haus Marchwitza

Stadtspaziergänge

Traumfabrik am Havelstrand - die Ufa

In Babelsberg südlich vom Griebnitzsee schlägt 1912 die Geburtsstunde der deutschen Traumfabrik. Im Spannungsfeld zwischen Kunst und Kommerz, Agitation und Aufklärung schafft das Filmstudio von Anbeginn magische Bilderwelten, ist im Dritten Reich Propagandamaschine, bewegt sich in der DDR zwischen Filmkunst, Giftschrank und Planerfüllung und behauptet sich seit der Wende im internationalen Filmmarktgeschehen.

Die Wurzeln gehen auf das Jahr 1911 zurück, als sich der Filmpionier Guido Seeber (1879–1940), Kameramann und technische Leiter der Berliner Firma Bioscop, aufmacht, um jenseits des Häusermeers der Reichshauptstadt ein Gelände für den Bau von Produktionsateliers auszukundschaften. Denn Zelluloid, auf das man damals die Szenen bannt, ist hoch entzündlich, setzt immer wieder Studios, Vorführräume und Lager in Brand. Neue Anlagen werden daher besser außerhalb der Metropolen auf freiem Feld zu errichtet. Im Winter 1911/12 beginnen die Bauarbeiten in Babelsberg. Am 12. Februar 1912 wird das Bioscop-Atelier mit den Aufnahmen zu Urban Gads Stummfilm ›Der Totentanz‹ mit Asta Nielsen in der Hauptrolle eingeweiht.

Nach anfänglicher Skepsis findet das Publikum schnell Geschmack an den bewegten Bildern. Werden 1910 in ganz Deutschland noch 35 Filme gedreht, sind es drei Jahre später schon zehn Mal so viele. Die Zahl erhöht sich weiter mit Kriegsbeginn; insbesondere Krimis und Großstadt-Thriller avancieren zwischen 1914 und 1918 zu Kassenschlagern.

Die Suggestivkraft der Bilder bleibt auch den Militärs nicht verborgen. Anfang Juli 1917 schreibt Generalstabschef Erich Ludendorff (1865–1937) an das Königliche Kriegsministerium: »Der Krieg hat die überragende Macht des Bildes und Films als Aufklärungs- und Beeinflussungsmittel gezeigt«, so Ludendorff. »Für einen glücklichen Abschluss des Krieges (ist es) unbedingt erforderlich, dass der Film überall da, wo die deutsche Einwirkung noch möglich ist, mit dem höchsten Nachdruck wirkt.« Am 18. Dezember 1917 wird auf Weisung der Obersten Heeresleitung, mit dem Kapital der Deutschen Bank ausgestattet, zu Kriegspropagandazwecken die Ufa (Universum Film AG) gegründet. Vier Jahre später geht die Filmfirma Decla-Bioscop in der Ufa auf, die damit auch den Babelsberger Standort übernimmt. Bis Mitte der 1920er Jahre entwickelt sich das Studio zur größten Filmproduktionsstätte Europas.

Zugleich sind es die goldenen Jahre des Stummfilms. Expressionistische Klassiker wie Robert Wienes ›Cabinet des Dr. Caligari‹ (1920), Fritz Langs ›Dr. Mabuse‹ (1922) oder Friedrich Wilhelm Murnaus ›Nosferatu‹ (1922) entstehen in Babelsberg. Monumentalfilme wie Joe Mays ›Das indische Grabmal‹ und ›Der Tiger von Eschnapur‹ (1921) begeistern das Publikum mit exotischen Kostümen und imposanten Filmbauten. Für die Produktion von Fritz Langs ›Metropolis‹ (1927) wird auf dem Studiogelände eigens eine ›Große Halle‹ errichtet, die seinerzeit größte Produktionshalle Europas. 600 Filmkilometer, 27 000 Statisten, 5 Millionen Mark Produktionskosten und eine vernichtende Kritik nach der Premiere machen ›Metropolis‹ – der als erster Film der Geschichte ins UNESCO-Weltdokumentenerbe aufgenommen werden sollte – seinerzeit zum finanziellen Debakel.

1927 übernimmt die Hugenberg-Gruppe unter dem antisemitischen Medienmogul Alfred Hugenberg (1865–1951) die Ufa. Mit von der Partie sind finanzkräftig der Stahlkocher Thyssen, die IG-Farben und das Rheinische Braunkohlesyndikat. Die kostenintensive Umstellung auf den aufkommenden Tonfilm steht an. 1929 feiert ›Melodie des Herzens‹ als erster deutscher Tonfilm Premiere. Es folgen 1930 ›Der Blaue Engel‹ von Josef von Sternberg mit Marlene Dietrich und Emil Jannings in den Hauptrollen sowie ein regelrechter Rausch von populären Tanz- und Musikfilmen: ›Liebeswalzer‹ – Willy Fritsch und Lilian Harvey steigen zum Leinwand-Traumpaar auf; ›Die Drei von der Tankstelle‹ – Harvey/Fritsch und Heinz Rühmann in einer virtuosen Filmoperette. Und während ›Der Kongress tanzt‹ (1931 von Erik Charell, in den Hauptrollen Harvey/Fritsch) – geht die Weimarer Republik unter.

1933 übernehmen die Nationalsozialisten. Im Sommer des Jahres wird die Reichsfilmkammer gegründet, in der alle Filmschaffenden Mitglied sein müssen, der die jüdischen Filmkünstler jedoch nicht angehören dürfen. Reichspropagandaminister Joseph Goebbels erklärt sich zum ›Schirmherrn des deutschen Films‹, denn er weiß, der Film ist »das beste Propagandamittel, durch das große Volksmassen beeinflusst werden können«. Bereits im Frühjahr 1933 entlässt der Ufa-Vorstand zahlreiche jüdische Mitarbeiter, unter ihnen der Starregisseur Erik Charell und der langjährige Erfolgsproduzent Erich Pommer. Eine große Zahl namhafter Regisseure, Schauspieler, Produzenten, Drehbuchautoren, Cutter, Filmmusikkomponisten und anderer Filmberufe mehr – Juden und Nichtjuden – verlässt Deutschland.

Propagandastreifen wie ›Hitlerjunge Quex‹ (1933) erobern die Leinwand. Doch vor allem bestehen die Produktionen des bis 1937 verstaatlichten Ufa-Konzerns aus Melodramen, Komödien und Revuefilmen. Die neuen Idole im Dritten Reich heißen Viktor de Kowa und Johannes Heesters, Zarah Leander und Marika Rökk. Mit Ausbruch des Zweiten Weltkriegs 1939 werden die Unterhaltungsfilme immer aufwendiger – und bunter. Die Agfacolor-Technik setzt sich durch. 1943 kommt als dritter deutscher abendfüllender Farbfilm, mit großem Aufwand und hochkarätiger Besetzung gedreht, die Geschichte des Lügenbarons ›Münchhausen‹ in die Kinos.

Bereits 1940 erscheint der antisemitische Hetzfilm ›Jud Süß‹ von Veit Harlan, der die Marschrichtung Nazi-Deutschlands in den Holocaust ankündigt. Der im Januar 1945 in der Atlantikfestung La Rochelle vor deutschen Soldaten uraufgeführte Durchhaltefilm ›Kolberg‹, ebenfalls unter Harlans Regie, vollendet die Szenerie, indem Goebbels dazu aufruft, ›am Beispiel der Stadt, die dem Film den Namen gibt, zu zeigen, dass eine in Heimat und Front gemeinsame Politik jeden Gegner überwindet‹. Sieben Wochen später wird die reale Ostseestadt Kolberg in einer der furchtbarsten Schlachten auf pommerschem Boden von der Roten Armee in Schutt und Asche gelegt.

›Die Schenke zur ewigen Liebe‹ heißt die letzte Ufa-Produktion kurz vor Kriegsende in Babelsberg. Am 24. April 1945 marschieren sowjetische Truppen in das Filmgelände ein.

Studio Babelsberg

Südlich vom Bahnhof Griebnitzsee erstrecken sich die berühmten Filmstudios. Weltweit wird der Name Babelsberg mit Filmkunst verbunden. Denn auf dem Gelände des **Studios Babelsberg** wird Filmgeschichte geschrieben. Im Februar 1912 fiel hier die erste Klappe zum Asta Nielsen-Streifen ›Der Totentanz‹, mit dem der Aufstieg zum größten europäischen Filmstudio begann. Bis 1945 unter dem Signet Ufa (Universum Film AG) und in der DDR unter DEFA-Regie (Deutsche Film AG), ist die Produktionsstätte mit insgesamt 20 Studios und einer Gesamtfläche von 28000 Quadratmetern heute noch der größte zusammenhängende Studiokomplex in Europa. Fernsehserien und Telenovelas ebenso wie preisgekrönte internationale Kinoproduktionen werden in den Hallen realisiert; darunter Roman Polanskis Oscar-prämiertes Holocaust-Drama ›Der Pianist‹ (2002), Bryan Singers ›Operation Walküre – das Stauffenberg-Attentat‹ mit Tom Cruise in der Hauptrolle (2007), Stephen Daldrys ›Der Vorleser‹ (2008), für den Kate Winslet in der Rolle der Straßenbahnschaffnerin und ehemaligen KZ-Aufseherin einen Oscar gewann, oder Quentin Tarantinos Kriegsfilm ›Inglourios Basterds‹, ebenfalls von 2008.

Für die erfolgreiche deutsche Komödie ›Sonnenallee‹ (1999) von Leander Haußmann wurde auf dem Studiogelände die **Berliner Straße** errichtet – eine riesige Kulissenanlage, die sich je nach Filmsujet in eine New Yorker, Pariser oder Warschauer Straße des 19., 20. oder 21. Jahrhunderts und andere mehr verwandeln kann.

Eines der ältesten Gebäude am Platz ist das **Tonkreuz**, das bis 1929 für die Produktion des aufkommenden Tonfilms entstand. Seine Technik und Architektur galten damals als richtungsweisend: vier Studiohallen gehen als Gebäudeflügel von einem Tonstudio in ihrem Zentrum aus. Im Spätfrühling 1929 begannen die Dreharbeiten für den ersten deutschen Tonfilm ›Melodie des Herzens‹. Im September selbigen Jahres war der

Das Studiotor

▲ Karte S. 140

Streifen bereits abgedreht, und an der Seite von Lilian Harvey ging Willy Fritsch mit dem ersten Satz des deutschen Tonfilms – ›Ich spare nämlich auf ein Pferd‹ – in die Kinogeschichte ein. Noch in der Stummfilmzeit wurde 1926 eigens für die Produktion von Fritz Langs ›Metropolis‹ eine ›Große Halle‹ errichtet, damals die größte Produktionshalle Europas und heutige **Marlene-Dietrich-Halle**. Spannende **Führungen durch das Produktionsgelände** werden vom Studio Babelsberg auf Anfrage für Gruppen von 2 bis bis 15 Besuchern organisiert.

Nebenan sind auf dem insgesamt fast 50 Hektar messenden Areal der **Medienstadt Babelsberg** jede Menge Firmen angesiedelt, die ihr Geld mit Dienstleistungen rund um die Filmproduktion verdienen. Außerdem sendet der öffentlich-rechtliche **Rundfunk Berlin-Brandenburg (RBB)** vom Gelände, und die 1954 gegründete **Hochschule für Film und Fernsehen (HFF) Konrad Wolf** bildet hautnah am Geschehen den künstlerischen Nachwuchs aus.

Filmpark Babelsberg

Bei einer Tour durch den **Filmpark Babelsberg** erhält man zwar weniger Einblick in die Filmproduktion, bekommt dafür aber umso mehr Abenteuer, Fantasy, Live Shows und Action für die ganze Familie geboten. Im Babelsberger Film-Vergnügungspark lassen sich 100 Jahre Abenteuer der berühmten Filmstudios nacherleben. Eine Mittelalterstadt mit originaler Filmkulisse und eine Westernstraße mit Saloon sind aufgebaut, und ebenso kann man das leibhaftige GZSZ-Außenset in Augenschein nehmen. Absoluter Renner für Groß und Klein sind die spektakulären Stuntshows, bei denen die Artisten halsbrecherische Akrobatikstücke vollführen. Und wenn der Hunger kommt, kehrt Kind und Kegel ins Erlebnisrestaurant ›Prinz Eisenherz‹ ein. Der Besuchereingang zum Filmpark befindet sich im Südwesten der Medienstadt an der Großbeerenstraße 200.

Filmkulisse ›Berliner Straße‹

Jagdschloss Stern

Mit dem Jagdschloss Stern im äußersten östliche Winkel von Potsdam, am Rande der Parforceheide, nicht weit weg vom verkehrsumtosten Autobahnkreuz Potsdam-Babelsberg, kehrt man noch einmal ins alte Preußen König Friedrich Wilhelms I. (1688–1740) zurück. 1730–1732 wurde die ›Residenz‹ errichtet – wenn man sie denn so nennen darf. Denn der Philosophie des Soldatenkönigs folgend gleicht der schlichte Backsteinbau eher einem holländischen Bürgerhaus. Dieses einzige von Friedrich Wilhelm I. gebaute ›Schloss‹ steht im Kreuzpunkt eines sternförmigen Wegsystems, wie es seinerzeit für die Parforce-Jagd üblich war. Von dort aus ging er zur Jagd, und nach der Rückkehr dienten die Räumlichkeiten dem Beisammensein der königlichen Jagdkumpanen. Der Förderverein ›Jagdschloss Stern‹ bietet zwischen Ende April und September zu verschiedenen Sonntagsterminen **Führungen** durch die historischen Räume an.

Babelsberg

Schloss Babelsberg, Park Babelsberg 10, Tel. 0331/9694200, www.spsg.de; bis einschließlich 2015 wegen Sanierung geschlossen.

Flatowturm Park Babelsberg 12, Tel. 0331/9694200, www.spsg.de, Mai–Okt. Sa/So 10–18 Uhr.

Nowaweser Weberstube, Karl-Liebknecht-Straße 23, Tel. 500374, Di–Do 13–17 und So 11–16 Uhr.

Studio Babelsberg, August-Bebel-Straße 26; Mo–Fr zweistündige Führungen nach Anmeldung mindestens 10 Tage im Voraus für Gruppen zwischen 2 und 15 Personen ab 18 Jahren, Tel. 0331/7212132 und 0331/7210000, www.studiobabelsberg.com, besucherservice@studiobabelsberg.com.

Filmpark Babelsberg, Großbeerenstraße 200, Tel. 0331/7212750, www.filmpark-babelsberg.de, Mitte April–Anfang Nov. tgl. 10–18 Uhr.

Jagdschloss Stern Jagdhausstraße 32; sonntägliche Führungen von Ende April bis Ende September an unterschiedlichen Terminen bietet der Förderverein Jagdschloss Stern – Parforceheide, Tel. 0331/80105464, www.jagdschloss-stern.de.

Kleines Schloss, Park Babelsberg 9, Tel. 0331/705156, www.kleinesschloss.de. Köstliche hausgebackene Kuchen und Torten, eine große Auswahl an Tees und Kaffeespezialitäten sowie leckere Quiches, dazu eine herrliche Aussicht über den See. Sehr beliebt!

Strandbad Babelsberg, Am Babelsberger Park 2, Tel. 0331/6619834, www.swp-potsdam.de, Mitte Mai–Ende Aug. tgl. 9–20 Uhr, Ende April–Mitte Mai und Anfang–Mitte Sept. tgl. 10–19 Uhr.

Weitere praktische Informationen ab → S. 195

Eingang zum Babelsberger Park an der Allee nach Babelsberg

▲ Karte S. 140

Traumfabrik am Havelstrand - die DEFA

Nach Weltkrieg und Holocaust und dem Untergang des ›Tausendjährigen Reichs‹ 1945 steht auch der deutsche Film vor einem Neuanfang. In der sowjetischen Besatzungszone werden Antifaschismus und die Ausformung eines sozialistischen Menschheitsideals zum wesentlichen Feld der künstlerischen Bearbeitung. Bereits am 4. Mai 1946 fällt die erste Klappe zu Wolfgang Staudtes ›Die Mörder sind unter uns‹ mit der jungen Hildegard Knef und Ernst Wilhelm Borchert in den Hauptrollen - in den Trümmern Berlins gedreht. Zwei Wochen später, am 17. Mai 1946, überreicht der sowjetische Kulturoffizier Sergej Tulpanow in Babelsberg die Gründungsurkunde für die deutsch-sowjetische Aktiengesellschaft DEFA (Deutsche Film AG). Die Aktienmehrheit hält die Sowjetunion, das Kapital von deutscher Seite kommt von der soeben aus der Taufe gehobenen Sozialistischen Einheitspartei Deutschlands (SED).

Ein neues Kapitel in der deutschen Filmgeschichte wird aufgeschlagen, geprägt von politischen Zwängen, Zensur und Verboten ebenso wie einem Hochmaß an künstlerischer Kreativität, die Kunstwerke schafft, die heute zu den deutschen Filmklassikern zählen. Anfang Oktober 1947 wird Kurt Maetzigs (1911-2012) ›Ehe im Schatten‹ uraufgeführt, der den Rassenwahn der NS-Zeit am erschütternden Beispiel eines Schauspielers und seiner jüdischen Frau thematisiert. Mitte November 1947 verabreden die DEFA-Gesellschafter einen Sonderausschuss beim Zentralsekretariat der SED einzurichten, dem von der Produktionsplanung über den Rohschnitt bis zur Endfassung alle Filme vorgelegt werden müssen - der Anfang der politischen Zensur. 1948 werden der DEFA-Vorstand und alle leitenden Posten durch Parteifunktionäre ersetzt.

Nach Gründung der DDR am 7. Oktober 1949 gehen die sowjetischen Aktienanteile bis 1952 schrittweise in Parteihände über. Am 1. Oktober 1952 erfolgt die Aufteilung der Deutschen Film AG in jeweils eigenständige volkseigene Betriebe. Auf dem Babelsberger Gelände wird der VEB DEFA-Studio für Spielfilme angesiedelt und 1954 der Hauptverwaltung Film im Ministerium für Kultur unterstellt. Nach ›Rat der Götter‹ (1950), in dem Regisseur Maetzig die Verstrickung der deutschen Industrie in die NS-Verbrechen auf die Leinwand bannt, schließt sich 1954 die Premiere des Zweiteilers ›Ernst Thälmann‹ an, ebenfalls unter der Regie von Kurt Maetzig und der erste monumentale Propagandastreifen der DDR. Fünf Jahre dauern die Arbeiten an dem schwülstigen Heldenepos, das den KPD-Vorsitzenden Thälmann (1886-1944) glorifiziert und seine Kampfgenossen Wilhelm Pieck und Walter Ulbricht in dessen Licht strahlen lässt - während die leibhaftigen Massen in den Tagen des Volksaufstand um den 17. Juli 1953 gegen das SED-Regime auf die Straße gehen. So versinnbildlicht niemand besser das Spektrum der DEFA zwischen Politpropaganda und Filmkunst, gestrengem Parteiregiment und filmischen Lockerungsübungen als ihr Mitbegründer, erster Direktor der DEFA-Wochenschau, Mitglied in der Deutschen Akademie der Künste Berlin (Ost) sowie ab 1955 Professor für Filmregie und Direktor der Deutschen Hochschule für Film und Fernsehen Kurt Maetzig. Unter den Filmen, die 1965 verboten werden, befindet sich auch Maetzigs kritische Auseinandersetzung mit SED-Herrschaft und Opportunismus ›Das Kaninchen bin ich‹.

Trotz zahlreicher Einschränkungen gelingt es den DEFA-Regisseuren immer wieder, neben dem großen Pathos auch die kleinen Wünsche und Sehnsüchte der Menschen in ihrem Alltag zu thematisieren. Viele der DEFA-Gegenwartsfilme werden zu Kassenschlagern; unter ihnen Gerhard Kleins 1957 uraufgeführtes Sittengemälde über junge ›Halbstarke‹ im geteilten Berlin, ›Berlin – Ecke Schönhauser‹. 1995 wählen die Filmhistoriker und -journalisten im Verbund Deutscher Kinematheken ›Berlin – Ecke Schönhauser‹ zu einem der 100 wichtigsten deutschen Filme aller Zeiten.

Im Anschluss an das berüchtigte 11. ZK-Plenum der SED vom 16. bis 18. Dezember 1965 werden die Zügel angezogen. ›Das, was wir da gesehen haben, war doch der letzte Dreck!‹ entrüstet sich die Volksbildungsministerin Margot Honecker auf dem ›Kahlschlagplenum‹, nach dem fast die gesamte Spielfilmproduktion 1965 als ›verfehlte Darstellung sozialistischer Errungenschaften‹ verboten wird. Neben Maetzigs ›Das Kaninchen bin ich‹ beispielsweise Frank Vogels ›Denk bloß nicht, dass ich heule‹ oder Gerhard Kleins ›Berlin um die Ecke‹. Die meisten dieser Produktionen, wie auch 1966 Frank Beyers ›Spur der Steine‹ (1966) mit Manfred Krug in der Hauptrolle, verschwinden in den Archiven und können als ›Kellerfilme‹ erstmals nach der Wende aufgeführt werden.

Nach dem Wechsel 1971 von Ulbricht zu Erich Honecker als Erstem Sekretär des ZK der SED wird die Zensur subtiler. Statt drastische Verbote zu verhängen, werden die Stoffe nun ›geprüft‹, ›nachgebessert‹ und ›korrigiert‹ bis ›vollständig neu bearbeitet‹. Eine neue Innerlichkeit bricht sich Raum, und vor allem starke Frauenfiguren eröffnen die Möglichkeit, im Spielfilm zwischen den Zeilen Individualität zum Thema zu machen. Heiner Carows trauriger Liebesfilm ›Die Legende von Paul und Paula‹ (1973) bricht alle Zuschauerrekorde. Die beiden Hauptdarsteller Angelika Domröse und Winfried Glatzeder siedeln – wie viele andere Künstler vor und nach ihnen – Anfang der 1980er Jahre in die Bundesrepublik über.

Mit ›Solo Sunny‹ kommt 1980 der letzte Spielfilm eines der ganz großen DDR-Regisseure, Konrad Wolf (1925–1982), in die Kinos. Nach dem Drehbuch von Wolfgang Kohlhaase, erreicht die Geschichte über die Außenseiterin Sunny, die als Schlagersängerin über die Dörfer tingelt, schnell Kultstatus. Die beiden Wolf-Filme ›Sterne‹ (1959) und ›Der geteilte Himmel‹ (1964) werden 1995 in den Olymp der wichtigsten deutschen Filme gewählt.

Als letzter bedeutender DDR-Film feiert Heiner Carows ›Coming Out‹ am 9. November 1989 im Ostberliner Kino ›International‹ Premiere. Nur Stunden vor dem Mauerfall bleibt er die erste und einzige Produktion des DEFA-Studios für Spielfilme, die Homosexualität als Thema aufgreift. Auf der Berlinale 1990 wird Carow dafür mit dem Silbernen Bären geehrt.

Damit ist die DEFA fast schon Geschichte. Die Babelsberger Filmfabrik wird wie die gesamte DDR abgewickelt. Rund 3500 Filmschaffende von Künstlern über Techniker und Handwerker bis zum Reinigungspersonal verlieren ihre feste Anstellung. 1992 verkauft die Treuhandanstalt die Filmstudios in Babelsberg an den größten französischen Medienkonzern. Was bleibt sind über 700 DEFA-Spielfilme, darunter eine Oscar-Nominierung für Frank Beyers ›Jakob der Lügner‹ (1974), und rund 550 Fernsehfilme als vielfältige, vielschichtige Augenzeugen eines nicht mehr existierenden Lands.

Teltower Vorstadt und Templiner Vorstadt

Im Süden der historischen Innenstadt liegen, durch die Havel getrennt, die Teltower und die Templiner Vorstadt. Das Gebiet der Teltower Vorstadt erstreckt sich vom Potsdamer Hauptbahnhof in südöstliche Richtung und ist neben Eigenheimsiedlungen von Plattenbauquartieren geprägt. Entgegen dem Augenschein handelt es sich bei der Teltower Vorstadt aber um eine der älteste aller Potsdamer Siedlungen. Auf einer Karte von 1683 ist sie bereits mit festen Häusern und landwirtschaftlichen Nutzflächen verzeichnet.

Von der westlichen Templiner Vorstadt scheidet sie das Waldgebiet, das mit dem Brauhausberg und dem Telegrafenberg auf – für Potsdamer Verhältnisse – abenteuerliche Höhen von beinahe 100 Meter aufsteigt. Am Brauhausberg wurde erst Bier- und später Politikgeschichte geschrieben. Auf dem Telegrafenberg lassen sich bahnbrechende Institutionen der Geo-, Klima- und astrophysikalischen Wissenschaften vom ausgehenden 19. Jahrhundert bis heute erwandern.

In der Templiner Vorstadt sind am Havelufer die Speicherstadt und die Halbinsel Hermannswerder mit ihren sozialen Einrichtungen einen ausgedehnten Spaziergang wert. Weiter südlich lädt am Ufer vom Templiner See das Waldbad Templin in der schönen Jahreszeit zum Baden ein.

Brauhausberg

Mit 88 Meter Höhe über dem Meeresspiegel zählt der Brauhausberg zu den stattlichen Erhebungen im Potsdamer Stadtgebiet. Von 1515 bis 1700 ließen die brandenburgischen Kurfürsten an seinen Hängen Wein kultivieren. Weite Teile nahm darüber hinaus ein Wildgatter ein, das sich bis nach Caputh erstreckte und bis zu seiner Verlegung in die Parforceheide am Großen Stern 1714 durch König Friedrich Wilhelm I. (1688–1740) für die Parforcejagd diente. Ebenfalls unter dem Soldatenkönig folgte dort, wo der Brauhausberg zur Havel hin abfällt, auf mittlerer Höhe der heutigen Leipziger Straße, 1716 der Umbau eines Kornmagazins in eine königliche Brauerei – wonach die gesamte Erhebung den Namen Brauhausberg erhielt.

An den Bau einer Landstraße acht Jahre später schloss sich Mitte des 18. Jahrhunderts die Errichtung erster Wohn-

Blick vom Hotel Mercure zum Brauhausberg

Der Einsteinturm auf dem Telegrafenberg

häuser für eingewanderte Maurer- und Zimmergesellen an, die auf den zahlreichen Potsdamer Baustellen Friedrichs des Großen (1712–1786) in Lohn und Brot standen. Friedrich Wilhelm III. (1770–1840) veranlasste 1803 für seine geliebte Königin Luise auf dem höchsten Punkt des Brauhausberges den Bau eines Belvedere in Gestalt einer künstlichen Ruine. Der Aussichtspunkt existiert heute nicht mehr; seine Überreste wurden 1958 abgetragen.

Gegenüber der alten Königsbrauerei ging 1829 die ›Bayrisch Bier Brauerey Adelung & Hoffmann‹ in Betrieb. Nach einem Münchener Braustudienaufenthalt waren die beiden Braumeister Adelung und Hoffmann in ihre Heimatstadt zurückgekehrt und begannen mit der Produktion des ersten untergärigen Lagerbieres Preußens. Bald darauf übernahmen sie die Königsbrauerei und hatten vor allem mit dem Potsdamer Stangenbier großen Erfolg. Es verdankt seinen Namen den hohen schlanken Gläsern, in denen er ausgeschenkt wurde, und soll sogar Bestandteil des Soldatensolds gewesen sein. Kühlen und lagern ließen sie die Bierfässer tief im Bauch des Brauhausbergs in heute zum Teil noch vorhandenen Kellergewölben, die man im Winter mit Eis aus der Havel befüllte. 1851 gesellte sich zum Biergenuss das Ausflugslokal ›Wackermannshöhe‹ in der heutigen Max-Planck-Straße, wo man zum Frischgezapften gratis eine schöne Aussicht auf Potsdam dazubekam.

Potsdamer Kreml

Noch einmal eine Etage höher am Hang feierte man 1899 die Grundsteinlegung für die **Reichskriegsschule**, die bis 1902 nach Plänen von Franz Schwechten (1841–1924) entstand, vielen besser als Architekt der Berliner Kaiser-Wilhelm-Gedächtniskirche bekannt. Der weithin sichtbare, mächtige rote Klinkersteinbau beherbergte nach dem Ersten Weltkrieg das Reichsarchiv, in dem sämtliche zivilen und militärischen Akten des Deutschen Reichs lagerten. Als das Archiv 1936 aus allen Nähten zu platzen drohte, wurde es um ein Magazingebäude erweitert und das Heeresarchiv ausgelagert. Kurz vor Ende des Zweiten Weltkriegs 1945 legten britische Bomber den Brauhausberg am 14. April in Schutt und Asche. Über die Hälfte des Dokumentenbestands im Reichsarchiv gingen verloren.

Nach dem Wiederaufbau der schwer beschädigten Reichskriegsschule zogen 1952 der Rat des Bezirks und die SED-Kreisleitung in den roten Klinkerbau ein – von den Potsdamern von da an ›**Kreml**‹ genannt. Im Anschluss an die Wiedervereinigung und Neugründung des Bundeslands Brandenburg fand 1991 der neue **Landtag** Unterschlupf im Gebäudekomplex. Es sollte nur ein Provisorium sein, das dann allerdings genau 22 Jahre und 58 Tage andauerte. Ab Mitte Dezember 2013 fand schließlich das große Kistenpacken statt. Die Abgeordneten zogen um in ihr neues Domizil, das rekonstruierte historische Stadtschloss, wo der Landtagspräsident am 24. Januar 2014 die erste ordentliche Sitzung einläutete. Keine 500 Meter Vogelfluglinie entfernt, hat das **Regierungsviertel** mit Staatskanzlei, Ministerien und Sitz des brandenburgischen Ministerpräsidenten im Dreieck zwischen Friedrich-Engels-Straße und Heinrich-Mann-Allee dem alten Landtag auf dem Brauhausberg quasi zu Füßen gelegen. Nun befinden sich Exekutive und Legislative einen gut doppelt so langen Fußweg voneinander entfernt und man darf gespannt sein, ob die Abgeordneten mit dem Wechsel von der Anhöhe ins historischen Potsdamer Zentrum möglicherweise auch politisch neue Perspektiven gewinnen.

Potsdamer Stange - spritzig vom Feinsten

Mit Unterbrechungen blickt das berühmte Potsdamer Stangenbier auf eine 200-jährige Tradition zurück. Kenner beschreiben die regionale, goldgelbe Bier-Spezialität als spritzig und süffig, die mit dem ersten Schluck zunächst viel mit einem Weizenbier gemeinsam hat, dann aber doch wie ein Pils mundet, nur irgendwie runder - also rundweg als eine ganz eigentümliche, köstliche Sache.

Die Potsdamer Brau-Geschichte beginnt vergleichsweise spät, nämlich 1716 auf königlichen Befehl mit dem Umbau eines Kornmagazins in der Speicherstadt in ein Brauhaus. Da es damals noch keine wetterunabhängigen Kühlmethoden gab, wurde ausschließlich mit obergäriger Hefe gebraut. Für den Gärprozess braucht diese Temperaturen zwischen 15 und 20° Celsius und sorgt so für einen vollmundigen Geschmack. Die untergärige Hefe ist für ein eher frisch-herbes Aroma dagegen auf Temperaturen zwischen 4 und 9° Celsius angewiesen, und nur in Süddeutschland wusste man bereits im 16. Jahrhundert um das Geheimnis erfolgreich untergärig zu brauen.

Nach einem diesbezüglichen Studienaufenthalt in München begannen die beiden Potsdamer Braumeister Adelung und Hoffmann 1829 mit der Produktion des ersten untergärigen Lagerbiers in ganz Preußen. Die Geschäftsidee war so erfolgreich, dass ihre ›Bayrisch Bier Brauerey Adelung & Hoffmann‹ schon bald darauf die gegenüberliegende Königsbrauerei übernahm. Dort kreiierten sie aus einer sensibel austarierten Mischung aus Lagerbier und Jungbier die goldgelbe Potsdamer Stange, ein ›bairisches Bitterbier‹.

Infolge des hohen Spundungsdrucks, den das Kohlendioxid während der Nachgärung im Lagerfass bildet, war es spritziger als bisher bekannt und außerdem stark schäumend, weshalb man es in stangenförmigen Gläsern zapfte. Schmal und hoch waren sie entweder zylindrisch oder konisch geformt und verfügten für die Standfestigkeit über einen üppigen Fuß. So kam das Bier aus dem Haus ›Adelung & Hoffmann‹ zu seinem Namen ›Potsdamer Stange‹.

1896 kaufte die Berliner Kindl-Brauerei das Know-How von Adelung & Hoffmann samt ihrem Potsdamer Standort ein und produzierte noch bis in die 1930er Jahren hinein Stangenbier als Fass- und Flaschenware. Danach wurde die Sorte eingestellt. Versuche in der DDR-Zeit sie wiederzubeleben scheiterten, und dass man die Potsdamer Stange heute wieder genießen kann, ist vor allem der Braumanufaktur ›Forsthaus Templin‹ zu verdanken. Seit 2007 wird dort in der Potsdamer Heide nahe dem Templiner See im historischen Braukessel Bier nach ökologischen Kriterien gebraut: Bio-Hell, Bio-Dunkel, saisonale Sorten wie Maibock und Winterbock und natürlich die Potsdamer Stange. Stammwürze 11,8 %, Alkohol 4,8 %, unfiltriert und feinherb gebittert, so wie es die Tradition verlangt. Vom Forsthaus Templin aus hat die Potsdamer Stange ihren neuerlichen Siegeszug angetreten; zu erwerben in deutschen Bioläden oder frisch gezapft an der Quelle im Forsthaus drinnen und draußen im Biergarten zu genießen.

Wissenschaftspark ›Albert Einstein‹ auf dem Telegrafenberg

Oberhalb vom ›Kreml‹ dehnt sich waldumrahmt auf einem 16 Hektar großen Gelände der Wissenschaftspark ›Albert Einstein‹ aus. Seine Einrichtungen wie das Potsdam-Institut für Klimafolgenforschung oder das Geoforschungszentrum zählen zu den weltweit renommiertesten Adressen auf dem Gebiet der Geo- und Klimawissenschaften.

Aber nicht erst heute widmet man sich auf dem **Telegrafenberg** Technik und wissenschaftlichem Erkenntnisgewinn. Die Geschichte der 94 Meter hohen Erhebung beginnt im Jahr 1832, als man obenauf eine von 61 Stationen der optischen Telegrafenlinie Berlin–Koblenz einrichtet: einen sechs Meter hohen

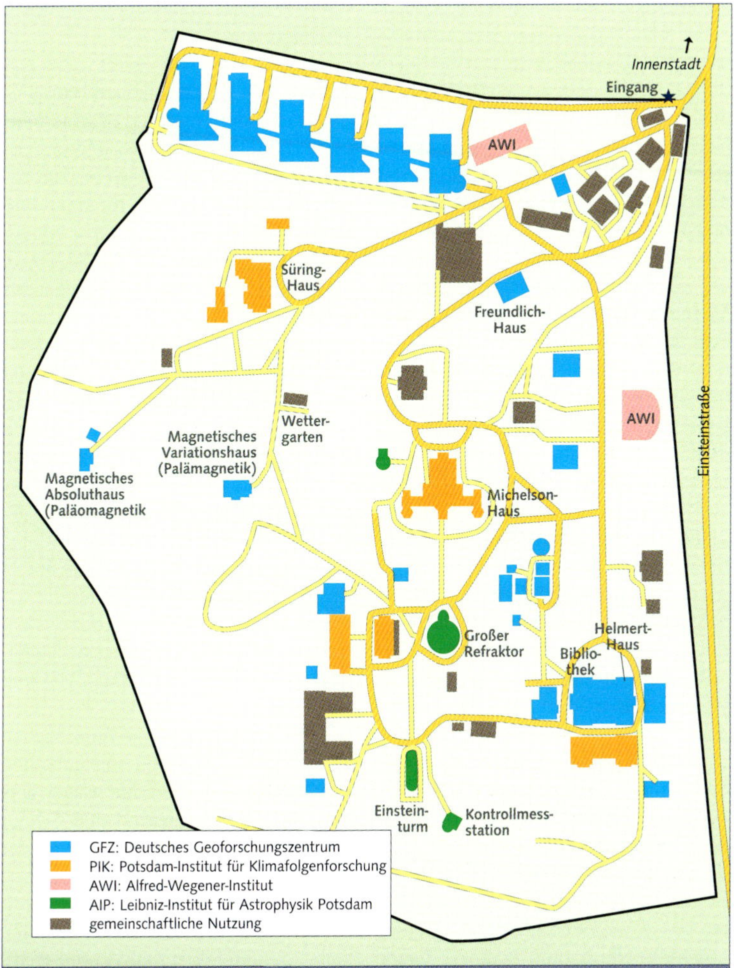

Der Wissenschaftspark ›Albert Einstein‹

Mast, mit dessen drei per Seilzug bedienbaren Flügelpaaren Zeichenkombinationen über 550 Kilometer Distanz zwischen dem preußischen Rheinland und der preußischen Residenzstadt Berlin von Station zu Station weitergegeben werden konnten. Mitte des 19. Jahrhunderts hatte die aufwendige Technik mit Aufkommen der elektrischen Telegrafie bereits wieder ausgedient. Doch der Telegrafenberg, wie die Anhöhe seitdem heißt, blieb im Zentrum der Aufmerksamkeit und entwickelte sich zu einem der führenden Wissenschaftsstandorte in Deutschland.

Nach der Erschließung des Terrains entstanden ab 1874 mit der Errichtung des **Astrophysikalischen Observatoriums** eine ganze Reihe in der Wissenschaftsgeschichte herausragender Institute. Noch vor der Jahrhundertwende waren das Meteorologische Observatorium, das Geodätisch-Astronomisches Observatorium und schließlich der **Große Refraktor**, das heute noch viertgrößte Linsenteleskop der Welt, eingeweiht. Bis auf den Großen Refraktor stammen sowohl die schmucken Klinkersteingebäude wie auch die umgebende Parkanlage im englischen Landschaftsstil aus der Feder des Oberbaudirektors und Vertreters der späten Schinkelschule Paul Emanuel Spieker (1826–1896). Im Jahr 1919 folgte dann der erste Spatenstich zum sicherlich berühmtesten Gebäude im Wissenschaftspark, dem **Einsteinturm**, der 1924 fertiggestellt war.

Die Tradition der astronomischen, meteorologischen und geowissenschaftlichen Forschung auf dem Telegrafenberg wurde über das Dritte Reich und die DDR ins wiedervereinigte Deutschland fortgeführt. Um zahlreiche in den 1960er Jahren sowie nach der Wiedervereinigung errichtete Neubauten ergänzt, wirken heute auf dem Forschungsgelände, das seit 1992 den Namen ›Wissenschaftspark Albert Einstein‹ trägt, das Deutsche Geoforschungszentrum, das Leibniz-Institut für Astrophysik Potsdam, das Alfred-Wegener-Institut für Polar- und Meeresforschung, das Potsdam-Institut für Klimafolgenforschung und das Meteorologische Observatorium Potsdam des Deutschen Wetterdienstes. Das Gelände steht jedermann/frau offen und kann auf einem spannenden **Rundgang** besichtigt werden.

▸ Karte S. 167

Vom AWI zum Michelson-Haus

Gleich nachdem man das Pförtnerhaus passiert hat, liegt rechter Hand das Gebäude der Forschungsstelle Potsdam des **Alfred-Wegener-Instituts für Polar- und Meeresforschung** (AWI). 1964 erbaut, hat es 1969 das Zentralinstitut für Physik der Erde (ZIPE) in Dienst genommen. Seit jener Zeit wird dort Erd- und Klimaforschung getrieben. In den 1980er Jahren durch die ›Abteilung Antarktisforschung im ZIPE‹, die 1985 in der Südpolarregion die noch heute unterhaltene, längste kontinuierliche polare Ozon-Messreihe der Welt initiierte. Seit 1992 durch das AWI, das weiterhin in der Antarktis aktiv ist und sich darüber hinaus insbesondere in der nordpolaren Landregion und in den Dauerfrostgebieten der nördlichen Hemisphäre engagiert, um das System Ozean-Eis-Atmosphäre und seine Einflüsse auf die weltweite Klimaentwicklung zu studieren.

Unmittelbar hinter dem AWI schließen sich die 1998 eingeweihten Neubauten des **Deutschen Geoforschungszentrums Potsdam** (GFZ) an. Wie an einer Schnur aufgereiht liegen die sechs miteinander verbundenen Gebäude hintereinander. Unter dem Dach des GFZ widmen sich auf dem Telegrafenberg fast 1150 Mitarbeiter, darunter über 460 Wissenschaftler und gut 200 Doktoranden, dem Sys-

Das Michelson-Haus

tem Erde und allem, was sie innen und außen zusammenhält. 1992 in Potsdam gegründet, umfasst das multidisziplinäre Forschungszentrum weltweit erstmals sämtliche Forschungsgebiete, die unseren blauen Planet zum Gegenstand haben: Geodäsie, Geophysik, Geologie, Mineralogie und Geochemie. Die Geschichte und Eigenschaften der Erde sowie die im Erdinneren und an der Oberfläche ablaufenden Vorgänge werden mithilfe von Satelliten, geophysikalischen Instrumenten, Tiefenbohrungen, im Labor und auf Expeditionen in alle fünf Kontinente erforscht. Unter anderem auch um die Ursachen für Erdbeben, Überschwemmungen oder Klimakatastrophen besser verstehen zu können. So war das GFZ federführend bei der Entwicklung des Tsunami-Frühwarnsystems für den Indischen Ozean, das im März 2008 der indonesischen Regierung übergeben wurde. Das **Säulenforum** gegenüber, 1998 vom Bildhauer-Ehepaar Kubach-Wilmsen aus den charakteristischen Gesteinsarten der kontinentalen Erdkruste geschaffen, steht für die weltweiten Unternehmungen des Geoforschungszentrums. Es schmückt den Hörsaalkomplex, der neben einem großen Auditorium außerdem Tagungsräume und eine Mensa birgt.

Die nächste Station auf dem Rundweg bildet das **Süring-Haus**. Der 1890–1893 im neugotischen Burgenstil errichtete Klinkerbau mit einem 32 Meter hohen Turm ist eine Wiege der deutschen Wetterkunde. In seinen Mauern nahm 1893 das ›Königlich Meteorologische Observatorium‹ die Arbeit auf und avancierte unter seinem langjährigen Direktor Reinhard Süring (1866–1950), dem das Haus seinen aktuellen Namen verdankt, schnell zum Wolken- und Strahlungsforschungszentrum von hohem internationalen Rang. In der DDR diente das Gebäude als Meteorologisches Hauptobservatorium (MHO), seit 1990 ist dort der **Deutsche Wetterdienst** (DWD) tätig. Die Messplattform auf dem Turm registriert Daten der Sonnenscheindauer, Sichtweiten, Windstärken und Strahlungsgrößen. Auf der benachbarten Messwiese werden seit 1893 – ohne Unterbrechung über alle Wechselfälle der Geschichte hinweg – stündlich Wetteraufzeichnungen durchgeführt. Die Potsdamer Wetterwarte ist eine von insgesamt zwölf Klimarefenrenzstationen des DWD, die u.a. unseren täglichen Wetterbericht liefern. Im kleinen historischen **Dienerhaus** mit modernem Laboranbau, das gegenüber vom Messfeld am Weg steht, unterhält der DWD die Radioaktivitätsmessstelle, die 2010 vom geschlossenen Flughafen Berlin-Tempelhof auf den Telegrafenberg verlegt worden ist.

Seit Abschluss der Sanierungsarbeiten 2007 hat das Süring-Haus mit dem weltberühmten **Potsdam Institut für Klimafolgenforschung** (PIK) neben dem DWD noch einen weiteren Nutzer. Die Natur- und Sozialwissenschaftler des PIK, die den größten Teil des Gebäudes belegen, beschäftigen sich interdisziplinär mit dem globalen Klimawandel sowie seinen ökologischen, ökonomischen und sozialen Folgen. Dafür kommen Methoden wie die System- und Szenarienanalyse oder auch Simulationen mit einem der schnellsten Hochleistungsrechner der Welt zum Einsatz. Im Unterschied zu anderen wissenschaftlichen Einrichtungen treibt das PIK jedoch nicht nur Forschung, sondern entwirft auch Lösungsstrategien für eine nachhaltige, zukunftsfähige Entwicklung von Natur und Menschheit und steht damit immer wieder einmal im Kreuzfeuer der internationalen politischen Debatte.

Weiter auf dem Spazierweg, ist schon kurz nach der Messwiese das **Paläomagnetische Labor** erreicht. Das wie eine italienische Mini-Renaissancevilla anmutende Gebäude wurde 1888 als magnetisches Variationshaus des Geomagnetischen Observatoriums Potsdam in Dienst gestellt. Um die Messungen für die Erforschung des Erdmagnetfelds nicht zu beeinflussen, durfte kein einziges Bauelement des Labors auch nur einen Jota Eisen enthalten. Für die Errichtung der teils meterdicken Wände wurden deshalb anstelle der üblichen Ziegel, Zement und Nägel Sandsteinblöcke so geschnitten, dass man sie miteinander verzahnen konnte, und ihre Fugen anschließend mit Kalk verschmiert. Infolge der Elektrifizierung der Potsdamer Straßenbahn und damit empfindlichen Störungen der magnetischen Registrierungen, wurde das Magnetische Observatorium bereits 1907 nach Seddin in die Prignitz verlegt und von dort, als die Eisenbahn näher rückte, 1930 nach Niemegk auf den Fläming. Gegenwärtig fungiert das Variationshaus als Labor für die Arbeitsgruppe ›Paläomagnetismus‹ des GFZ. Anhand von Millionen Jahre alten Gesteinsproben untersuchen die Wissenschaftler das historische Erdmagnetfeld, dessen Umpolung nach ihren neusten Erkenntnissen deutlich häufiger vorkommt als bisher angenommen. Nicht in Jahrhunderttausenden, sondern alle 20 000 bis 50 000 Jahre wechselt demnach die Kompassnadel zwischen Nord und Süd.

Auf dem höchsten Punkt des Telegrafenbergs erhebt sich im Herzen des Wissenschaftsparks das **Michelson-Haus**. Heute dient es als Hauptgebäude des Potsdam-Instituts für Klimafolgenforschung (PIK), eingeweiht wurde es 1879 als seinerzeit erstes Astrophysikalisches Observatorium der Welt. Dass das t-förmige, von drei stattlichen Fernrohrkuppeln gekrönte Bauwerk in seiner Erscheinung entfernt an Schloss Sanssouci erinnert, ist beabsichtigt. In seiner Funktion als Sternwarte wurde es mit der Längsachse unmittelbar auf dem 76. Meridian plaziert. Indes wurde nicht auf dem Dach, sondern im Keller des Hauses Wissenschaftsgeschichte geschrieben. Dort führte Albert

▲ Karte S. 167

Michelson (1852–1931) 1881 erstmals sein berühmtes Experiment zum Nachweis der Bewegung der Erde gegenüber dem ›Lichtäther‹ durch (den man damals für den Träger von Lichtwellen hielt und den es, wie sich dann herausstellte, gar nicht gibt). Michelson legte mit dem ›Scheitern‹ dieses Experiments einen der Grundpfeiler der Speziellen Relativitätstheorie. Eine Rekonstruktion der Versuchsanordnung befindet sich am Originalschauplatz.

Acht Jahre später gelang dem Astronom und Pionier der Seismologie Ernst von Rebeur-Paschwitz (1861–1895) mit der Registrierung eines japanischen Erdbebens weltweit das erste Mal die Aufzeichnung eines Fernbebens. Und 1916 entdeckte der damalige Direktor des Observatoriums und Wegbereiter der Astrophysik Karl Schwarzschild (1873–1916) die erste exakte Lösung der Feldgleichungen der Allgemeinen Relativitätstheorie. An diesem traditionsreichen Wissenschaftsstandort gründete sich 1992 das **Astrophysikalische Institut Potsdam** (AIP). Nach dessen Umzug mit seinem Hauptsitz auf den Forschungscampus Babelsberg und einer anschließenden Sanierung zog 2001 das PIK in das historische Astrophysikalische Observatorium ein, das seither den Namen Michelson-Haus trägt. Der legendäre Hochleistungscomputer des Instituts steht in einem unterirdischen Anbau. Und wie es sich für eine Einrichtung gehört, die zu Nachhaltigkeitsfragen forscht, beheizt die Abwärme des Rechners im Winter das Gebäude.

Wenige Schritte nordwestlich steht am Wegesrand der **Kleine Refraktor**. 1887 errichtet, diente er zum Fotografieren des Sternenhimmels über Potsdam. In seiner Nachbarschaft kann man die Rekonstruktion eines **optischen Telegrafenmasts** in Augenschein nehmen.

■ Vom Großen Refraktor zum Ausgangspunkt zurück

Zwanzig Jahre nach der Eröffnung des Astrophysikalischen Observatoriums fand 1899 nur einen Steinwurf entfernt, direkt südlich gegenüber, unter Anwesenheit Kaiser Wilhelms II. die festliche Einweihung des **Großen Refraktors** statt. Die 200 Tonnen schwere, drehbare Kuppel auf dem kreisrunden Bau birgt das damals größte Linsenteleskop der Welt: einen Doppelrefraktor mit zwei untereinander fest verbundenen Fernrohren, das größere mit eine 80-cm-, das kleinere einem 50-cm-Objektiv. Im Auftrag des Astrophysikalischen Observatoriums wurde mit diesem Teleskop in den Sternenhimmel geschaut. Um 1900 konnte so durch Gustav Eberhard und Hans Ludendorff die stellare Kalziumemission ausgemacht werden, und 1904 entdeckte Johannes Hartmann die interstellare Materie. Insgesamt aber blieb die 50 0000 Goldmark teure Anlage hinter den Erwartungen zurück. Obwohl sie, in den Kinderjahren der astrophysikalischen Forschung gebaut, über sämtliche mechanische Möglichkeiten ihrer Zeit verfügte, zeigte sich schon bald, dass für die komplizierten spektroskopischen Untersuchungen der Astrophysik Spiegelteleskope besser geeignet waren. Bereits 1915 ging deshalb auf dem nördlichen Babelsberg der große Zeiss-Refraktor mit einem 50-cm- und einem 70-cm-Spiegelteleskop in Betrieb. 1968 kam schließlich das unwiderrufliche Aus für den Telegrafenberg-Refraktor. Die kommenden drei Jahrzehnte war er dem Verfall überlassen – und dass dieses bedeutende Denkmal der Wissenschaft heute noch steht, komplett saniert und funktionstüchtig, ist besonders dem Engagement des 1997 gegründeten ›Fördervereins Großer Refraktor Potsdam‹ zu verdanken. Für Interessierte veranstaltet der Verein Führungen durch den zum AIP gehörenden Großen Refraktor und öffnet ihn zu Beobachtungsnächten. In Sichtweite erhebt sich, sanft den Hang hinab, das wohl berühmteste Bauwerk auf dem Telegrafenberg, der **Einsteinturm** Er bildet die Hülle für ein Turmteleskop mit einer Öffnung von 63 Zentimetern und einem langbrennweitigen Spektrografen. Seine Funktion: Sonnenobservatorium. Die Aufgabe zum Zeitpunkt seiner Erbauung 1920 bis 1922: Nachweis der Rotverschiebung von Spektrallinien im Schwerefeld der Sonne, so wie sie Albert Einstein (1879–1955) in seiner Allgemeinen Relativitätstheorie beschrieben hat. Die Entstehungsgeschichte: Gewissermaßen ›nebenan‹ verfolgte der Astrophysiker Erwin Finlay-Freundlich (1885–1964), der auf der Sternwarte in Babelsberg tätig war, Einsteins Arbeit mit immer größerem Interesse. Auf seine Initiative hin kam 1917 das Projekt ›Einsteinturm‹ in Gang. Das bedeutete: Albert Einstein trieb mit seinem renommierten Namen die Geldmittel auf, und der befreundete Architekt Erich Mendelsohn (1887–1953) zeichnete den Baukörper für die Anlage, die die Relativitätstheorie empirisch beweisen sollte. So entstand Mendelsohns erstes bedeutendes Bauwerk, das – unter Verwendung der neu aufgekommenen Werkstoffe Stahl und Beton – als Synthese von Bau und Funktion mit den Stichworten ›organisch‹ und ›expressiv‹ Architekturgeschichte geschrieben hat. Nach der Installation der Arbeitsgeräte ging der spektakuläre Einsteinturm 1924 in Betrieb. Den Nachweis der Rotverschiebung mussten die Wissenschaftler wegen der atmosphärischen Turbulenzen auf der Sonne zwar schuldig bleiben. Doch stattdessen entwickelte sich die Turmforschung zu einer Institution auf dem Gebiet der Sonnenphysik. Heute werden im Einsteinturm von den Wissenschaftlern des AIP Magnetfelder auf der Sonne gemessen – immer noch mit dem Sonnenteleskop, das Erwin Finlay-Freundlich Anfang der 1920er Jahre als erstes in ganz Europa konstruiert hatte. Die nächste Station auf dem Parcour ist das **Geodätische Institut**, nach seinem ersten Direktor Friedrich Robert Helmert (1843–1917) heute **Helmert-Haus** benannt. In dem spätklassizistischen Backsteinbau von 1892 erlangte die Wissenschaft von der Ausmessung und Abbildung der Erdoberfläche unter Helmert weltweit Bedeutung. Aktuell ist unter seinem Dach die Satelliten-Arbeitsgruppe des GFZ und die Bibliothek des Wissenschaftsparks untergebracht. Nördlich vom Helmert-Haus erinnert am Helmertweg ein Gedenkstein an den bahnbrechenden Wissenschaftler.

Im näheren Umfeld zum Helmert-Haus entstand 1889–1893 eine fünfteilige Gebäudegruppe, die man zusammengenommen als Observatorium für astronomi-

Am Eingang zum Wissenschaftspark

▲ Karte S. 167

sche und geodätische Winkelmessungen bezeichnete. Auf halber Höhe gehörte dazu zwischen Großem Refraktor und Michelson-Haus der **Helmert-Turm**. Mit seiner Drehkuppel zur Fernmessung von geodätischen Winkeln war er zwischen 1870 und 1950 der Nullpunkt der preußischen Landvermessung. Danach ging er als gesamtdeutscher Nullpunkt in das europäische Koordinaten-System ein. Erhalten blieben außerdem das aus Wellblech gebaute **Meridianhäuschen** sowie das **Uhrenhäuschen**, mit denen einst die Referenzzeit für ganz Preußen definiert wurde. Dabei gaben die Pendeluhren im Uhrenhäuschen den Takt vor, die nach den Sternen gestellt wurden, die über das Meridianhäuschen zogen.

Bereits auf dem Rückweg zum Pförtnerhaus steht das halbkreisförmige **Laborgebäude** des Alfred-Wegener-Instituts für Polar- und Meeresforschung (AWI). Unter dem grünen Dach des vom Stararchitekten Oswald Matthias Ungers (1926–2007) entworfenen, 1999 eröffneten Neubaus befinden sich die Prüf- und Untersuchungslabore der Arbeitsgruppen Atmosphärenphysik und Periglazialforschung.

Speicherstadt

Wo der Brauhausberg für havelländische Verhältnisse recht rasant zum Wasser hin abfällt, dort, wo sich nach dem Umbau eines Kornmagazins ab 1716 die Königsbrauerei befand, dehnt sich auf dem Gelände der historischen Speicherstadt das 2011 bis 2014 erbaute Luxuswohnquartier ›Speicherstadt‹ aus. Drei stark heruntergekomme, gleichwohl denkmalgeschützte alte Speicher am Havelstrand wurden in das Quartier integriert, saniert und in Apartments umgewandelt. Der 1834/35 von Karl Hampel und im oberen Teil Karl Friedrich Schinkel (1781–1841) errichtete Kornspeicher wird wahlweise auch Hampel- oder **Schinkelspeicher** genannt. Der **Boelckespeicher** wurde 1835 von Friedrich Wilhelm Boelcke (1804–nach 1865) konstruiert und wie der Schinkelspeicher in den Dienst des Königlich Preußischen Proviantamts gestellt, das ab Mitte des 19. Jahrhunderts Potsdams Soldaten auf dem Wasserweg mit Getreide versorgte. Der **Persiusspeicher** wurde von Ludwig Persius (1803–1845) auf einem Vorgängerbau als Mehlmagazin für das Militär errichtet. In jenem Vorgänger, den Persius aufstockte und um Turm und Zinnenkranz bereicherte, wurde zuvor das königliche Potsdamer Bier gebraut.

In DDR-Zeiten fungierte die historische Speicherstadt als Mühlenkombinat. Die historischen Mühlenspeicher auf dem Gelände mussten 2011 für den Neubau von Nobeldomizilen weichen.

Halbinsel Hermannswerder

Aus der Vogelperspektive gleichen die Umrisse der Halbinsel Hermannswerder, die weit in den Templiner See hineinragt, einem Maurerhammer. Den nördlichen Teil, der **Küssel** heißt, schmücken Villen und Einfamilienhäuser mit grünen Gärten. Der südliche Bereich umfasst auf einem etwa 40 Hektar großen Terrain die Einrichtungen der 1901 gegründeten evangelischen **Hofbauer-Stiftung**. Sie trägt den Namen des Fabrikantenehepaars Clara und Hermann Hoffbauer, die ihr Vermögen der Diakonie vermachten. 1889 kaufte Clara Hofbauer nach dem Tod ihres Gatten das Areal und begann mit der Errichtung von rund 20 Gebäuden für wohltätige Zwecke. Schule und Waisenhäuser, Krankenhaus, Kapelle, das Diakonissen-Mutterhaus und weitere Bauten entstanden. Die Stifterin verstarb vor der Einweihung der Inselkirche im Jahr 1909. Die Halbinsel wurde längst, in Erinnerung an ihren Mann, Hermannswerder genannt. Im Zweiten Weltkrieg fielen einige der Gebäude Bomben zum Opfer. In der DDR gesellten sich ab Mitte der 1950er Jahre Altenfürsorge, Alten- und Pflegeheim, Reha-Zentrum und ein Wohnhaus für Menschen mit körperlicher Behinderung hinzu. Bis heute liegt der Schwerpunkt der Arbeit auf Hermannswerder in der Altenpflege und Behindertenhilfe. Darüber hinaus unterhält die Stiftung auf der Halbinsel eine evangelische Grundschule, ein evangelisches Gymnasium, ein Jugendhaus, Tagungshaus, Stiftungsbuchhandlung und andere Einrichtungen mehr.

Den Wassergraben, der Hermannswerder an seiner schmalsten Stelle vom Festland trennt, ließ bereits König Friedrich der Große (1712–1786) anlegen. Den Namen ›Judengraben‹ trägt er nach dem jüdischen Unternehmer Elias Daniel Itzig, der hier nach 1767 eine Manufaktur betrieb. Einen weiteren königlichen Eingriff plante Friedrich Wilhelm IV. (1795–1861) auf dem **Tornow** genannten Mittelbereich der Halbinsel. Anstelle der Kleingärten und Gebäude zwischen Judengraben und Templiner Straße sollte zwischen den Wassern das riesige Märchenschloss Belriguardo mit romantischer Parkanlage entstehen. Ein klassizistischer Tempelbau mit gewaltiger Treppenanlage zur Havel hin war beabsichtigt. Von diesem sollte ein teils von Viadukten flankierter, nach dem Vorbild der Gräberstraße im antiken Pompeji erbauter Prachtboulevard mit Triumphtor zum Brauhausberg und dort einem Bergkloster führen. Von der Antike hinauf zum christlichen Glauben. Rund 60 Entwürfe des ›Romantikers auf dem Thron‹ sind der Nachwelt erhalten geblieben. Weitere Skizzen haben Karl Friedrich Schinkel und Ludwig Persius für das Großprojekt angefertigt. Verwirklicht wurde es jedoch nicht, denn es war selbst für einen König zu kostspielig.

▲ Karte hintere Umschlagklappe

Für 2015 ist der Bau eines Uferwegs rund um die lauschige Halbinsel geplant. Und wer von Hermannswerder aus auf dem kürzesten Weg beispielsweise nach Sanssouci will, den befördert die Seilfähre vom Anleger an der Templiner Straße täglich zwischen 7 und 18.15 Uhr im Viertelstundentakt über die Havel zur Straße Auf dem Kiewitt hinüber.

Am Templiner See

Südlich von Hermannswerder schmückt die grüne Potsdamer Heide die Ufer des Templiner Sees. Zwar noch auf dem Stadtgebiet, ist hier aber bereits Potsdams schöne Umgebung erreicht. Nicht weit entfernt von der Eisenbahn-Radler-Fußgängerbrücke, die zum Bahnhof Pirschheide am gegenüberliegenden Seeufer führt, sorgt das **Waldbad Templin** für Abkühlung an heißen Sommertagen. Weitläufig schmiegt sich die über vier Hektar große Anlage um eine Landnase, die in den Templiner See vorspringt. Schilf und Wald säumen die Ufer, wobei sich zwischen dem Schilf immer wieder winzige Sandstrände öffnen. Für ordentlich Spaß sorgen eine Wasserrutsche für die Kleinen sowie eine Badeinsel für die größeren Leute. Den ganz Kleinen steht auf der Wiese in Ufernähe ein nur 20 bis 50 Zentimeter hoch mit Seewasser gefülltes Extra-Planschbecken zur Verfügung. Minigolf, Freiluftschach, Tischtennis, ein Volleyballfeld und eine Fußballwiese dürfen nicht fehlen, und um das leibliche Wohl kümmert sich ein Imbiss mit Außenterrasse.

Nur einen Steinwurf vom Waldbad entfernt kann man sich in der Nachbarschaft bei ›**Moisl**‹ Kanus, Ruder- und Tretboote leihen oder auch eine Runde Wasserski oder Wakeboard auf dem See drehen. Die nette Strandbar dazu, mit Sonnenschirmen und Topfpalmen, trägt sinnigerweise den Namen ›Skihütte‹.

Das Waldbad Templin

Nur einige Schritte über die Straße lädt gegenüber vom Waldbad das **Forsthaus Templin** zur zünftigen Einkehr ein. In der Schankstube oder draußen im Biergarten kommen eine herzhafte Brotzeit, Wildgulasch, Grillhaxe oder Braumeistersteak auf den Tisch. Dazu werden gut zwei Dutzend verschiedene Sorten hausgebrautes Biobier ausgeschenkt, darunter das legendäre Potsdamer Stangenbier, goldgelb und feinherb gebittert.

Teltower und Templiner Vorstadt

Wissenschaftspark Albert Einstein, Telegrafenberg, die Besichtigung der Anlage ist jederzeit tagsüber möglich.

Einsteinturm, im Wissenschaftspark, der Turm kann im Winterhalbjahr nach Voranmeldung besucht werden über den Urania Verein ›Wilhelm Foerster‹, Gutenbergstraße 71/72, Tel. 0331/293683, www.urania-potsdam.de. Führungen mit Vorträgen werden ebenfalls über die Urania Potsdam organisiert.

Großer Refraktor, im Wissenschaftspark, Führungen vom Förderverein Großer Refraktor Potsdam e.V., Telegrafenberg A27, Tel. 0331/2882324.

Braumanufaktur ›Forsthaus Templin‹, Templiner Straße 102, Tel. 033209/217979, www.braumanufaktur.de, April–Sept. tgl. 11–23 Uhr, Okt.–März Mo/Di 11–16, Mi–So 11–22 Uhr, immer mittwochs um 19 Uhr kostenlose Brauereiführung. Bio-Bier aus historischen Braukesseln, dazu herzhafte deutsche Küche zu vernünftigen Preisen.

Waldbad Templin, Templiner Straße 103, Tel. 0331/6619837, www.swp-potsdam.de, im Sommer tgl. 9–20 Uhr.

Moisl's Bootsvermietung und Wasserskischule, Templiner Straße 102, Tel. 033209/84779, www.wassersport-caputh.de, Mai–Sept. 10–20 Uhr.

Weitere praktische Informationen ab → S. 194

»Schloss Babelsberg und 'Schlösschen Tegel',
Nymphäen, Schwäne, blinkende Segel, –
Ob rote Ziegel, ob steinernes Grau,
Du verklärst es, Havel, in deinem Blau.«

Theodor Fontane, ›Havelland‹ (1872).

AUSFLÜGE IN DIE UMGEBUNG

Der Werderaner Wachtelberg zählt zu den nördlichsten Weinlagen Europas

Havelland rundum – Potsdams schöne Umgebung

Kaum irgendwo sonst rückt weltberühmtes Kulturerbe, wunderschöne Natur und herrliches Freizeitvergnügen so nah zusammen wie im ›Blauen Salon‹. Das sind die Havelseen zwischen Potsdam, südlich Ferch am Schwielowsee und westlich dem Städtchen Werder. Templiner See, Schwielowsee, Großer Plessower und Großer Zernsee sind die Gewässer, die die mittlere Havel hier ausbildet. Und als wolle sie, weil es so schön ist, noch etwas verweilen, wechselt sie gleich zwei Mal die Fließrichtung: An ihrem südlichsten Punkt im Schwielowsee angelangt, dreht sie mit einer 180-Grad-Volte noch einmal eine Ehrenrunde nach Norden und wendet sich erst bei Ketzin weiter nach Westen, um in Richtung Brandenburg/Stadt Fahrt aufzunehmen.

Weite Obstplantagen ziehen über die Hügel zwischen den Havelgewässern. Das Havelland und insbesondere die Region um die Baumblütenstadt Werder sind schon seit 300 Jahren Obstbauernland. Dazu kamen Fischfang und seit dem 19. Jahrhundert die Ziegelbrennerei für die rasch wachsende Metropole Berlin. Im Gegenzug strömen die Berliner seit der Erfindung der Sommerfrische in Scharen ins Havelland. Albert Einstein liebte es, mit seinem Segelboot von Caputh aus in See zu stechen; und längst vorher wussten bereits die Hohenzollern die schöne Landschaft zu schätzen, wovon ihre Schlösser in Caputh, Marquardt und Paretz malerisch Zeugnis ablegen.

Caputh

Drei Seen umrahmen die keine 4500 Einwohner zählende Ortschaft Caputh dort, wo sich die Havel an der schmalsten Stelle zwischen den großen Gewässern durch das Caputher Gemünde zwängt. Nördlich grenzt Caputh an die Ufer des Templiner Sees, südlich an den kleinen Caputher See und im Westen an den größten aller Havelseen, den Schwielowsee. Von diesem schwärmte schon Fontane: ›Der Schwielowsee ist breit, behaglich, sonnig und hat die Gemütlichkeit aller breit angelegten Naturen. Er hält es mit leben und leben lassen.‹

Schloss Caputh

▲ Karte vordere Umschlagklappe

Bereits 1317 wurde erstmals ein Flecken ›Capputh‹ erwähnt, und lange Zeit, folgt man dem Gewährsmann Fontane weiter, muss bittere Armut unter den Dächern geherrscht haben. Landlos, war den Caputhern der Ackerbau verwehrt, und trotz des immensen Wasserreichtums um sie herum, lagen die Fischereirechte bei den Potsdamer Fischern. Erst infolge des rapiden Wachstums Berlins nach der Reichsgründung 1871 ging es bergauf. Überall ringsum entstanden Ziegeleien, die den Bauhunger in der Reichshauptstadt mit frischen Backsteinen fütterten. Also wurden die Caputher Schiffbauer und Schiffer und transportierten in ihren Kähnen Millionen von Ziegeln flussaufwärts zu den Berliner Baustellen. Als Knotenpunkt der Zauche-Havelländischen Ziegeldistrikte wuchs der kleine Flecken rasch zu einem stattlichen Dorf, weshalb es Fontane mit einem Augenzwinkern ›das Chicago des Schwielowsees‹ nannte.

Schloss Caputh

Größte Sehenswürdigkeit am Ort ist das kurfürstlich-königliche Schloss Caputh. 1662 erwarb der Große Kurfürst Friedrich Wilhelm (1620–1680) Schloss und Gut Caputh, wobei der bescheidene Feudalbau, der im 16. Jahrhundert der Kurfürstin Katharina als Sommerresidenz gedient hatte, seit dem Dreißigjährigen Krieg vollständig in Trümmern lag. Friedrich Wilhelm übereignete den Besitz seinem getreuen Kammerjunker und Quartiermeister Philippe de la Chieze, und dieser ließ auf den Grundmauern des zerstörten Vorgängers einen schlichten rechteckigen Baukörper errichten. Als der Quartiermeister 1671 verstarb, fiel das Anwesen an den Kurfürsten zurück, der es sogleich seiner Gemahlin in zweiter Ehe, Dorothea Sophie von Schleswig-Holstein-Sonderburg-Glücksburg (1636–1689), schenkte. Kurfürstin Dorothea ließ die frühbarocken Gemäuer um zwei kleine Eckflügel erweitern und ausgestalten und verlieh ihnen damit die Gestalt, in der Schloss Caputh heute noch steht – einziger erhaltener Schlossbau in der Potsdamer Schlösser- und Gartenlandschaft, der noch aus der Zeit des Großen Kurfürsten stammt. Die Gemächer des Kurfürstenpaars und der Speisesaal mit 7500 blauweißen holländischen Fayencefliesen, jede einzelne ein Unikat, zählen zu den Höhepunkten einer Besichtigung. Die ausgestellten Lackmöbel, Skulpturen, Gemälde repräsentieren die herrschaftliche Kunstauffassung um 1700. Den ursprünglich **barocken Schlossgarten** gestaltete Peter Joseph Lenné ab 1830 im Stil eines englischen Landschaftsparks um.

Die Kirche in Caputh

Vis-à-vis erhebt sich mit einem freistehenden Campanile die neoromanische **Dorfkirche**. König Friedrich Wilhelm IV. (1795–1861) hatte sie in Auftrag gegeben. Der Entwurf für die nach vierjähriger Bauarbeit 1852 eingeweihte, dreischiffige Pfeilerbasilika mit klassizistischer Inneneinrichtung stammt aus der Feder des Schinkel-Schülers Friedrich August Stüler (1800–1865).

Das Seebad Caputh

Das Sommerhaus Albert Einsteins

Einen herrlichen Blick über die Kirchturmspitze und das Schlossdach hinweg auf den Templiner See genoss Albert Einstein (1879–1955) von seinem Feriendomizil aus. Am Waldrand auf einer kleinen Anhöhe über Caputh steht das Sommerhaus Albert Einsteins, das der geniale Physiker und Nobelpreisträger sich 1929 von Konrad Wachsmann (1901–1980) bauen ließ. Schlicht sollte es sein, aus Holz, mit einem großen Wohnraum und sonst kleinen Zimmern. Das seine möglichst fern von den anderen, damit ihn seine Lieben nicht bei der Arbeit störten und er die Lieben nachts nicht mit seinem Schnarchen. Einstein liebte die stille Natur und als leidenschaftlicher Segler vor allem die ausgedehnten Segeltörns mit seinem Boot kreuz und quer über die Havelseen. »Komm nach Caputh, pfeif' auf die Welt«, schrieb er einmal an seinen Sohn. Bis 1932 war das Caputher Sommerhaus Treffpunkt der wissenschaftlichen und kulturellen Elite der Weimarer Republik. Als Einstein nach der Machtergreifung Hitlers Anfang 1933 aus den USA nicht mehr zurückkehrte, wurde es, wie auch sein übriger Besitz, von den Nationalsozialisten konfisziert. Heute kann man das geräumige Holzhaus im Sommerhalbjahr immer samstags und sonntags im Rahmen einer Führung besichtigen. Im Caputher Bürgerhaus unten im Ort informiert eine Ausstellung über Leben und Werk Albert Einsteins, Konrad Wachsmanns sowie die Geschichte des Sommerhauses.

Nahebei an der nördlichen Einfahrt des Caputher Gemündes trägt die **Tussy II** ihre Passagiere über die Flussenge zum Geltower Ufer (→ S. 186) hinüber. Schon seit 1853 befördert die Seilfähre Fußgänger und Kutschen bzw. Motorkutschen über das Wasser. So durfte sich ›Tussy I‹ 1998 verdientermaßen zur Ruhe setzen und das Ruder an ihre Nachfolgerin abgegeben.

Seebad Caputh

Etwa einen Kilometer entfernt spannt sich die Eisenbahn- und Fußgängerbrücke über die südliche Einfahrt des Caputher Gemündes. Sie bietet Spaziergängern und Radlern die Gelegenheit trockenen Fußes ans Geltower Ufer zu

▲ Karte vordere Umschlagklappe

gelangen. Dort wartet unmittelbar der Brücke zu Füßen das **Seebad Caputh** auf einen Besuch. Als habe man ein Stückchen Mittelmeer in die Mark geholt, so hübsch erscheint das mit viel Liebe zum Detail gestaltete Strandbad. 1997 begann auf der Spitze der Landnase, die sich zwischen Caputher Gemünde und Schwielowsee schiebt, der Bade- und Restaurationsbetrieb. Mit ausschließlich natürlichen Materialien: Holz, Backstein, Kiesel, Schilf, Stroh und Feldsteinen wirkt das insgesamt 14 500 Quadratmeter große Gelände wie organisch gewachsen. Neben Sonnenbaden und einem erfrischenden Sprung in den See ist Dolce far niente angesagt, wahlweise im Strandrestaurant mit großer BBQ-Feuerstelle, auf der Seebrücke, die eine Cocktailbar krönt, oder am Strand – bei herrlichem Abendwetter begleitet von einem großartigen Sonnenuntergang.

Ferch

Caputh, Geltow und Ferch bilden seit 2003 die Gemeinde Schwielowsee. Mit 1700 Einwohnern ist Ferch am südlichen Scheitel des Schwielowsees die kleinste der drei Havelschwestern, gleichwohl ein beliebter Radler- und Wasserwandererstützpunkt. Sie verfügt mit der Fischerkirche, der Havelländischen Malerkolonie in einem restaurierten Kossätenhaus und dem Japanischen Bonsaigarten gleich über drei besondere Sehenswürdigkeiten. Seit 1630 hockt die fachwerkgeschmückte **Fercher Fischerkirche** auf einem Hügel in der Dorfmitte. Im Innenraum schwebt ein 1738 geschaffener hölzerner Taufengel von der Holzdecke, die, als Tonne gewölbt, in Form eines auf dem Kopf liegenden Fischerkahns erscheint. In der Nachbarschaft beherbergt ein reetgedecktes Kossätenhaus aus der zweiten Hälfte des 18. Jahrhunderts das **Museum der Havelländischen Malerkolonie**, das Werke der Landschaftsmaler am Schwielowsee um 1900 zeigt. 1317 tauchte ›Verch‹ zum ersten Mal in einer Urkunde auf, 1710 bekam der winzige Weiler erstmals ein Schulhaus spendiert. Ein Kalkofen und ein Teerofen bescherte den Ferchern neben Fischfang und Forstwirtschaft lange Zeit ein spärliches Einkommen. Erst als die Künstlergruppe um den Werderaner Landschaftsmaler Karl Hagemeister (1848–1933) und den Wiener Maler Carl Schuch (1846–1903) die natürliche Schönheit und Abgeschiedenheit des winzigen Nests am Schwielowsee für ihre Kunst entdeckte, wendete sich das Blatt. Die Künstlerkolonie machte den Ort bekannt, und dank des Anschlusses ans Schienen- und Straßennetz Anfang des 20. Jahrhunderts entwickelte sich der Fremdenverkehr zu einem weiteren wirtschaftlichen Standbein.

An Freizeitvergnügen bietet Ferch ein **Strandbad** und in der Nachbarschaft einen Bootsverleih; während einen, schon am westlichen Schielowseeufer am Ortsausgang Richtung Petzow, auf einmal fernöstliche Traumlandschaften umfangen. Fast 500 Bonsai-Minibäume zeigt Tilo Gragert in seinem **Japanischen Bonsaigarten**, der einen in die magische Welt der japanischen Gartenkunst entführt.

Die Fischerkirche

Petzow

Das Örtchen Petzow, seit 1929 in die nahe Stadt Werder eingemeindet, liegt malerisch zwischen Glindowsee, Schwielowsee und dem kleineren Haussee. Seinen überragenden Höhepunkt bildet die grazile **Petzower Dorfkirche** auf dem Grelleberg, eine kleine neuromanische Hallenkirche mit frei stehendem Turm, 1840/41 nach Schinkel-Plänen errichtet. Der ›Romantiker auf dem Thron‹, Friedrich Wilhelm IV. (1795–1861) daselbst hat sie eingeweiht. Und bestimmt war seine Majestät genauso entzückt von dem wundervollen Blick, den man vom Kirchturm aus auf den havelländischen Flickenteppich aus Wasser und Land hat, wie später der Wandersmann Fontane. »Die Havel und der Schwielow«, schreibt er, »durch Landzungen und Verschiebungen in zahlreiche blaue Flächen zerschnitten, tauchen in der Nähe und Ferne auf und dehnen sich bis an den Horizont, wo sie mit dem Blau des Himmels zusammenfließen. (...) Das ganze ein Landschaftsbild im großen Stil; nicht von relativer Schönheit, sondern absolut.«

Unterhalb liegen am Schwielowseeufer **Schloss und Park Petzow**. Der Gutsbesitzer, Amtsrat und seinerzeit reichste Mann im Dorf, Friedrich August von Kaehne, ließ das Schloss 1825 in einem kuriosen Mix aus italienischem Castello- und englischem Tudorstil bauen. 1838 gestaltete Peter Joseph Lenné (1789–1866) den umgebenden Park nach englischer Art. Zu trauriger Berühmtheit gelangten die Kaehnes, als Karl von Kaehne im Mai 1943 den soeben aus der KZ-Haft entlassenen Ingenieur Alfred Mehlhemmer im Park erschoss. Ein Gedenkstein erinnert daran. Nach 1945 diente das Schloss als Erholungsheim des Freien Deutschen Gewerkschaftsbundes, von 1990 bis 2003 als Hotel. Danach wurde das einst prachtvolle Herrenhaus in seiner märchenhaften Umgebung als potenzielle Luxusimmobilie entdeckt und zum Spielball betrügerischer Investoren. Seitdem verfiel es mehr und mehr. Ein Potsdamer Investor als neuer Bauträger beabsichtigt nun, die bald 200-jährigen Mauern von Schloss Petzow – unter Veränderung seiner denkmalgeschützten Erscheinung – in hochwertige Eigentumswohnungen umzuwandeln.

Das kleine **Waschhaus** im Park beherbergt eine Ausstellung zur Ortsgeschichte und zur Geschichte des Waschens, die man sich von Mitte April bis Mitte Oktober immer sonntags am Nachmittag anschauen kann. Vor dem Schloss in der Zelterstraße wird in der ›Fontane-Klause‹ drinnen und draußen im gemütlichen Garten leckere regionale Küche, hausgebackener Kuchen und Eis aus eigener Produktion serviert.

Werder

»Mit dem ersten Juni beginnt die Saison (...) mit Erdbeeren. Dann folgen die süßen Kirschen aller Grade und Farben; Johannisbeeren, Stachelbeeren, Himbeeren schließen sich an.« So lautet Theodor Fontanes 1880 in den ›Wanderungen‹ veröffentlichte Gebrauchsanweisung zum Obstgenuss in der Baumblütenstadt Werder. Der Obst- und Gemüseanbau in der ›Obstkammer der Mark‹ hat eine lange Tradition, und bis heute sind die Erzeugnisse der Werderaner ›Obstmucker‹ in aller Munde.

1317 erstmals in einem Schriftstück erwähnt, pflegten schon die Mönche des Zisterzienserklosters in Lehnin, zu dem Werder im späten Mittelalter gehörte, den Obstbau. Später kam noch die Gemüse-Produktion hinzu, die Werder mit der Reichsgründung 1871 zu einem der wichtigsten Versorger der Berliner Hauptstädter machte. In der DDR-Zeit war mancherlei beliebte Obst- und Gemüse-

▲ Karte vordere Umschlagklappe

Die Dorfkirche in Petzow

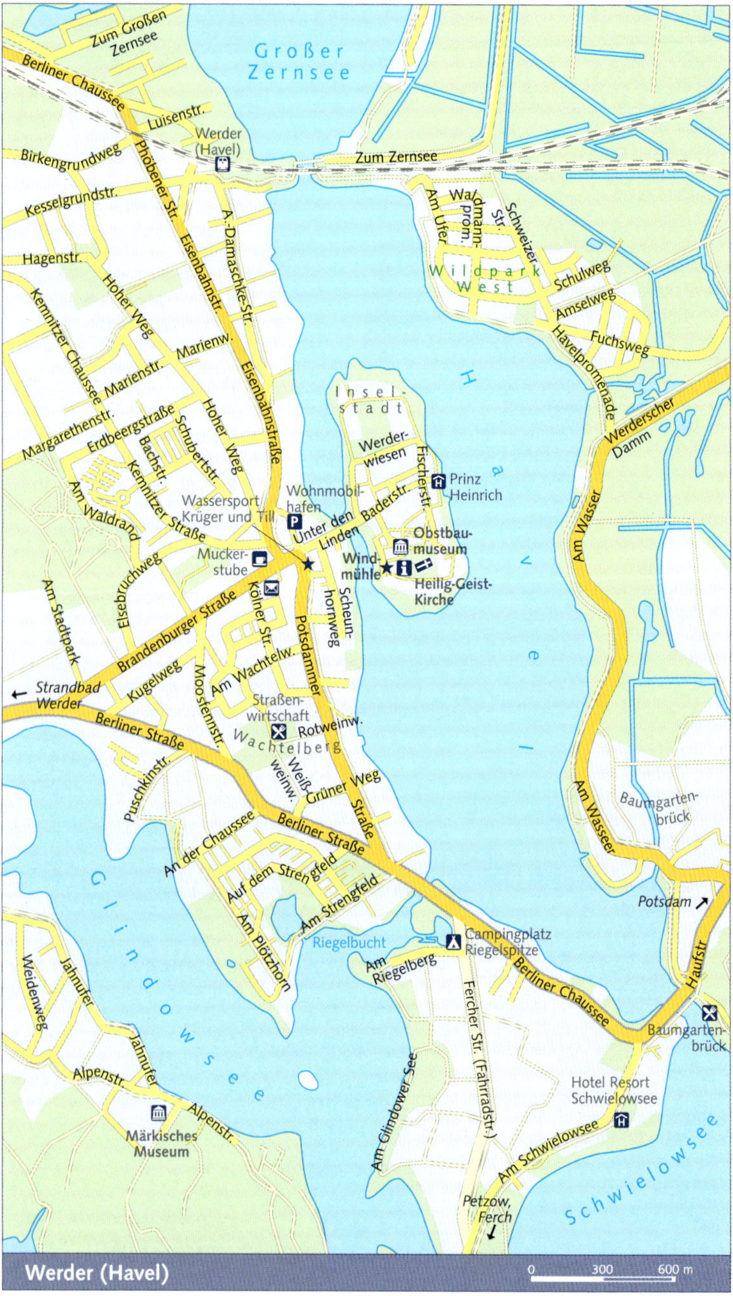
Großer Zernsee
Zum Großen Zernsee
Berliner Chaussee
Luisenstr.
Werder (Havel)
Birkengrundweg
Zum Zernsee
Phöbener Str.
Kesselgrundstr.
A.-Damaschke-Str.
Am Ufer
Waldmann-prom.
Str.
Schweizer
Hagenstr.
Eisenbahnstr.
Wildpark West
Schulweg
Amselweg
Hoher Weg
Kemnitzer Chaussee
Marienw.
Havelpromenade
Fuchsweg
Marienstr.
Eisenbahnstraße
Inselstadt
H a v e l
Margarethenstr.
Erdbeerstraße
Schubertstr.
Hoher Weg
Werderscher Damm
Werderwiesen
Bachstr.
Kemnitzer Straße
Fischerstr.
Prinz Heinrich
Wassersport Krüger und Till
Wohnmobilhafen
Baderstr.
Am Waldrand
Unter den Linden
Obstbaumuseum
Am Wasser
Muckerstube
Windmühle
Heilig-Geist-Kirche
Elsebruchweg
Kölner Str.
Scheunhornweg
Am Stadtpark
Brandenburger Straße
Potsdammer Straße
Kugelweg
Moosfennstr.
Am Wachtelw.
Strandbad Werder
Straßenwirtschaft
Berliner Straße
Rotweinw.
Wachtelberg
Puschkinstr.
Weißweinw.
Grüner Weg
Baumgartenbrück
Am Wasser
An der Chaussee
Berliner Straße
Auf dem Strengfeld
Am Strengfeld
Potsdam
Glindowsee
Am Plötzhorn
Riegelbucht
Campingplatz Riegelspitze
Am Riegelberg
Haufstr.
Weidenweg
Jahnufer
Berliner Chaussee
Baumgartenbrück
Fercher Str. (Fahrradstr.)
Jahnufer
Am Glindower See
Alpenstr.
Hotel Resort Schwielowsee
Alpenstr.
Märkisches Museum
Am Schwielowsee
Schwielowsee
Petzow, Ferch
Werder (Havel)
0 300 600 m

dem Ladentisch als ›Bückware‹ zu ergattern. Heute besteht die Werder Feinkost GmbH mit ihren Erzeugnissen bundesweit auf dem Markt.

■ Baumblütenfest

Immer zur Obstbaumblüte Ende April/Anfang Mai, wenn die Kirsch- und Apfelplantagen die Landschaft in einen weißen und rosa Blütenzauber verwandeln, wird rund um die Werderaner Inselstadt eine Woche lang das **Baumblütenfest** gefeiert. 1879 kamen an einem Maiwochende erstmals 50000 Besucher in dem Havelstädtchen zusammen, möglicherweise um sich an der schönen Landschaft zu freuen, und ganz bestimmt, um die süffigen Obstweine – respektlos ›Bretterknaller‹ genannt – gebührend zu würdigen. Das ist heute nicht anders, nur dass sich auf dem Rummelplatz, in den Obstplantagen, in den Altstadtgassen und zahlreichen blühenden Obstgärten, die die Werderaner zum Blütenfest für ihre Gäste öffnen, mittlerweile über eine halbe Million Besucher tummeln und das Baumblütenfest zu einem der größten Volksfeste in Deutschland machen.

■ Weinkultivierung in Werder

Doch nicht nur der Obst- und Gemüsebau, auch die Weinkultivierung hat in Werder eine lange Tradition. Vor über sieben Jahrhunderten haben die Zisterzienser-Mönche den Weinbau an die Havel gebracht und, ja man glaubt es kaum, in jener Zeit zählte der märkische Wein zu den Exportschlagern nach Nord- und Osteuropa. Nichtsdestotrotz war das Geschäft heikel. In strengen Wintern wie 1739/40 erfroren die Rebstöcke im rauen brandenburgischen Klima und man musste mit der Kultivierung von vorne beginnen. Nach dem Kältetod der letzten Pflanzen im Winter 1955/56 war der Weinbau in Werder vorerst an ein Ende gelangt.

1985 wagte die Gärtnerische Produktionsgenossenschaft ›Obstproduktion‹ auf dem Wachtelberg, der sich mitten in Werder erhebt, dann einen Neuanfang – der gelang. Heute werden auf dem **Werderaner Wachtelberg** als der nördlichsten für den Anbau von Qualitätsweinen eingetragenen Reblage der Welt auf sechs Hektar Anbaufläche Müller-Thurgau, Regent, Dornfelder, Saphira, Kernling und Weißburgunder kultiviert. Ein **Weinberglehrpfad** informiert über weitere Weiß- und Rotweingewächse, und in der kleinen **Straußenwirtschaft** oben auf dem Berg lässt sich zum Blick auf Werders Dächer, die Seen und die Weinreben ringsum gemütlich ein Schoppen ›Werderaner Wachtelberg‹ kosten.

■ Altstadt und andere Sehenswürdigkeiten

Die Wahrzeichen der kleinen Havelstadt sind die Heilig-Geist-Kirche und die Bockwindmühle. Sie erheben sich inmitten der kopfsteingepflasterten Gassen mit hübsch restaurierten märkischen Bürgerhäuschen auf der havelumflossenen Werderaner **Altstadtinsel**. Dort wurde am höchsten Punkt 1856–1858 die **Heilig-Geist-Kirche** nach Plänen von Friedrich August Stüler (1800–1865) auf den Grundmauern einer Kirche aus dem 13. Jahrhundert errichtet. Im Inneren verdient im rechten Seitenschiff das vermutlich Ende des 17. Jahrhunderts entstandene Gemälde ›Christus als Apotheker‹ einen Augenblick.

In der Nachbarschaft wartet in einem Anbau neben dem Rathaus das **Obstbaumuseum** auf einen Besuch, das in Bildern und anhand von zahlreichen Gerätschaften die Tradition des Obst- und Weinbaus sowie der Fischerei rund um Werder aufzeigt. Wenige Schritte entfernt thront die **Bockwindmühle** über der Havel. 1987 wurde sie anstelle einer 1973 abgebrannten Vorgängerin aufgebaut. Seit 1993 drehen sich wieder die Mühlenflügel.

Jüngste Werderaner Attraktion soll die **BlütenTherme** in den Havelauen werden, die im Herbst 2014 eröffnet werden soll. 1600 Tonnen Stahl und 9000 Kubikmeter Beton wurden verbaut, um Raum für eine Thermalsole- und Saunalandschaft, Hamam und Wellness, Sportschwimmbecken und ein Gradierwerk zu schaffen, dessen stark salzhaltige Luft Linderung bei Atemwegsproblemen verspricht. Und wenn es ums Baden in der schönen Jahreszeit geht, darf auch das alte **Strandbad Werder** am Großen Plessower See nicht vergessen werden.

Glindow

»Was Werder für den Obstkonsum der Hauptstadt ist, das ist Glindow für den Ziegelkonsum. In Werder wird gegraben, gepflanzt, gepflückt, – in Glindow wird gegraben, geformt, gebrannt«, berichtet Fontane in seinen ›Wanderungen‹. Folgt man den Erläuterungen des Dichters, waren in Glindow, heute ein Ortsteil von Werder, am Ufer des Glindower Sees seinerzeit neun Ringöfen zum Ziegelbrennen in Betrieb und im Distrikt ›mit seinem Innen- und Außenrevier wohl mehr denn fünfzig‹.

Bereits seit 1462 ist der Tonabbau im Raum Glindow-Werder dokumentiert, und als Fontane in den 1870er Jahren in der Region auf Wanderung ging, rauchten dort tatsächlich über 50 Schornsteine. Die boomende Gründerzeit-Metropole Berlin zeigte sich unersättlich in ihrem Hunger nach dem Baumaterial.

Heute sind zwei denkmalgeschützte Ringöfen von 1868 im **Märkischen Ziegeleimuseum Glindow** erhalten. Ziegelfertigung nach überlieferter Art lässt sich dort miterleben, und eine Ausstellung im um 1890 erbauten Ziegeleiturm berichtet über die Ziegelherstellung und ihre Geschichte in der Region.

Geltow

Geltow ist vor Ferch und Caputh der älteste Ortsteil der Gemeinde Schwielowsee, nämlich schon seit den fernen Tagen der Gründung Potsdams bekannt.

▲ Karte S. 184

Die Altstadtinsel

Das Ziegeleimuseum in Glindow

In der Schenkungsurkunde aus dem Jahr 993, in der Kaiser Otto III. seiner Tante Mathilde, Äbtissin von Quedlinburg, die beiden Orte Poztupimi und Geliti überantwortete, wird Geltow in einem Atemzug mit Potsdam das erste Mal schriftlich genannt. Nach mehreren Eigentümerwechseln gelangte es samt zugehörigen Ländereien 1660 an Kurfürst Friedrich Wilhelm, der es in das Amt Potsdam eingliederte. Eine Feldsteinkirche, die in jener Zeit wohl schon gestanden hat, musste 1727 einem Neubau weichen, den man 1885 wiederum für eine noch größere, schönere Kirche im neugotischen Geschmack abriss. Die Initiative für die dritte **Geltower Kirche** geht auf die englische Gemahlin Kaiser Friedrichs III., Victoria, zurück. Bereits zwei Jahre nach der Grundsteinlegung wurde der Sakralbau nach Plänen des Königlichen Bauinspektors Emil Gette (1840–1887) 1887 eingeweiht. Das rote Backsteinmauerwerk ist mit Bändern aus grün glasierten Ziegeln verziert, und schon von der Ferne her fällt das farbenfrohe Kirchendach mit einem Muster aus roten, gelben, grünen und braunen Dachpfannen in den Blick.

Wenige Schritte entfernt wartet in einer denkmalgeschützten Hofanlage das **Aktive Museum Handweberei ›Henni Jaensch-Zeymer‹** mit einem Panoptikum zur historischen Webkunst auf. 1939 wurde die Geltower Handweberei von der Webkünstlerin Henni Jaensch-Zeymer (1904–1998) ins Leben gerufen. An zehn historischen Webstühlen aus aller Welt, der älteste 300 Jahre alt, werden die Stoffe in traditioneller Handwebkunst gefertigt, wobei man zuschauen, allerlei Spannendes über Techniken und Materialien erfahren und im zugehörigen kleinen Leinenladen Handgewebtes erwerben kann.

Weiter südlich führt die **Baumgartenbrücke** über die Havel, die sich hier nach ihrem Schwielowseeausflug wieder verjüngt. Seit den Jahren des Großen Kurfürsten (1620–1680) überspannt bereits eine Brücke die Flussenge – in ihrer aktuellen Ausführung nach vier Vorgängern als breite Spannbetonbrücke. 1994 eröffnet, verbindet das viel befahrene Teilstück der Bundesstraße 1 das Havelland mit der Insel Potsdam. Unterhalb lädt am Flussufer die **Gaststätte Baumgarten-**

Das Webereimuseum in Geltow lädt zu einem Besuch ein

Im Inneren des Webereimuseums

brück drinnen und draußen im Biergarten zu bodenständiger märkischer Küche ein. Seit 1826 befindet sich das Traditionsgasthaus, mit einer Unterbrechung über die DDR-Zeit hinweg, in Familienbesitz. Und schon Theodor Fontane schwärmte von den ›lachenden Tagen von Baumgartenbrück, als (...) aus dem hier stehenden Brückenwärterhaus ein Gasthaus wurde, ein Vergnügungsort für die Potsdamer schöne Welt, die mehr und mehr anfing, ihren Brauhausberg und ihren Pfingstberg den Berlinern abzutreten und sich eine Stille für sich selber zu suchen.‹ Ganz so still ist es heute durch die nahe B1 zwar nicht mehr, aber ein schönes Plätzchen mit herrlichem Blick auf den Schwielowsee allemal. Nur einen Steinwurf entfernt, erhebt sich oberhalb auf dem stattliche 72 Meter hohen Heineberg der **Carlsturm**. Der 1869 errichtete neugotische Turm trägt den Namen nach seinem Bauherren Prinz Carl von Preußen (1801–1883). Er ist öffentlich leider nicht zu besichtigen.

Marquardt

Wo im Norden der Sacrow-Paretzer-Kanal auf den Schlänitzsee stößt und Potsdam damit zur Insel macht, liegen malerisch **Schloss und Park Marquardt** am Schlänitzsee. Seine Anfänge gehen auf das 18. Jahrhundert zurück, als Preußenkönig Friedrich I. (1657–1713) Land und Dorf, das damals noch Schorin hieß, seinem Günstling Marquardt Ludwig Freiherr von Printzen 1704 zum Geschenk machte. Dieser nicht uneitel, benannte den Flecken in ›Marquardt‹ um, ließ ein vorhandenes Guthaus zum stattlichen Barockschloss ausbauen und veräußerte den Besitz 1719 wieder. Mehrfach wechselten anschließend die Eigentümer, bis das Anwesen 1795 in die Hand des Generalmajors Hans Rudolf von Bischoffwerder gelangte. Die Geldmittel für den Erwerb stammten aus der Schatulle König Friedrich Wilhelms II. (1744–1797), mit dem der General die Leidenschaft für rosenkreuzerische Rituale teilte. Vier Jahre zuvor waren bei einem verheerenden Feuer große Teile des Dorfs abgebrannt, und an seiner Stelle wurde nun rund um das Schloss bis zum Seeufer hinab ein großzügiger Landschaftspark angelegt. Für die mitternächtlichen Geisterséancen, die man im Park in der geheimnisumwobenen Blauen Grotte abhielt, reiste der König eigens aus Potsdam an. 1823 gestaltete Peter Joseph Lenné die Grünanlage um.

1892 wechselten Schloss und Park abermals den Besitzer. Der Stahlbaron Louis Ravené (1866 –1944) wurde neuer Schlossherr auf Marquardt und veranlasste 1912 Umbau- und Erweiterungsmaßnahmen im großen Stil. Neubarocke Prachtentfaltung lautete das Motto der Stunde. Das Haus wurde aufgestockt, ein Westflügel angebaut und mit Terrassen und zierreichen Balustraden versehen. In Geldnöte geraten, verpachtete er es 1932 an den Berliner Hotelier Kempinski, der aus dem Schloss eine Nobelherberge machte. Im legendären ovalen Saal, den Ravené 1913 eigens für die Hochzeitsfei-

▶ Karte vordere Umschlagklappe

er seiner Tochter hatte anfügen lassen, amüsierten sich die Babelsberger Filmstars und die Berliner Schickeria. Im Zuge der ›Arisierung‹ unter den Nationalsozialisten wurden Kempinskis Nachfahren dazu getrieben das Hotel aufzugeben. 1937 übernahm es die Aschinger AG. Im Zweiten Weltkrieg diente es als Lazarett. Nach Kriegsende war Schloss Marquardt zunächst durch die Rote Armee besetzt. Hernach folgten Nutzungen als Kindererholungsheim, Gehörlosenschule und bis 1993 als Institut für Obstbau der Berliner Humboldt-Universität. Seitdem steht es leer, wird gelegentlich für Veranstaltungen oder Ausstellungen geöffnet. Darüber hinaus fungiert es dank der idyllischen Lage als viel begehrte Kulisse für Hochzeiten sowie für Dreharbeiten. Im südlichen Teil des frei zugänglichen Grünanlage liegt eine lauschige **Badestelle** am Schlänitzsee, wo man nach dem Rundgang um Schloss und Park den Picknickkorb auspacken und eine Sprung ins erfrischende Wasser wagen kann.
Seit 2003 ist das kleine Dorf Marquardt nach Potsdam eingemeindet.

Paretz

»Nur immer denken, dass Sie für einen armen Gutsherren bauen.« Mit dieser viel zitierten Ermahnung, die Kronprinz Friedrich Wilhelm an seinen Baumeister David Gilly (1748–1808) adressierte, rückte der winzige Weiler Paretz im Havelland Ende des 18. Jahrhunderts auf einmal ins Licht der Öffentlichkeit. 1797, als der Kronprinz mit der Thronbesteigung zu König Friedrich Wilhelm III. (1770–1840) wurde, begannen die Bauarbeiten, und Architekt Gilly schuf das frühklassizistisch schlicht-elegante **Schloss Paretz** – ›Schloss Still-im-Land‹, wie man den ländlich abgeschiedenen Sommersitz des Königs und seiner geliebten Gemahlin Luise bald nannte.
Der umgebende Schlossgarten stammte ursprünglich ebenfalls von Gillys Hand, und darüber hinaus auch das **Musterdorf Paretz**, das nach Gilly-Plänen bis 1804 als hervorragendes Beispiel preußischer Landbaukunst entstand. Die alten Kossätenhäuser wurden für das kühne Bauprojekt niedergerissen und neue Höfe und Funktionsgebäude errichtet:

Das Schloss Paretz

die Mehlwaage, ein Spritzenhaus, das Planteurhaus für die Gärtner, die Torhäuser am östlichen Ortseingang oder auch das **Gotische Haus**, bis 1910 königliche Schmiede und seitdem beliebtes Ausflugslokal. Die mittelalterliche Dorfkirche wurde unter Einbeziehung der Reste von Wandmalereien 1797/98 nach Gillys Vorstellungen neugotisch umgestaltet und mit einem Bohlenbinderdach überspannt. Im kleinen Innenraum schmückt sich die ehemalige Königsloge mit einem Tonrelief von Johann Gottfried Schadow, das die ›Apotheose der Königin Luise‹ darstellt.

Anderes im Musterdorf, wie etwa das Amtshaus, konnte sich nicht über die Zeit retten. Das Schloss selbst war infolge der verschiedensten Nutzungen – nach Kriegsende geplündert, von der Roten Armee besetzt und in der DDR Sitz diverser schulischer, kultureller und behördlichen Einrichtungen – als solches nicht mehr zu erkennen. 1999–2002 erfolgte die aufwändige Rekonstruktion anhand historischer Unterlagen. Die berühmten Papiertapeten, die die königlichen Wohnräume zierten, konnten dank ihrer Bergung und Einlagerung 1947 zum Teil bewahrt und original wieder angebracht werden. Die Wohnung des Königspaars mit Möbeln und kunstvollen Tapeten, Räume im Erdgeschoss und in der Remise Kutschen und Schlitten des preußischen Königshauses können besichtigt werden.

Am westlichen Ortseingang von Paretz wartet immer sonntags im Sommerhalbjahr eine restaurierte **Bockwindmühle** von Ende des 19. Jahrhunderts auf einen Besuch.

Potsdams Umgebung

Touristeninformation Schwielowsee, im Bürgerhaus Caputh, Straße der Einheit 3, 14548 Schwielowsee/OT Caputh, Tel. 033209/70899, www.schwielowsee-tourismus.de, April–Okt. Mo–Fr 11–16 Uhr, Sa/So 13–17 Uhr, Nov.–März Mo–Fr 11–15 Uhr.

Touristeninformation, Eisenbahnstraße 13/14 (im Rathaus-Anbau), 14542 Werder, Tel. 03327/783374, www.werder-havel.de, Mitte April–Mitte Okt. Mo/Di/Do/Fr 10–12.30 und 13–17.30 Uhr, Sa/So 13–17 Uhr, im Winter Mo/Mi/Do 10–14, Sa 11–15 Uhr.

Kavalierhaus im Schlosspark Caputh, Lindenstraße 60, 14548 Schwielowsee/OT Caputh, Tel. 033209/84630, www.kavalierhaus-caputh.de, DZ/Ü ab 89 €. Heiter-mediterrane, stilvolle Unterkunft im 1830 im italienischen Landhausstil im Schlosspark errichten Kavalierhaus. Das Restaurant bietet regionale und internationale Gerichte.

Landhaus Ferch, Dorfstraße 41, 14548 Schwielowsee/OT Ferch, Tel. 033209(70391, www.landhaus-ferch.de, DZ/F ab 68 €. Moderner Mitteklassekomfort, unmittelbar neben dem Strandbad Ferch. Das Restaurant serviert deutsche Küche.

Hotel Prinz Heinrich, Fischerstraße 48b, 14542 Werder, Tel. 03327/732060, www.hotelprinzheinrich.de, DZ/F ab 79 €. Reizendes 3-Sterne-Hotel an der Uferpromenade auf der Inselstadt; Restaurant und kleiner Café-Garten am Bootssteg.

Campingplatz Himmelreich, Wentorfinsel, 14548 Schwielowsee/OT Geltow, Tel. 033209/70475, www.campingplatz-caputh.de, April–Okt. In schöner Lage auf der Landnase zwischen Petzinsee und Schwielowsee; Imbiss, Bootsverleih, Badestrand.

Schwielowsee Camping Ferch, Dorfstraße 50, 14548 Schwielowsee/OT Ferch, Tel. 033209 70295, www.schwielowsee-camping.de, April–Okt. Waldcampingplatz

▸ Karte vordere Umschlagklappe

unter Buchen und Eichen, wenige Minuten zu Fuß von Seeufer und Strandbad entfernt; Fahrradverleih.

Campingplatz Riegelspitze, Fercher Straße 4-9, 14542 Werder/OT Petzow, Tel. 03327/42397, www.campingplatz-riegelspitze.de, April-Okt. 4-Sterne-Anlage am Glindower See; Restaurant, Biergarten, Shop, Ferienhäuschen, Rad- und Ruderbootverleih.

Wohnmobilhafen, Unter den Linden 1, 14542 Werder, gebührenpflichtiger Reisemobilplatz im Ortszentrum unmittelbar an der Brücke zur Insel, mit Stromanschluss und WC.

Bootsklause Ferch, Seeweg 5, 14548 Schwielowsee/OT Ferch, Tel. 033209/70616, www.gastro-bootsklause-ferch.de, März-Okt. tgl. 11.30-22 Uhr, im Winter Mi-So 11.30-21.30 Uhr. Deftiges, Regionales, Hausgemachtes lädt zur Einkehr ein, dazu gibt es den schönen Blick von der Speiseterrasse über den Schwielowsee.

Gaststätte Baumgartenbrück, Baumgartenbrück 4/5, 14548 Schwielowsee/OT Geltow, Tel. 03327/55211, www.baumgartenbrueck.de, Di-So 11.30-22 Uhr. Traditionsreiches Ausfluslokal mit herrlichem Blick auf den Schwielowsee. Serviert werden bodenständige märkische Küche und gutbürgerliche Gerichte.

Café Muckerstube, Brandenburger Str. 164, 14542 Werder, Tel. 03327/42961, www.muckersche.de, Do-So 14.30-17.30 Uhr. Das Heimatstübchen und Café zugleich versetzt einen in die Zeit der Wederaner Obstmucker um 1900 zurück. Mit vielen historischen Gerätschaften und typischen alten Möbeln ausstaffiert, wird nach Uromas Rezepten aus der Region gebacken und gekocht.

Fontane Klause, Zelterstraße 2, 14542 Werder/OT Petzow, Tel. 03327/42344, www.fontane-klause.de, Mai-Sept. tgl. ab 11.30 Uhr, im Winter dienstags Ruhetag. Obst und Gemüse von heimischen Anbietern, frischer Fisch aus den Seen und Wild aus den Wäldern rundum, zum Nachtisch hausgebackener Kuchen und Eis aus eigener Produktion.

Hafenrestaurant Ernest, Am Schwielowsee 117 (im Resort Schwielowsee), 14542 Werder/OT Petzow, Tel. 03327/65960, www.resort-schwielowsee.de , April-Okt. Di-Fr ab 18, Sa/So ab 12 Uhr, Nov.-März Mi-Fr ab 18, Sa/So ab 12 Uhr. Gehobene deutsch-internationale Gerichte für anspruchsvolle Gaumen im American-Style-Pavillon am Schwielowsee.

Werderaner Wachtelberg, 14542 Werder, Tel. 03327/741410, www.wachtelberg.de, Mitte Juni-Mitte Okt. Fr ab 14 Uhr, Sa/So ab 10 Uhr, Aug. außerdem Mo-Do 14-20 Uhr. Oben auf dem Wachtelberg kann man in der Straußenwirtschaft die Werderaner Weine verkosten, gekeltert von der nördlichsten zertifizierten Lage der Welt.

Dorfkirche Caputh, Straße der Einheit 1, 14548 Schwielowsee/OT Caputh, Tel. 033209/20250, Offene Kirche von Ostern bis Erntedank tgl. 9-18 Uhr.

Einsteinausstellung, im Bürgerhaus Caputh, Straße der Einheit 3, 14548 Schwielowsee/OT Caputh, April-Okt. Di-So 11-16 Uhr, Nov.-März Mo-Fr 11-15 Uhr.

Schloss Caputh, Straße der Einheit 2, 14548 Schwielowsee/OT Caputh, Tel. 033209/70345, www.spsg.de, Di-So 10-18 Uhr.

Sommerhaus von Albert Einstein, Am Waldrand 15-17, 14548 Schwielowsee/OT Caputh, Tel. 033209/271780, www.einsteinsommerhaus.de, April-Okt. Sa/So 10-18 Uhr; Besichtigung nur mit Führung.

Fischerkirche Ferch, Beelitzer Straße, 14548 Schwielowsee/OT Ferch, keine festen Öffnungszeiten, den Schlüssel zur Kirche erhält man gegenüber im Museum der Havelländischen Malerkolonie.

Museum der Havelländischen Malerkolonie, Beelitzer Straße 1, 14548 Schwielowsee/OT Ferch, Tel. 033209/21025, www.havellaendische-malerkolonie.de, Mi–So 11–18 Uhr.

Japanischer Bonsaigarten Ferch, Fercher Str. 61 (Ortseingang aus Richtung Werder), 14548 Schwielowsee/OT Ferch, Tel. 033209/72161, www.bonsai-haus.de, April–Okt. Di–So 10–18 Uhr.

Dorfkirche Petzow, auf dem Grelleberg, 14542 Werder/OT Petzow,März–Okt. Sa/So 11–18 Uhr, Nov.–Feb. Sa/So 13–17 Uhr.

Bockwindmühle Werder, Kirchstraße 7, 14542 Werder, Mitte April–Mitte Okt. Di/Sa/So 13–17 Uhr.

Obstbaumuseum Werder, Kirchstraße 6, 14542 Werder, Mitte April–Mitte Okt. Mo/Di/Do/Fr 11–17 Uhr, Sa/So 13–17 Uhr, im Winter Mo/Di/Do 10–14, Sa 11–15 Uhr.

Märkisches Ziegeleimuseum, Alpenstraße 44, 14542 Werder/OT Glindow, Tel. 03327/669395, www.ziegeleimuseum-glindow.de, März–Okt. Mi/Sa/So 10–16 Uhr.

Handweberei Henni Jaensch-Zeymer – Aktives Museum, Am Wasser 19, Schwielowsee/OT Geltow, Tel. 03327/55272, www.handweberei-geltow.de, Feb.–Okt. Di–So 11–17, Nov./Dez. Di–Fr 11–17 Uhr.

Schloss Marquardt, Hauptstraße 7, 14476 Potsdam/OT Marquardt, Tel. 033208/57279 (Kultur- und Heimatverein Wublitztal e.V.), www.schloss-marquardt.com.

Schloss Paretz, Parkring 1, 14669 Ketzin/OT Paretz, Tel. 033233/73611, www.spsg.de, April–Okt. Di–So 10–18 Uhr, Nov.–März Sa/So 10–16 Uhr, im Winter Besichtigung nur mit Führung.

Caputher Seilfähre, zwischen Caputh und Geltow über das Caputher Gemünd, max. 16 Tonnen, im Pendelverkehr April–Nov. tgl. 6–22 Uhr, Dez.–März Mo–Fr 6–20 Uhr, Sa/So 7–20 Uhr.

Havelseenrundfahrten, mit der Weißen Flotte, ab Heimathafen Potsdam Lange Brücke, Anlegestellen: Caputh Schloss, Caputh Gemünde, Geltow Baumgartenbrücke, Werder Insel, Fahrplaninfo Tel. 0331/2759210, www.schiffahrt-in-potsdam.de, tgl. Mitte April bis Mitte Oktober.

Werderaner Baumblütenfest, neuntägige Feier von Obstblüte und Obstwein Ende April/Anfang Mai; Infos bei der Touristeninformation Werder und unter www.baumbluete.de.

Seebad Caputh, Weg zum Strandbad 1, 14548 Schwielowsee/OT Caputh, Tel. 033209/80851, www.seebad-caputh.de, Strand und Beachcafé April–Sept. Mo–Do 8–18.30 Uhr (ab 20 °C), Fr–So 10–20 Uhr (ab 17 °C), Okt. Fr–So ab 12 Uhr, im Strandhaus jeden Sonntag Lunch 13.30–18.30 Uhr.

Strandbad Ferch, Dorfstraße 41a, 14548 Schwielowsee/OT Ferch, Tel. 033209/70295, www.schwielowsee-camping.de, Mai–Sept. Mo–Fr 10 –19, Sa/So 10–20 Uhr.

Strandbad Werder, Am Plessower See 46, 14542 Werder, Tel. 03327/42111, Mai–Sept. bei schönem Wetter 9–21 Uhr.

Kristall BlüthenTherme Werder, www.kristalltherme-werder.de. Eröffnung für Herbst 2014 geplant.

Bootsverleih ›Kapitäns-Club Ferch‹, Dorfstraße 39, 14548 Schwielowsee/OT Ferch, Tel. 033209/70432. Ruder- und Tretboote, Jollen und führerscheinfreie Motorboote; angeschlossener Imbiss und kleiner Biergarten, wenige Schritte vom Strandbad.

Wassersportfachgeschäft Krüger und Till, Unter den Linden 17 (kurz vor der Inselbrücke), 14542 Werder, Tel. 03327/42424, www.wassersport-werder.de, April–Sept. tgl. 8–18 Uhr. Fahrräder, Tret-, Ruder-, Paddel- und Motorboote; die Verleihstation befindet sich direkt unterhalb der Inselbrücke.

▲ Karte vordere Umschlagklappe

Die Caputher Seilfähre

Auf den folgenden Seiten werden alle reisepraktischen Fragen zu Potsdam von A bis Z ausführlich beantwortet. Darüber hinaus gibt es eine Fülle an Tipps zu Essen und Trinken, Unterkunft, Kultur und Freizeitgestaltung, zum Potsdam-Aufenthalt mit Kindern und vielem mehr.

POTSDAM - INFORMATIONEN

Die Breite Straße mit dem Stadtschloss und dem Marstall

Allgemeine Information

Oberste Informationsstelle in Potsdam ist der **Potsdam Tourismus Service** (PTS). Er ist Ansprechpartner für fast alle den Potsdam-Tourismus betreffenden Belange. Neben allgemeinen touristischen Informationen gibt er Broschüren und Stadtpläne, ein Gastgeberverzeichnis und zahlreiche weitere Publikationen heraus, unterhält die Touristeninformationen, vermittelt eine Fülle von Angeboten wie Stadtführungen, Rundfahrten zu Sehenswürdigkeiten und vieles mehr.

Wichtige Einrichtungen

Schriftlich und telefonisch steht den Potsdam-Besuchern die Hauptstelle des PTS zur Verfügung.

Potsdam Tourismus Service, Am Neuen Markt 1 - Kabinetthaus, 14467 Potsdam, Tel. 0331/27558899 (Informationen und Buchungen), www.potsdamtourismus.de.

Für den persönlichen Kontakt vor Ort unterhält der Potsdam Tourismus Service zwei Touristeninformationen. In einem Meer von Reklamezettelchen, Flyern, Postkarten, Prospekten, Veranstaltungsbroschüren halten sie allgemeine touristische Informationen, Stadtpläne, Souvenirs und viele nützliche Tipps und Empfehlungen parat. Wie die Hauptstelle des PTS vermitteln sie Zimmer in Hotels und Pensionen, reservieren Karten für Konzerte, Theater, Events, Rundfahrten und vieles andere.

Die Potsdamer Weltzeituhr am Luisenplatz

Tourist-Information am Brandenburger Tor, Brandenburger Straße 3, 14467 Potsdam, Tel. 0331/275580, www.potsdamtourismus.de.

Tourist-Information Potsdam Hauptbahnhof, Bahnhofspassagen Potsdam (neben Gleis 6), 14473 Potsdam, Tel. 0331/27558899, www.potsdamtourismus.de.

Bürgerservice/Fundbüro der Stadt Potsdam, Friedrich-Ebert-Str. 79/81 (im Stadthaus), 14469 Potsdam, Tel. 0331/2891587, Mail: Fundbuero@Rathaus.Potsdam.de, Mo 10–18, Di–Do 8–18, Fr 8–14 Uhr.

Fundbüro der Verkehrsbetriebe in Potsdam (VIP), Rudolf-Breitscheid-Str. 29 (am Rathaus Babelsberg), 14482 Potsdam, Tel. 0331/6614981, www.swp-potsdam.de, Mo–Do 8–12 und 12.30–16, Fr 8–12 und 12.30–15 Uhr.

Alles Wissenswerte zu Potsdams königlichen Schlössern und Gärten erfährt man in den beiden Besucherzentren:

Besucherzentrum an der Historischen Mühle, An der Orangerie 1, 14469 Potsdam, Tel. 0331/9694200, www.spsg.de.

Besucherzentrum am Neuen Palais, Am Neuen Palais 3, 14469 Potsdam, Tel. 0331/9694200, www.spsg.de.

Wichtige Telefonnummern

Vorwahl Potsdam: 0331.

Polizei: 110.

Feuerwehr: 112.

Kassenärztlicher Notfalldienst: Potsdam-Nordbereich: 01805/582223100

(12 Cent/Minute), Potsdam-Südbereich: 01805/582223110 (12 Cent/Minute).
Krankentransport: 19222.
Privatärztlicher Notfalldienst: 01805/304505 (12 Cent/Minute).
Rettungsstellen der Krankenhäuser in Potsdam: einheitlicher Notruf 116117.
Telefonseelsorge: 0800/1110111.
ADAC-Pannenhilfe: 01802/222222.
ACE-Euro-Notruf: 01802/343536.
Kreditkartensperrung: 116116, www.sperrnotruf.de.

Notfälle

Ärzte- und Apothekenbereitschaft: www.info-potsdam.de/notdienst.html.
Rettungsstelle Klinikum Ernst von Bergmann, Charlottenstrasse 72, 14467 Potsdam, Tel. 0331/2415051, **Kinder-Notdienst** Einfahrt über Gutenbergstraße.
Rettungsstelle St. Josefs-Krankenhaus, Allee nach Sanssouci 7, 14471 Potsdam, Tel. 0331/968211 00 (**kein Kinder-Notdienst**).

Potsdam & Berlin WelcomeCard

Freie Fahrt mit den öffentlichen Verkehrsmitteln in Potsdam und Berlin sowie Vergünstigungen bei zahlreichen touristischen Angeboten von Radausleihe, Stadt- und Schiffrundfahrten über Bühne und Museen bis zu Eintrittspreisen für Attraktionen und Sehenswürdigkeiten bietet die Potsdam & Berlin WelcomeCard. Sie ist erhältlich in den beiden Touristeninformationen des Potsdam Tourismus Service, in vielen Potsdamer Hotels, den Verkaufsstellen der Verkehrsbetriebe Potsdam (ViP) sowie online im Potsdam-Shop unter **www.potsdamtourismus.de**.Sie kostet 20,50 Euro für zwei Tage, 27,50 Euro für drei Tage und 37,50 Euro für fünf Tage. Auf einer Erwachsenenkarte fahren drei Kinder zwischen 6 und 14 Jahren kostenfrei mit, Kinder unter 6 Jahren fahren grundsätzlich kostenlos.

Internetcafés, Hot-Spots und W-LAN

Viele Hotels und einige Cafés und Kneipen bieten kostenloses WLAN an. Ein **Hotspot-Finder** der Telekom findet man unter der

Der öffentliche Nahverkehr ist vorbildlich

Adresse www.hotspot.de. Eine Auflistung von Potsdamer WLAN-Hotspots findet sich außerdem unter www.cityreview.de.
Internet-Cafés:
HellNet Mediacafé, Schloßstr. 13, Tel. 0331/23700005.
LJO Spiel und Internet, Babelsberger Str. 12–16 (im Hauptbahnhof), Tel. 0331/2011924.

Potsdam im Internet

www.potsdam.de: Die offizielle Landeshauptstadtadresse verzeichnet umfassende Potsdam-Informationen, seien es touristische Infos über die Stadt, zu Kultur und Events, Projekten und Veranstaltungen, sei es zu Sehenswürdigkeiten, Stadtgeschichte, Einkaufen, Hotels und Restaurants oder seien es Seiten zu Wirtschaft, Politik und Verwaltung bis hin zu aktuellen Pressemitteilungen, Ausschreibungen oder dem jüngsten Stand im Potsdamer Bürgerhaushalt.
www.potsdamtourismus.de: Unter der Netzadresse bietet der Potsdam Tourismus Service neben einem Unterkunftsverzeichnis mit Option zur online-Buchung und verschiedenen Reiseangeboten die Möglichkeit

Auf dem Luisenplatz

zum virtuellen Entdecken der wichtigsten Sehenswürdigkeiten, das tagesaktuelle Potsdam-Programm, außerdem Tipps von A–Z zu Essen und Trinken, Touren mit Bus, Schiff, Rad, Stadtführungen, dem kulturellen Angebot, Sport und Freizeit, Ausflügen in die Natur und vieles mehr.

www.spsg.de: Die umfangreichen Seiten der Stiftung Preußische Schlösser und Gärten (SPSG) halten alles Wissenswerte zu den Schlössern und Parkanlagen der Hohenzollern-Kurfürsten, -Könige und -Kaiser in Potsdam, Berlin und Brandenburg parat.

www.potsdam-abc.de: Unter Buttons wie Einkaufen, Veranstaltungen, Essen und Trinken beinhaltet die Website eine unglaubliche Fülle von verlinkten Adressen zu Shopping, Gastro, touristischen Angeboten, Stadtleben bis hin zu Kleinanzeigen, Job-Börse und aktuellen Zeitungsmeldungen.

Behinderte

Für mobilitätseingeschränkte, hör- oder sehbehinderte Menschen bietet Potsdam den Stadtführer ›**Potsdam barrierefrei**‹ an. Er besteht aus fünf Einzelplänen: ›Potsdam im Überblick‹ sowie vier weiteren Plänen ›Historische Innenstadt‹, ›Park Sanssouci‹, ›Neuer Garten und ›Volkspark Potsdam‹, ›Park und Stadtteil Babelsberg‹. Mit Touren zu den schönsten Sehenswürdigkeiten sowie Kurzinformationen zu Zugänglichkeiten, Haltestellen, Parkplätzen, Ampeln, Toiletten, Gastronomietipps und Hinweisen auf Hindernisse, die man besser meiden sollte. ›**Potsdam barrierefrei**‹ ist in Papierform gegen eine geringe Gebühr in den Touristeninformationen erhältlich oder kostenlos unter www.potsdam.de/cms/ziel/923290/DE herunterzuladen.

Speziell für **Blinde und Gehörlose** gibt es eine **Potsdam-App** unter www.yopegu.de. Die ›Your Personal Guide‹-App Potsdam ist verfügbar für iOS und Android und bietet verschiedene Stadtspaziergänge als Audioguide und in deutscher Gebärdensprache an.

Führungen durch die **Potsdamer Schlösser und Parklandschaften** für Gehörlose (mit **Gebärdendolmetscher**), **Sehbehinderte**, Blinde und **Mobilitätseingeschränkte** unternimmt die Stiftung Preußische Schlösser und Gärten (SPSG) nach rechtzeitiger Anmeldung. Informationen über die Angebote für Besucher mit Handicap erhält man in den Besucherzentren der SPSG (→ siehe Informationen) oder unter Tel. 0331/9694194, Fax 0331/9694106, handicap@spsg.de und auf www.spsg.de.

An- und Abreise

Mit dem Auto

Auf drei Seiten ist der Großraum Potsdam in einem weitläufigen Bogen von der Autobahn A10 (Berliner Ring) umzogen und damit an das internationale Autobahnnetz angeschlossen. Von Nordwesten her mündet die A 24 (Hamburg–Berlin), von Nordosten die A 11 (Stettin–Berlin) in den Berliner Ring ein, von Osten die A 12 (Frankfurt/Oder–Berlin), von Süden die A 13 (Berlin–Dresden) und die A 9 (München-Berlin) sowie von Westen die A 2 (Hannover–Berlin). Im Osten führt die A 115 an Potsdam vorbei, die von der brandenburgischen Landeshauptstadt auf kürzestem Weg über die Nuthe-Schnellstraße zu erreichen ist.

Mit dem Bus

Einmal täglich ist Potsdam durch die Fernbusse von BerlinLinienBus (blb) mit München, Nürnberg, Bayreuth und Leipzig verbunden. Allerdings müssen die Fahrgäste via brandenburgische Landeshauptstadt an der Autobahnraststätte Michendorf in einen Zubringerbus umsteigen, da der Linienbus nach Berlin weiterfährt. Der Zubringerbus steuert dann den Busvorplatz am Potsdamer Hauptbahnhof an.

Fahrplanauskunft und Tickets, die man mindestens zwei Tage vor Fahrtantritt buchen muss,erhält man über www.berlinlinien bus.de und die blb-Hotline 030/3384480.

Mit der Bahn

Potsdam ist über den Berliner Hauptbahnhof an das Fernliniennetz (ICE, EC) der Deutschen Bahn (DB) angebunden. Von Berlin Hbf ist der Hauptbahnhof Potsdam mit der Regionalbahn keine 30 Minuten später erreicht, mit der S-Bahn dauert es etwa eine dreiviertel Stunde. Regionalbahnen verbinden Potsdam auf direktem Weg mit Magdeburg, Cottbus und Frankfurt/Oder. Fahrplaninformationen erhält man bei der DB unter Tel. 0180/6996633 und www.bahn.de; beim Verkehrsverbund Berlin-Brandenburg (VBB) unter Tel. 030/25414141 und www.vbbonline.de.

Auskünfte zur Fahrradmitnahme im Zug erteilt die DB unter Tel. 0180/6996633, Menü 1 ›Zugreise‹, Untermenü 1 ›Reiseservice‹.

Mit dem Flugzeug

Wer sich Potsdam aus der Luft annähern möchte, fliegt einen der beiden Berliner Flughäfen Tegel (TXL) oder Schönefeld (SXF) an. Von Schönefeld aus geht es stündlich mit dem RE7 nach Potsdam-Babelsberg sowie stündlich mit der RB22 nach Potsdam Hauptbahnhof. Von Tegel startet alle sechs bis sieben Minuten ein TXL-Bus (Route 2) und trägt die Passagiere zum Berliner Hauptbahnhof, den Regionalbahnen und S-Bahnen mit Potsdam Hbf verbinden. Zu beiden Flughäfen erhält man Informationen unter Tel. 030/60911150 sowie im Netz unter www.berlin-airport.de.

Mit dem Boot

Die Hauptstadt des wasserreichsten Bundeslands lässt sich selbstverständlich auch mit dem Boot ansteuern. Über Havel, Oder, Elbe und die Mecklenburgische Seenplatte sind Anfahrten mit dem Motorboot möglich. Paddler dürfen auch die kleineren Gewässer befahren. Informationen zu öffentlichen Häfen, Sportboothäfen, Schleusenzeiten, Fahrgeschwindigkeiten u.a. finden sich auf den Seiten des Brandenburger Ministeriums für Infrastruktur und Landwirt-

Der Hauptbahnhof

schaft, www.mil.brandenburg.de (Stichwort ›Verkehr/A-Z‹) sowie beim Elektronischen Wasserstraßen-Informationsservice (ELWIS) unter www.elwis.de.

Mit dem Rad

Der internationale Europaradweg R1 von Calais nach St. Petersburg führt auch durch Potsdam. Als Wegbezeichnung dient ein weißes Schild mit der grünen Beschriftung ›R1‹. Ein bewährter Ansprechpartner für alle Belange rund ums Radeln ist der ADFC, Landesverband Brandenburg, Gutenbergstraße 76, 14467 Potsdam, Tel. 0331/2800595, www.brandenburg.adfc.de.

Auf der Havel

Unterwegs in Potsdam

Über die Autofahrersituation mit Staus, Baustellen und Parkmöglichkeiten, über Tram, Bus und Taxi, Rad- und Fußverkehr kann man sich stets aktuell unter www.mobil-potsdam.de informieren.

Mit dem Auto

Dies gleich vorweg: Mit dem Auto in Potsdam unterwegs zu sein ist kein Vergnügen. Nur wenige Brücken führen über die Wasser auf die Insel Potsdam hinauf, und an diesen Engpässen bildet sich folglich, im Pendlerverkehr hinein und hinaus aus der Stadt, Stoßstange an Stoßstange alltäglich ein tüchtiger Verkehrsstau. Dazu kommen die Nadelöhre und zahlreichen Baustellen in der Innenstadt, deren Bauziel im Sinne der historischen Rekonstruktion oft sogar noch die Verengung der geläufigen Autostaupisten beinhaltet. Viel schöner, komfortabler und erheblich entspannter ist deshalb die Potsdam-Erkundung mit den öffentlichen Verkehrsmitteln, dem Rad und zu Fuß.

Mit öffentlichen Verkehrsmitteln

Die Havel-Metropole lässt sich sehr gut mit öffentlichen Verkehrsmitteln entdecken. Eigens für die Besucher der Stadt sind mehrere Bus- und Tramlinien, ausgehend vom Hauptbahnhof, so eingerichtet, dass sie die größten touristischen Sehenswürdigkeiten unkompliziert miteinander verbinden. Die rot gekennzeichnete **Schlösserlinie** (Bus 695) führt alle 20 Minuten einmal quer durch die Altstadt über Schloss Sanssouci zum Neuen Palais. An Wochenenden und Feiertagen wird sie durch den Bus X15 verstärkt (nur bis Schloss Sanssouci), sodass dann Bahnhof und Park Sanssouci alle 10 Minuten miteinander verbunden sind.
Die ockerfarbene **Charlottenhoflinie** (Bus 605 und 606) geht über die Breite Straße nach Sanssouci zum Schloss Charlottenhof und dem Neuen Palais bis westlich zum Ortskern von Golm.
Die dunkelblau markierte **Krongutlinie** (Tram 92) chauffiert ihre Fahrgäste durch die Altstadt am Holländischen Viertel und der Kolonie Alexandrowka vorbei Richtung Ruinenberg und Krongut Bornstedt.
Die gelbe **Cecilienhoflinie** (Bus 603 ab Platz der Einheit) verknüpft alle 20 Minuten die Altstadt und Schloss Cecilienhof im Neuen Garten.
Die orangefarbene **Kulturlinie** (Tram 93) fährt durch die Berliner Vorstadt zur Glienicker Brücke. Auf ihrem Weg liegen die prachtvollen Villen der Berliner Vorstadt und der Kulturstandort Schiffbauergasse.

Die graue **Filmstadtlinie** (Bus 690 und 694) steuert über Park und Schloss Babelsberg den Filmpark Babelsberg an.

Die anthrazitfarbene **Filmparklinie** (Bus 690) fährt direkt vom Hauptbahnhof zum Filmpark Babelsberg.

Der Einzelfahrschein mit 60 Minuten Gültigkeit kostet 1,90 Euro (erm. 1,40 Euro), die Tageskarte ist für 4 Euro (erm. 3 Euro) zu haben. Tickets erhält man an Automaten in Tram und Bus sowie in den Kundenzentren der ViP (Verkehrsbetriebe Potsdam), die darüber hinaus über das Liniennetz und vieles Weitere informieren.

ViP-Kundenzentrum, Tel. 0331/6614275, www.vip-potsdam.de.

Kundenzentrum im Hauptbahnhof, Mo–Fr 7–19, Sa 9–14.30 Uhr.

Kundenzentrum Babelsberg, Rudolf-Breitscheid-Str. 29, Mo–Do 8–12 und 12.30–16 Uhr, Fr 8–12 und 12.30–15 Uhr.

Kundenzentrum in der WilhelmGalerie, Platz der Einheit 8, Mo–Fr 7–19, Sa 9–14.30 Uhr.

Ein interessantes Angebot für Potsdam-Touristen ist die **WelcomeCard**, die wahlweise für zwei, drei oder fünf Tage freie Fahrt mit allen öffentlichen Verkehrsmitteln und Preisnachlässe in zahlreichen Sehenswürdigkeiten und touristischen Angeboten gewährt. (→ S. 197)

Buslinien ins Umland, z. B. nach Caputh, Ferch, Petzow und Werder unterhält das Unternehmen Havelbus.

Havelbus Verkehrsgesellschaft, Johannsenstr. 12–17, Tel. 01804/283528, www.havelbus.de.

Mit dem Taxi

Taxi in Potsdam: Tel. 0331/810404, http://taxi-potsdam.com.

Potsdam-Taxi: Tel. 0331/201590, www.potsdam-taxi.de.

Taxi Ruf Potsdam: Tel. 0331/60060600, www.taxiruf-potsdam.com.

Auf dem Wasser

Ausgangspunkt für **Schlösserrundfahrten**, **Havelseenkreuzfahrten**, Rundfahrten um die gesamte Insel Potsdam herum sowie **Tagesfahrten** bis beispielsweise Brandenburg oder Berlin mit den Schiffen der **Weißen Flotte** ist der Hafen Potsdam an der Langen Brücke. Die Saison startet in der Regel Mitte April und endet je nach Wetterverhältnissen Anfang bis Mitte Oktober. Im Linienverkehr steuern die Schiffe

Blick auf St. Peter und Paul in der Innenstadt

Motorboot auf der Havel

ab Lange Brücke außerdem die Stationen Strandbad Templin und am Schwielowsee Caputh, Ferch, Petzow und Geltow sowie die Kirschblütenstadt Werder an.

Im Linienbetrieb verkehren darüber hinaus die **Wassertaxis** und verbinden Potsdams berühmteste Sehenswürdigkeiten mit 13 Haltestellen vom Wasser aus.

Lange Brücke 6, 14467 Potsdam, Tel. 0331/2759210, Fahrplan-Ansage 0331/2759233, www.schifffahrt-in-potsdam.de und www.potsdamer-wassertaxi.de.

Bootsverleih Freundschaftsinsel, Auf der Freundschaftsinsel, Tel. 01520/1688883, www.bootsvermietung-freundschaftsinsel.de, Mai–Sept. 10–20 Uhr, Kanus, Paddelboote, Ruderboote, Tretboote.

Marina am Tiefen See, Schiffbauergasse 8, Tel. 0331/8170617, www.marina-am tiefen-see.de, April–Okt. tgl. 9–19 Uhr, führerscheinfreie und führerscheinpflichtige Motor- und Segelboote.

Moisl's Bootsvermietung und Wasserskischule, Templiner Straße, Tel. 033209/84779, www.wassersport-caputh.de, Mai–Sept. 10–20 Uhr, Kanus, Paddelboote, Ruderboote, Tretboote.

Mit dem Fahrrad

Potsdam und das Havelland sind ein Paradies für Radler. Zahlreiche attraktive Radwege wurden in den vergangenen Jahren in der flachen bis sanft hügeligen Landschaft zu den wichtigsten Sehenswürdigkeiten und rund um die Seen neu angelegt. So die 18 Kilometer lange **Alte-Fritz-Route**, die auf ausgeschilderten Wegen vom Hauptbahnhof zum Park Sanssouci und seinen Schlössern über die Russische Kolonie Alexandrowka zum königlichen Neuen Garten und das Holländische Viertel zurück zum Ausgangspunkt führt. Oder für Fortgeschrittene die 35 Kilometer lange **Radroute F1**: Ebenfalls vom Hauptbahnhof aus verläuft sie nach Süden am Ufer des Templiner Sees entlang ins schöne Havelland, umrundet den Schwielowsee und geht über Petzow und Geltow nach Potsdam zurück, zahlreiche Sehenswürdigkeiten und urige Einkehrmöglichkeiten inklusive.

Auch für die individuelle Potsdam-Besichtigung erweist sich das Rad als ideales Fortbewegungsmittel. Man schlängelt sich elegant an der alltäglichen Blechlawine vorbei und ist nicht selten schneller als der Automobilist von Punkt A nach Punkt B gelangt. Parkplatzsorgen bestehen ebenfalls nicht, und so manche zünftige Einkehr lässt sich auf dem Nachhauseweg wieder abstrampeln.

Aber Achtung: In den berühmten **Potsdamer Schlösser und Gärten ist das Radfahren** nur auf vereinzelten ausgewiesen Wegen erlaubt und ansonsten **strikt verboten!** Wer sich nicht daran hält und erwischt wird, dem drohen saftige Geldbußen.

Eine der besten Fortbewegungsmöglichkeiten in Potsdam

Das alte Rathaus und die Nikolaikirche von Osten

Fahrradverleih

Die meisten Hotels haben für ihre Gäste Räder in der Garage. Darüber hinaus hält Potsdam per Pedales an den Stationen S-Bahnhof Griebnitzsee und Potsdam Hauptbahnhof **Leihräder** parat.

Potsdam per Pedales im Hauptbahnhof Potsdam (S-Bahnsteig Gleis 6/7 direkt unter der Rolltreppe) und im **S-Bahnhof Griebnitzsee**, Tel. 0331/7480057, www.potsdam-per-pedales.de, April–Okt. tgl. 9.30–19 Uhr, außerhalb der Saison im S-Bahnhof Griebnitzsee Mo–Fr 9–18.30 Uhr. Daneben hat sich das Verleihsystem von **nextbike** etabliert. Nach der Anmeldung unter www.nextbike.de oder Tel. 030/69205046 stehen an 24 Stationen rund um die Uhr gut 200 Räder bereit. Wird mit Kreditkarte gezahlt, kann die Fahrt sofort losgehen, im Lastschriftverfahren muss man drei Tage warten. Und wie funktioniert's? Nachdem man bezahlt hat, erhält man eine Zahlenkombination für das Fahrradschloss, gibt sie ein, schließt auf und fährt los. Die Räder können an allen Verleihstationen wieder abgegeben werden.

Stadtführungen und Rundfahrten

Um sich einen ersten Überblick über Potsdam und seine grandiose Schlösser- und Gartenlandschaft zu verschaffen, gibt es kaum etwas Besseres als eine geführte Stadtrundfahrt mit dem Bus, dem Rad, der Kutsche, dem Boot oder einfach zu Fuß. Das Angebot ist mannigfaltig.

Geführte Stadtrundgänge, Tel. 0331/27558899, www.potsdamtourismus.de. Mit kundigen Führern des Potsdam Tourismus Service geht es täglich von April bis Oktober auf Spaziergänge durch die historische Potsdamer Mitte, Schloss und Park Sanssouci, die Villenkolonie Babelsberg, den Neuen Garten, den Telegrafenberg und vieles mehr.

Kaiser-Tour Potsdam, Tel. 0331/710990, http://kaiser.hostingkunde.de. Zweieinhalb Stunden Busrundfahrt zu 26 historischen Highlights mit Live-Kommentierung, tgl. 12 und 13 Uhr ab Potsdam Hauptbahnhof Nord.

Kremserrundfahrten, Tel. 0331/500118, www.kremserfahrten-potsdam.de. Eine Stunde mit Pferd und Wagen zu den Schlössern und Bauwerken im Park Sanssouci und rundum. Startpunkt von Ende März bis Ende Okt. ist tgl. ab 11 Uhr an der Straße ›An der Orangerie‹ ca. 150 Meter hinter der Historischen Mühle von Sanssouci, ab ca. 11.30 Uhr ist ein Zustieg am Neuen Palais möglich.

Potsdam City Tour, Tel. 0331/974376, www.potsdam-city-tour.de. 105-minütige City-Tour im Doppeldeckerbus mit livehaftiger Stadtbilderklärung, bei schönem Wetter oben offen; im Hop-on-Hop-off-Verfahren, d.h. an allen zehn Stationen kann

Kremserrundfahrt

Potsdam-Informationen

man aussteigen und am selben Tag wieder zusteigen. Zentraler Start- und Endpunkt ist der Luisenplatz vor dem Brandenburger Tor.

Potsdam per Pedales, Tel. 0331/7480057, www.potsdam-per-pedales.de. Geführte Radtouren durch Potsdam und das Havelland, darunter die vierstündige Tour (20 km) ›Potsdam Royal‹ zu den berühmtesten Sehenswürdigkeiten; Mitte April–Anfang Okt. jeden Sa 10.30 Uhr mit Start am Potsdamer Hauptbahnhof.

Schlösserrundfahrt ›Alter Fritz‹, Tel. 0331/974376, www.schloesserrundfahrten.de. Eine knapp dreistündige Fahrt in den markanten grünen Bussen zu allen wichtigen Sehenswürdigkeiten, Abfahrt ab Hauptbahnhof/Ausgang Babelsberger Str., Mitte März–Mitte Okt. tgl. 10.30, 11 und 14.15 Uhr, im Winterhalbjahr tgl. um 11 Uhr.

Weiße Flotte und Potsdamer Wassertaxi, (→ S. 202).

Unterkünfte

Potsdam verfügt über eine große Vielfalt an Hotels und Pensionen, und auch für jeden Geldbeutel ist etwas dabei. Zimmer vermittelt der Potsdam Tourismus Service in seiner Zentrale am Neuen Markt sowie in den beiden Touristeninformationen im Hauptbahnhof und in der Brandenburger Straße (→ S. 13) oder online unter www.potsdamtourismus.de. Die Preise für die Unterkunft schwanken je nach Jahreszeit, Schulferien und großen Veranstaltungen wie beispielsweise der Potsdamer Schlössernacht.

Auch die hier in den Unterkunftstipps angegebenen Preise sollen vor allem der Orientierung dienen. Sie geben die ungefähren Kosten für eine Übernachtung mit zwei Personen in einem Doppelzimmer an einem Sommerwochenende (Hauptsaison) wieder, Frühstück inklusive, spiegeln somit die jeweils teuerste Übernachtungsmöglichkeit. Preisnachlässe bei längerem Aufenthalt und außerhalb der Saison, Frühbucherrabatte, spezielle Angebote und Arrangements sind üblich, weshalb es sich immer lohnt, noch einmal direkt nachzufragen.

Unterkunft in der Innenstadt

Gehobene Klasse

Hotel Bayrisches Haus, Im Wildpark/Elisenweg 2, 14471 Potsdam, Tel. 0331/55050, www.bayrisches-haus.de, DZ/F ab 125 Euro. Mitten im Wildpark im Grünen steht das von Preußenkönig Friedrich Wilhelm IV. für seine bayerische Gattin Elisabeth im bayerischen Blockstil errichtete Haus, das heute eines der schönsten und vornehmsten Hotels in Potsdam beherbergt. Im Gourmetrestaurant ›Friedrich Wilhelm‹ bereitet Sternekoch Alexander Dressel exquisite Gaumenfreunden zu.

Romantik Hotel Am Jägertor, Hegelallee 11, 14467 Potsdam, Tel. 0331/2011100, www.hotel-am-jaegertor.de, DZ/F ab 130 Euro. Schöne Vier-Sterne-Residenz zwischen Park Sanssouci und Holländischem Viertel, elegant gediegen mit Stilmöbeln ausgestattet. Das angeschlossene Restaurant Fiore kreiert regionale und internationale Spezialitäten.

Hotel Villa Monte Vino, Gregor-Mendel-Str. 27, 14469 Potsdam, Tel. 0331/2013339, http://hotelvillamontevino.de, DZ/F ab 129 Euro. Turmvilla im italienischen Stil, malerisch auf einem Hügel nahe Schloss Sanssouci gelegen, mit schönem Blick auf die Dächer der Innenstadt. Elegante Ausstattung, exzellenter Service.

Hotel am Luisenplatz, Luisenplatz 5, 14471 Potsdam, Tel. 0331/971900, www.hotel-luisenplatz.de, DZ/F ab 99 Euro. Klassische und elegante Vier-Sterne-Unterkunft in einem Stadtpalais von 1726 im Herzen Potsdams am Brandenburger Tor.

Hotel zum Hofmaler, Gutenbergstr. 73, 14467 Potsdam, Tel. 0331/730760, www.hofmaler-hotel-potsdam.de, DZ/F ab 99 Euro. Komfortzimmer, Barockzimmer und Suiten im sorgfältig sanierten Holländerhaus, in dem Mitte des 18. Jahrhunderts der Hofmaler Friedrichs des Großen lebte; mit modernem Anbau.

Inselhotel, Insel Hermannswerder, 14473 Potsdam, Tel. 0331/23200,www.inselhotel-potsdam.de, DZ/F ab 100 Euro. Großes modernes Vier-Sterne-Hotel in traumhafter Lage auf der Insel Hermannswerder, direkt am Ufer des Templiner Sees (mit dem Wagen 10 Minuten ins Stadtzentrum), großzügig geschnittene Zimmer, hoteleigene Schiffsanlegestelle, Badesteg, Radverleih, Spa-Bereich mit Pool und Sauna, gutes Restaurant.

Mittelklasse

Das kleine Apartmenthotel-Holländerhaus, Kurfürstenstr. 15/16, 14467 Potsdam, Tel. 0331/279110, http://hollaenderhaus.potsdam.de, DZ/F ab 85 Euro. In zwei benachbarten historischen Holländerhäusern und einer Remise im idyllischen Innenhof, die geräumigen Zimmer mit Holzböden, sehr geschmackvoll im modernen Design ausgestattet.

Hotel Am Katharinenholz, Amundsenstr. 24 d, 14469 Potsdam, Tel. 0331/24348040, www.hotel-katharinenholz.de, DZ/F 85 Euro. Schönes familiengeführtes kleines Hotel, 2005 eröffnet, ca. 2 km nördlich vom Park Sanssouci in Bornstedt; Fahrradverleih.

Anno 1900 Hotel Babelsberg, Stahnsdorfer Str. 68, 14482 Potsdam, Tel. 0331/749010, www.anno-1900-hotel-babelsberg.de, DZ/F 68 Euro (Etagendusche/-WC), 89 Euro mit Dusche/WC. Schöne Gründerzeitvilla mit großen Garten im grünen Babelsberger Villenviertel, nahe dem Filmpark Babelsberg, zwei S-Bahnstationen nach Potsdam Hauptbahnhof. Die charmanten Zimmer individuell gestaltet, unter dem Dach preiswerter, da mit Dusche und WC auf dem Flur, reichhaltiges Frühstücksbüffet.**Hotel Vivaldi**, Karl-Lieb-

Auf der Freundschaftsinsel

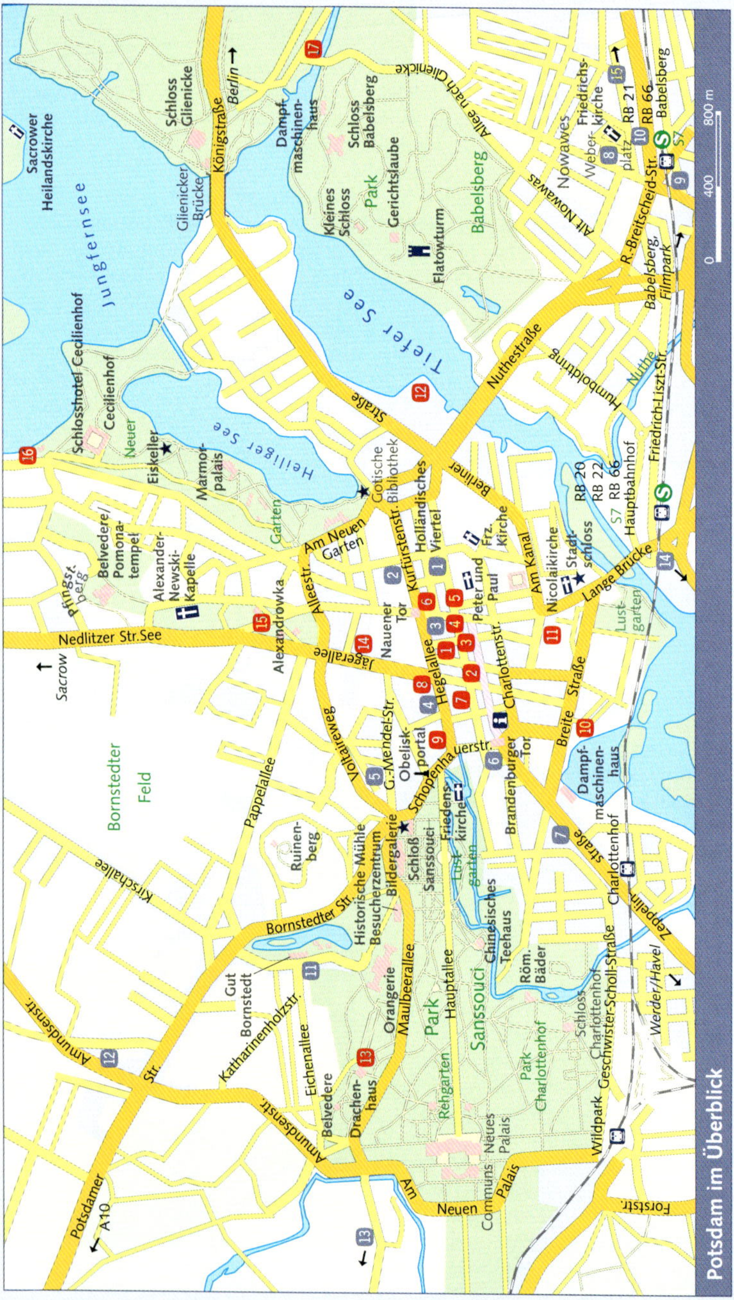

Potsdam im Überblick

Unterkünfte

1 Hotel zum Hofmaler
2 Das kleine Apartmenthotel-Holländerhaus
3 Pension zu Gutenberg
4 Romantik Hotel Am Jägertor
5 Hotel Villa Monte Vino
6 Hotel Luisenplatz
7 Potsdamer Hostel
8 Hotel Vivaldi
9 Jugendherberge
10 Pension Zeitlos
11 Quartier Potsdam Hostel
12 Hotel Am Katharinenholz
13 Apartmenthaus Kaiser Friedrich
14 Inselhotel (siehe hintere Umschlagklappe)
15 Anno 1900 Hotel Babelsberg

Gastronomie

1 Restaurant Juliette
2 Der Butt
3 Klosterkeller
4 Hafthorn
5 Café Rothenburg
6 Café Heider
7 Pauserei
8 Restaurant Fiore
9 Café Kieselstein
10 Restaurant Froschkasten
11 Restaurant & Bistro Der Hammer
12 Restaurant Il Teatro
13 Restaurant & Café Drachenhaus
14 Speckers Landhaus
15 Russisches Restaurant und Teestube
16 Meierei im Neuen Garten

knecht-Straße 24, 14482 Potsdam, Tel. 0331/749060, www.hotelvivaldi.de, DZ/F ab 60 Euro. An der Hauptschlagader der Babelsberger Altstadt unweit vom königlichen Park Babelsberg gelegen, Zimmer im Haupthaus von 1911 und in Kolonistenhäuschen (um 1750) am Weberplatz, durch einen gepflegten Garten miteinander verbunden; Fahrradverleih.

Pension Zeitlos, Rudolf-Breitscheid-Str. 63, 14482 Potsdam, Tel. 0331/7048200, www.zeitlos-potsdam.de, DZ/F ab 79 Euro. Kleine charmante Unterkunft im Herzen von Babelsberg nahe Weberplatz, eine S-Bahnstation nach Potsdam Hauptbahnhof. Die hübschen Zimmer hell und freundlich in warmen Farben, guter Service.

Pension zu Gutenberg, Jägerstraße 10, 14467 Potsdam, Tel 0331/740368, www.pension-zu-gutenberg.de, DZ/F ab 65 Euro. Im historischen Zentrum, die Zimmer mit zweckmäßigem Komfort eingerichtet, die angeschlossene schicke Brasserie mit deliziöser, nicht unbedingt preiswerter Speisekarte.

Apartmenthaus Kaiser Friedrich, Kaiser-Friedrich-Str. 115, 14469 Potsdam, Tel. 0331/6207823, www.akf-potsdam.de, DZ/F 75 Euro, Apartments für Selbstverpfleger ab 75 Euro. Gepflegtes Haus im Ortsteil Eiche, etwa 1 km vom Neuen Palais entfernt, freundlicher Service, gutes Frühstück, die hellen Zimmer im schnörkellosen Landhausstil, ein Teil der gut 10 000 qm großen Gartenanlage ist für Camper reserviert, mit Kinderspielplatz und Fahrradverleih.

Preisgünstig

Quartier - Potsdam Hostel, Ribbeckstr. 41, 14469 Potsdam, Tel. 0331/2739939, www.potsdam-hostel.com, DZ/F mit Dusche/WC 59 Euro, ohne 39 Euro. Kleines Hostel mit großem Garten in traumhafter Lage unterhalb von Schloss Sanssouci direkt gegenüber vom Krongut, Fahrradverleih.

Potsdamer Hostel, Zeppelinstr. 22, 14471 Potsdam, Tel. 0331/5826104, www.potsdamer-hostel.de, DZ 55 Euro (Bad/WC auf dem Gang). Zentral gelegen, zweckmäßige Zimmer, nach hinten ruhiger als nach vorne zur viel befahrenen Zeppelinstraße, Gemeinschaftsbad und Gemeinschaftsküche, Handtücher gegen Aufpreis.

Jugendherberge Potsdam, Schulstr. 9, 14482 Potsdam, Tel. 0331/5813100, www.jh-potsdam.de, Ü/F Einzelgast bis 26 Jahre 23,50 Euro, über 26 Jahre 27,50 inkl. Bettwäsche. 16 Doppel- und 27 Vierbettzimmer, alle mit Dusche/WC, 4 Zimmer davon rollstuhlgerecht.

Camping

Campingpark Sanssouci, An der Pirschheide 41, 14471 Potsdam, Tel. 0331/9510988, www.camping-potsdam.de, April–Anfang Okt. Herrliche Lage in der Pirschheide am Templiner See, 5 km südwestlich vom Stadtzentrum; die Sanitäranlagen teils behindertengerecht, große Badewiese, Restaurant, SB-Laden, Internet-Café, Fahrrad- und Kanuverleih; Hunde erlaubt.

Apartmenthaus Kaiser Friedrich, Kaiser-Friedrich-Str. 115, 14469 Potsdam, Tel. 0331/6207823, www.akf-potsdam.de, Ostern–Okt. Der Pension im 10 000 qm großen Garten angeschlossene, sympathische kleine Campingmöglichkeit, 1 km vom Neuen Palais entfernt; ebene Rasenfläche mit 3 Stellplätzen für Wohnwagen und 5 Zeltplätzen, Spielplatz, Grill, Radverleih, Frühstück im Haus für 7,50 Euro pro Person möglich.

Im Inneren der Kirche St. Peter und Paul

Gastronomie

Vom sternegekrönten Gourmettempel bis zum Imbiss schnell auf die Hand ist in Potsdam für jeden Geschmack, für jedes Bedürfnis und für jeden Geldbeutel etwas dabei. Die klassische Potsdamer Küche ist eine Brandenburger Küche, also eine bodenständige Landküche. Auf den Teller kommt, was Wald, Feld, Wiese und Wasser zu bieten haben: Wildbret aus der Schorfheide, Schaf- und Heidschnuckenbraten aus den Heidelandschaften, Rinderbraten vom Weiderind, Obst aus dem Havelland, Gemüse aus dem Oderbruch sowie Hecht, Zander, Aal, Karpfen und eine Fülle weiterer Süßwasserfischarten aus den zahllosen Brandenburger Gewässern; dazu Beeren, Kräuter, Pilze je nach Saison, nicht zu vergessen die Kartoffeln, die bei keinem typischen Gericht fehlen dürfen.

Da Brandenburg traditionell ein Agrarland ist, werden in der guten Küche bevorzugt frische Produkte aus der Region verwendet. ›Regional‹ und ›saisonal‹ lautet die Zauberformel, mit der sich entdecken lässt, dass man eine schöne Landschaft auch schmecken kann.

Die besten Potsdamer Restaurants setzen für ihre leichten Kreationen auf jahreszeitliche Erzeugnisse von den heimischen Märkten. Diese Gratwanderung zwischen ausgefeilter Eleganz und schmackhafter Bodenständigkeit hat 2013 einmal mehr dem Spitzenkoch Alexander Dressel im Restaurant ›Friedrich Wilhelm‹ 16 von 20 möglichen Punkten in der Gourmet-Bibel Gault Millaut beschert. 15 Punkte erkochten sich das ›Juliette‹ mit einer Mischung von klassisch französischer Küche und eigenen Kreationen sowie ›Speckers Landhaus‹, das ebenfalls mit viel Erfolg auf eine feine, ehrliche Landküche setzt.

Ob gutbürgerlich wie im Holländischen Viertel im ›Fliegenden Holländer‹ oder deftig wie in der Altstadt im ›Klosterkeller‹, ob Sushi Bar, Döner-Bude oder Pizzeria, die brandenburgische Landeshauptstadt lässt sich auf vielerlei Art genießen. Ein Qualitätszeichen ist dabei das Siegel ›Potsdamer Gastlichkeit‹, das an Restaurants mit guten Testergebnissen in Bezug auf Angebot, Service und Qualität verliehen wird.

Spitzenrestaurants

Restaurant Friedrich Wilhelm im Hotel Bayrisches Haus, im Wildpark/Elisenweg 2, Tel. 0331/55050, www.bayrisches-haus.de, Di–Sa ab 18 Uhr. Herrschaftlich tafeln im historischen Landhaus der Königin Elisabeth von Preußen. Im Restaurant des heutigen Tophotels verleiht Chefkoch Alexander Dressel exquisiten regionalen Kompositionen eine mediterrane Note. Der Michelin gibt einen Stern, der Gault Millau 16 von 20 Punkten.

Speckers Landhaus, Jägerallee 13, Tel. 0331/280 43 11, www.speckers.de, Di–Sa 12–13.45 u. 18–21.45 Uhr. Raffiniertes aus regionalen und saisonalen Produkten; Gault Millau zeichnet den Feinschmeckertempel im ehemaligen Garde-Ulanen-Gasthaus mit 15 Punkten aus.

Restaurant Juliette, Jägerstraße 39, Tel. 0331/2701791, www.restaurant-juliette.de, Mi–Mo 12–15.30 und 18–22 Uhr. Klassische französische Küche kombiniert mit eigenen modernen Kreationen, dazu eine Weinkarte von über 120 edelsten Tropfen, dem Gault Millau ebenfalls köstliche 15 Punkte wert.

Café am Nauener Tor

Schick

Restaurant Fiore, Hegelallee 11, Tel. 0331/2011100,www.hotel-am-jaegertor.de, So–Do 12–22:30 Uhr und Fr–Sa 12–23:30 Uhr. Delikatessen global und lokal im vornehmen Ambiente im Hotel am Jägertor, z.B. französische Flugentenbrust, märkischer Jagdfasan oder ausgesuchtes Ruppiner Lamm.

Restaurant & Bistro Der Hammer, Am Neuen Markt 9 a/b, Tel. 0331/2006887, http://kutschstall.kuk-events-potsdam.de/der-hammer.html, tgl. ab 10 Uhr. In der ehemaligen Schmiede des königlich-preußischen Kutschstalls wird frische deutsche Küche mit leichtem mediterranem Touch serviert, als Schauküche kann man den Köchen bei der Zubereitung über die Schulter sehen.

Restaurant Il Teatro, Schiffbauergasse 12, Tel. 0331/20097291, www.ilteatro-potsdam.de, tgl. 11.30–0 Uhr. Leckere klassische italienische Küche mit einer leider recht bescheidenen Weinkarte; die Lage neben dem Hans-Otto-Theater am Ufer vom Tiefen See besticht!

Urig

Klosterkeller, Friedrich-Ebert-Str. 94, Tel. 0331/291218, www.klosterkeller.potsdam.de, tgl. 12–23 Uhr. Jahrhundertealtes Traditionslokal in der Innenstadt, wenn die Bedienung murrt, muss man manchmal auch etwas länger warten; serviert wird Deftiges von Rostbratwurst über Kutschers Leibgericht bis Störtebeckers Bierfleisch und Krustenbraten.

Restaurant Froschkasten, Kiezstr. 3–4, Tel. 0331/291315, www.froschkasten.de, tgl. ab 12 Uhr. Das Haus 1777 nach einem Entwurf von Georg Christian Unger errichtet, gehört das Restaurant im gleichnamigen Hotel Froschkasten zu den ältesten Potsdams. Im rustikalen Gastraum kommt herzhafte Altberliner Küche auf den Tisch, z. B. Eisbein mit Erbspüree oder schmackhafter Schweinebraten, außerdem frischer Fisch aus den brandenburgischen Seen und internationale Gerichte.

Fischrestaurants

Der Butt, Gutenbergstr. 25, Tel. 0331/2006066, www.der-butt.de, tgl. ab 12 Uhr.

Im Holländischen Viertel

Frischer Fisch von heimischen Potsdamer Fischern und der Seefisch aus nachhaltiger Meeresfischerei, zubereitet mit Gemüsen und Kräutern aus der Region; dazu ein frisch gezapftes Bio-Bier aus der Potsdamer Braumanufaktur und ein vollmundiger Qualitätswein vom nahen Werderaner Wachtelberg.

Vegetarisch

Café KieselStein, Hegelallee 23, Tel. 0331/6012377, www.cafe-kieselstein.de, März-Okt. Mo–Sa 9–18 Uhr, So ab 10 Uhr, Nov.-Feb. tgl. 10–17 Uhr. Fleischlose Tagesmenüs, Suppen, Quiches, Teigtaschen, Omelettes, Salate und belegte Brötchen aus zu 100 Prozent biologisch gewachsenen Zutaten.

Ausflugslokale

Braumanufaktur ›Forsthaus Templin‹, Templiner Straße 102, Tel. 033209/217979, www.braumanufaktur.de , April–Sept. tgl. 11–23 Uhr, Okt.- März Mo/Di 11–16, Mi-So 11–22 Uhr, immer mittwochs um 19 Uhr kostenlose Brauereiführung. Fünf Kilometer südlich vom Potsdamer Zentrum im Wald wenige Meter vom Templiner See: Bio-Bier aus historischen Braukesseln, dazu herzhafte deutsche Küche zu vernünftigen Preisen, großer Biergarten.

Bürgershof, Waldmüllerstraße 4–5, Tel. 0331/2378889, www.buergershof.de, April–Okt. Mo–Fr ab 12, Sa/So ab 11 Uhr, Nov.–März Sa/So ab 12 Uhr. Großer Biergarten direkt am Wasser zu Füßen von Schloss und Park Babelsberg, im Restaurant saisonale Gerichte.

Restaurant & Café Drachenhaus, Maulbeerallee 4a (im Park Sanssouci), Tel. 0331/5053808, www.drachenhaus.de, April–Okt. tgl. ab 11 Uhr, Nov.–März Di–So 11–18 Uhr. Delikate deutsche Küche mit internationalen Einflüssen auf einer Anhöhe im Schlosspark Sanssouci; Kuchen und Eis drinnen und draußen auf der Sommerterrasse stehen ebenfalls auf der Karte.

Meierei im Neuen Garten, Im Neuen Garten, Tel. 0331/7043211, www.meiereipotsdam.de, April–Okt. Di–Sa 11–22 Uhr, So 11–20 Uhr, Nov.–März Di–Sa 12–22, So 12–20 Uhr. Hausgebraute Bierspezialitäten und dazu deftige Gaststättenküche, ob Brezel oder Schmalzstulle, Pommes oder Boulette und für den großen Hunger Berliner Eisbein und Wiener Schnitzel.

Russisches Restaurant und Teestube, Russische Kolonie 1, Tel. 0331/2006478, www.alexandrowka-haus1.de. Mai–Sept Di–Fr 11.30–22, Sa bis 21, So bis 20 Uhr; Nov./Dez. Di–Sa 11.30–21, So bis 20 Uhr; Jan/Feb. Di–Fr 11.30–18, Sa bis 21, So bis 20 Uhr; März/April Di–Fr/So 11.30–20, Sa bis 21 Uhr. Von Bliny über Borschtsch und Soljanka zu Boeuf Stroganoff zum Dessert mit Wareniki und Eierkuchen traditionelle russische Küche vom Feinsten. Dazu wird Tee aus dem Samowar, St. Petersburger Bier und natürlich auch Wodka kredenzt.

Kuchenkunst

Café Heider, Friedrich-Ebert-Str. 29, Tel. 0331/2705596, www.cafeheider.de, Mo–Fr ab 8, Sa ab 9, So ab 10 Uhr. Köstlichste Torten in großer Vielfalt, leichte märkische Küche und internationale Gerichte mitten in der Stadt mit Blick auf das Nauener Tor.

Kleines Schloss, Park Babelsberg 9, Tel. 0331/705156, www.kleinesschloss.de. Hausgebackene Kuchen und Torten, eine große Auswahl an Tees und Kaffeespezialitäten sowie leckere Quiches, dazu eine wunderbare Aussicht über den Tiefen See auf die Silhouette von Potsdam.

Günstig

Café Rothenburg, Gutenbergstr. 33, Tel: 0331/2805353, www.cafe-rothenburg.de, tgl. ab 11 Uhr. Café, Biergarten, Restaurant und abends gemütliche Kneipe; es werden täglich wechselnde, hausgemachte, gutbürgerliche Gerichte aus frischen und saisonale Zutaten vom Markt kredenzt, außerdem Torten, Kuchen und sonntags eine große Frühstücksauswahl, von September bis Mai immer freitags Livemusik.

Hafthorn, Friedrich-Ebert-Str. 90, Tel. 0331/2800820, www.hafthorn.de, tgl. ab 18 Uhr.

Der Obelisk am Alten Markt

Szenekneipe mit schönem Biergarten im Innenhof, auf der Karte stehen neben einer großen Auswahl von Bieren preisgünstige kleine Gerichte wie Burger, Chicken, Salate, Nudeln, Fingerfood und eine Tagessuppe, dazu gibt es gelegentlich Livemusik.

Pauserei, Gutenbergstr. 103, Tel. 0331/87096578, Mo–Fr 11–15 Uhr. Früher in einer ehemaligen Lichtpauserei untergebracht, daher der ungewöhnliche Name, treffen sich in dem kleinen Lokal die Potsdamer zum Mittagstisch. Neben Salaten, Boulette, Schnitzel und & Co bietet die alle sieben Tage wechselnde Wochenkarte täglich zwei Hauptgerichte zur Wahl, außerdem Suppe und Nachtisch, schnörkellos, lecker, nach Hausmannsart.

Sehenswürdigkeiten

Potsdam verfügt über eine unglaubliche Fülle an Sehenswertem. 300 Jahre Herrschaft unter den Hohenzollern-Königen und -Kaisern haben die Havelresidenz in eine der schönsten Städte in Deutschland verwandelt. Zu den Höhepunkten jedes Potsdam-Besuchs zählen die Preußischen Schlösser und Gärten. Daneben stehen die königliche Sakralbauten ebenso wie die Bauwerke der Wissenschaft des späten 19. Jahrhunderts in der ersten Sightseeing-Reihe, gefolgt von den jüngeren Attraktionen wie dem Filmpark Babelsberg oder der Biosphäre im Volkspark, die den traditionsreichen Sehenswürdigkeiten kaum nachstehen

Büste am Amtsgericht

Museen, Galerien, Gedenkstätten

Dampfmaschinenhaus, Breite Straße 28, www.spsg.de, Mai–Okt. Sa/So 10–18 Uhr (12.30 - 13 Uhr Mittagspause). Das Mitte des 19. Jahrhunderts in Form einer Moschee erbaute Pumpwerk für die Fontänen im Park Sanssouci kann mit Führung besichtigt werden.

Einsteinturm im Wissenschaftspark auf dem Telegrafenberg. Das von Albert Einstein initiierte Sonnenobservatorium kann im Winterhalbjahr nach Voranmeldung besucht werden über den Urania Verein ›Wilhelm Foerster‹, Gutenbergstraße 71/72, Tel. 0331/293683, www.urania-potsdam.de.

Filmmuseum Potsdam, Breite Straße 1a, Tel. 0331/271810, www.filmmuseum-potsdam.de, wegen Renovierung bis Herbst 2014 geschlossen. Anhand von Fotos, Drehbüchern, Kostümen und vielem mehr wird die über hundertjährige Geschichte der Babelsberger Filmstudios gezeigt.

Gedenk- und Begegnungsstätte Leistikowstraße Potsdam, Leistikowstr. 1, Tel. 0331/2011540, www.gedenkstaette-leistikowstrasse.de, Di–So 14–18 Uhr. In dem Gebäudeensemble befand sich das zentrale Untersuchungsgefängnis des sowjetischen Geheimdienstes in der Sowjetischen Besatzungszone (SBZ) bzw. DDR. Heute ist es Gedenkstätte.

Gedenkstätte Lindenstraße für die Opfer politischer Gewalt im 20. Jahrhundert, Lindenstraße 54/55, Tel. 0331/2896112, www.potsdam.de, Di–So 10–18 Uhr. Hintern den berüchtigten Gefängnismauern verschwanden Regimegegner des Dritten Reichs und der Sowjetischen Besatzungszone. Später übernahm die Stasi den Ort des Schreckens.

Großer Refraktor im Wissenschaftspark auf dem Telegrafenberg, Führungen durch das 1899 eingeweihte Gebäude mit dem seinerzeit größten Linsenteleskop der Welt. werden organisiert vom Förderverein Großer Refraktor Potsdam e.V., Telegrafenberg A27, Tel. 0331/2882324.

Haus der Brandenburgisch-Preußischen Geschichte, Kutschstall, Am Neuen Markt 9, Tel. 0331/6208550, www.hbpg.de, Di–Do 10–17, Fr–So 10–18 Uhr. Ausstellungen zu 900 Jahren brandenburgischer und preußischer Geschichte im ehemaligen königlichen Kutschstall.

Historische Mühle, im Park Sanssouci, April–Okt. tgl. 10–18 Uhr, Nov.–März Sa/So 10–16 Uhr (Dezember geschlossen). Alles Wissenswerte rund um Mühlen in der Vergangenheit und Gegenwart zeigt die berühmte Mühle im Park Sanssouci, und auch die Mühlentechnik kann man besichtigen.

Hofgärtnermuseum, Königstraße 36 (im Schlosspark Klein-Glienicke), Berlin, Tel. 0331/9694200, www.spsg.de, April–Okt. Di–So 10–18 Uhr, Nov.–März Sa/So, Besichtigung nur mit Führung. Im Westflügel von Schloss Glienicke wird die Geschichte der preußischen Gartenkunst präsentiert.

Jan Bouman Haus, Mittelstraße 8, Tel. 0331/2803773, www.jan-bouman-haus.de, Mo–Fr 13–18, Sa/So 11–18 Uhr. Das historische Holländerhaus von 1735 stellt die Geschichte der holländischen Immigranten in Potsdam aus.

Museum Alexandrowka, Russische Kolonie 2, Tel. 0331/8170203, www.alexandrowka.de, März–Okt. Di–So 10–18, Nov.–Feb. Fr–So 10–17 Uhr. Im Blockhaus in der Russischen Kolonie Alexandrowka widmet man sich der Geschichte der Kolonie von der Entstehung bis in die Gegenwart.

museum FLUXUS+, Schiffbauergasse 4f, Tel. 0331/601089, www.fluxus-plus.de, Mi–So 13–18 Uhr. Museum für moderne Kunst, insbesondere für die Fluxus-Bewegung, mit einer umfangreichen Sammlung von Werken Wolf Vostells sowie zahlreichen Wechselausstellungen.

Museumshaus Im Güldenen Arm, Hermann-Elflein-Str. 3, Tel. 0176/10006504, www.imgueldenenarm.de, Mi–So 12–18 Uhr. Im barocken Fachwerkbau des 18. Jahrhunderts werden Wechselausstellungen zeitgenössischer Kunst präsentiert.

Naturkundemuseum Potsdam, Breite Straße 13, Tel. 0331/2896707, www.naturkundemuseum-potsdam.de, Di–So 9–17 Uhr. Wer alles über die Tierwelt Brandenburgs in Erfahrung bringen möchte, ist hier goldrichtig.

Eines der Schweizerhäuser in Klein-Glienicke

Potsdam-Informationen

Windmühle in Werder an der Havel

Nowaweser Weberstube, Karl-Liebknecht-Straße 23, Tel. 0331/500374, Di-Do 13-17 und So 11-16 Uhr. Das kleine Heimatmuseum bietet anhand von Bildern, Dokumenten und historischen Ausstellungsstücken einen Ausflug in die Geschichte von Babelsberg.

Potsdam Museum – Forum für Kunst und Geschichte, Am Alten Markt 9 (Altes Rathaus), 14467 Potsdam, Tel. 0331/2896868, www.potsdam.de, Di-Fr 10-17, Do 10-19, Sa/So 10-18 Uhr. 1000 Jahre Potsdamer Geschichte repräsentativ am Alten Markt.

Potsdamer Zinnfigurenmuseum, im Krongut Bornstedt, tgl. 11-19 Uhr. Über 15 000 Miniaturfiguren aus Zinn warten auf einen Besuch.

Villa Lepsius, Große Weinmeisterstr. 45, Tel. 0331/58164511, http://lepsiushaus.wordpress.com. Besichtigungen des Hauses und Führungen durch die Ausstellung zum Wirken von Johannes Lepsius auf Anmeldung.

Villa Schöningen, Berliner Straße 86, Tel 0331/2001741, www.villa-schoeningen.org, Do/Fr 11-18, Sa/So 10-18 Uhr. In der klassizistischen Villa an der Glienicker Brücke widmet sich die Dauerausstellung der Geschichte des Orts; außerdem Wechselausstellung zeitgenössischer Kunst.

Wissenschaftspark Albert Einstein auf dem Telegrafenberg. Bereits seit der Einweihung des Astrophysikalischen Observatorium 1874 ein berühmter Wissenschaftsstandort mit historischen und modernen Forschungsbauten. Die Besichtigung der Anlage ist jederzeit tagsüber möglich.

Kirchen und Friedhöfe

Alexander-Newski-Kapelle, Russische Kolonie 14, Tel. 0331/296313, www.r-o-k.de, Mitte März-Okt. außerhalb der Gottesdienstzeiten tgl. 10-18 Uhr. Die Kapelle der russischen Einwanderer, 1829 erbaut und bis heute Kirche der russisch-orthodoxen Gemeinde.

Ausstellung Garnisonkirche, Breite Straße 7, www.garnisonkirche-potsdam.org, tgl. 10-18 Uhr. An die 1732 geweihte, 1968 als kriegszerstörte Ruine gesprengte Kirche erinnert ein rekonstruierter Gewölbebogen und dahinter im Pavillon eine Ausstellung der Wiederaufbaubefürworter zu ihrer Geschichte.

Französische Kirche, Gutenbergstraße77 (am Bassinplatz), Tel. 0331/291219, www.reformiert-potsdam.de. Nach Art des römischen Pantheons im 18. Jahrhundert vom Meisterarchitekt Knobelsdorff für die Hugenotten errichtet, geöffnet zu den Gottesdiensten und zu Veranstaltungen.

Friedenskirche, Am Grünen Gitter 3, Tel. 0331/974009, www.evkirchepotsdam.de, tgl. Mai-Okt. Mo-Sa 10-18, So 12-18 Uhr. Romantische Säulenbasilika im Park Sanssouci, in der königlichen Gruft ruht der ›Romantiker auf dem Thron‹ Friedrich Wilhelm IV., im neubarocken Kaiser-Friedrich-Mausoleum der Soldatenkönigs Friedrich Wilhelm I.

Jüdischer Friedhof, Puschkinallee 18, April-Sept. Mo-Fr 9-16, So 10-16 Uhr, Okt.-März Mo-Fr 10-17, So 10-13 Uhr. Die ältesten Grabsteine des jüdischen Friedhofes auf dem Pfingstberg stammen aus dem 18. Jahrhundert; in der Reichspogromnacht 1938 geschändet, 1995 neu geweiht; Männer müssen zum Friedhofbesuch bitte eine Kopfbedeckung tragen.

Kirche und Friedhof Bornstedt, Ribbeckstraße, Tel. 0331/520568, www.evkirche potsdam.de. An die Kirche, Mitte des 19. Jahrhunderts nach einer Idee Friedrich Wilhelms IV. erbaut, schließt sich der Friedhof mit zahlreichen berühmten Architekten und Gartenbaumeistern der Potsdamer Schlösser- und Gartenlandschaften an. Die Kirche steht in der Regel tgl. 13.30 - 17.30 Uhr offen, der Friedhof ist jederzeit frei zugänglich.

Nikolaikirche, am Alten Markt, Tel. 0331/2708602, www.nikolaipotsdam.de, im Sommerhalbjahr tgl. 9–19 Uhr, im Winterhalbjahr tgl. 9–17 Uhr (sonntags erst ab 11.30 Uhr). Die berühmte Schinkel-Kirche am Alten Markt ist ein in Meisterwerk des preußischen Klassizismus und Wahrzeichen Potsdams.

Kirche St. Peter und Paul, Bassinplatz 2, Tel. 0331/2307990 (Pfarrbüro), www.peter-paul-kirche.de, Di–Sa 10–18, So 12–16 Uhr. Kirche der katholischen Gemeinde, 1867 bis 1870 nach italienischem Vorbild erbaut.

Sacrower Heilandskirche, Fährstraße (im Schlosspark Sacrow), Tel. 0331/5052144, www.heilandskirche-sacrow.de, Mai–Aug. Di–So 10–16, März/April und Sept./Okt. Di–So 10–15.30, Nov.-Feb. Sa/So 10–15 Uhr. Mitte des 19. Jahrhunderts nach Art der frühchristlichen Basiliken errichtet, malerisch am Havelufer gelegen.

Schlösser und andere königliche Bauwerke

Belvedere auf dem Klausberg, im Park Sanssouci, Mai–Okt. Sa/So 10–18 Uhr. Graziler Aussichtsrundbau und König Friedrichs II. letzte Bauunternehmung im Park Sanssouci.

Belvedere auf dem Pfingstberg, Große Weinmeisterstraße 45a, Tel. 0331/9694200, www.spsg.de, April/Mai/Okt. tgl. 10–18 Uhr, Juni–Aug. tgl. 10–20 Uhr, März/Nov. Sa/So 10–16 Uhr. Potsdams schönster Aussichtspunkt mit atemberaubenden Weitblick wurde Mitte des 19. Jahrhunderts als klassizistische Doppelturmanlage auf dem Pfingstberg errichtet.

Bildergalerie, im Park Sanssouci, Mai–Okt. Di–So 10–18 Uhr. Ein Schloss quasi als Rahmen für die kostbare Gemäldesammlung, deren Grundstock Friedrich der Große in Sanssouci legte.

Chinesisches Haus, im Park Sanssouci, Mai–Okt. Di–So 10–18 Uhr. Der Pavillon ist ein prunkvolles Beispiel für die zur Zeit Friedrichs des Großen herrschende China-Liebhaberei.

Flatowturm, Park Babelsberg 12, Tel. 0331/9694200, www.spsg.de, Mai–Okt. Sa/So 10–18 Uhr. Mitte des 19. Jahrhun-

Das Neue Palais von Westen

derts als königlicher Wohnturm auf einem Hügel über dem Tiefen See erbaut, genießt man von seiner Aussichtsplattform einen wunderbaren Blick auf die Dächer von Potsdam.

Jagdschloss Stern, Jagdhausgasse 32; sonntägliche Führungen durch den bescheidenen, gleichwohl historisch spannenden Backsteinbau des Soldatenkönigs bietet von Ende April bis Ende September an unterschiedlichen Terminen der Förderverein Jagdschloss Stern - Parforceheide, Tel. 0331/80105464, www.jagdschloss-stern.de.

Marmorpalais, Im Neuen Garten 10, Tel. 0331/9694200, www.spsg.de, Mai–Okt. Di–So 10–18, Nov.–März Sa/So 10–16, April Sa/So 10–18 Uhr, Besichtigung nur mit Führung. Eines der bedeutendsten Werke des Frühklassizismus in Preußen und Perle Potsdams, im Neuen Garten am Ufer des Heiligen Sees.

Neue Kammern, im Park Sanssouci, April–Okt. Di–So 10–18 Uhr. Gästeschloss Friedrichs des Großen, Nachbar und kleiner Bruder des berühmten Schlosses Sanssouci.

Neues Palais, im Park Sanssouci, April–Okt. Mi–Mo 10–18 Uhr, Nov.–März Mi–Mo 10–17 Uhr; Königswohnung (nur mit Führung), April–Okt. Mi–Mo 10–18 Uhr. Das imposanteste, unter Friedrich II. im Park Sanssouci errichtete und damals kostspieligste Bauwerk Europas; in seinen Mauern sind das Schlosstheater, der Marmorsaal und der Grottensaal wegen umfassender Sanierungsarbeiten bis voraussichtlich 2015 einschließlich nicht zu besichtigen..

Normannischer Turm auf dem Ruinenberg, Ruinenberg (zwischen Bornstedter Straße und Pappelallee), Mai–Okt. Sa/So 10–18 Uhr. Das Wasserbecken für die Speisung der Fontänen im Park Sanssouci wurde als römisches Ruinenensemble verkleidet und Mitte des 19. Jahrhunderts zusätzlich mit einem zinnenbewehrten Turm verziert.

Orangerie, im Park Sanssouci, April Sa/So 10–18 Uhr, Mai–Okt. Di–So 10–18 Uhr. Mitte des 19. Jahrhunderts errichtet und als Bauwerk der Italiensehnsucht des romantischen Königs Friedrich Wilhelm IV. geschuldet. Besichtigung nur mit Führung. Ausnahme: Immer sonntags, im Juli/Aug. zusätzlich samstags ist auch ein ungeführter Besuch möglich.

Pomonatempel, auf dem Pfingstberg, Tel. 0331/9694200, www.spsg.de, Mitte April bis Ende Okt. Sa/So 15–18 Uhr. Der kleine Teepavillon von 1801 auf dem Pfingstberg ist das Erstlingswerk 1801 des jungen Karl Friedrich Schinkel.

Römische Bäder, im Park Sanssouci, Mitte April–Ende Okt. Di–So 10–18 Uhr. Südlich-heiteres, klassizistisches Gebäudeensemble aus der Feder von Karl Friedrich Schinkel und seinem Schüler Ludwig Persius.

Schloss Charlottenhof, im Park Sanssouci, Mai–Okt. Di–So 10–18 Uhr. Klassizistisches Paradeschlösschen von Karl Friedrich Schinkel, für König Friedrich Wilhelm III. und seine Gemahlin Luise erbaut.

Schloss Babelsberg, Park Babelsberg 10, Tel. 0331/9694200, www.spsg.de. Der romantische, im englischen Burgenstil errichtete Prachtbau, Lieblingsschloss Kaiser Wilhelms I., ist bis einschließlich 2015 wegen Sanierung geschlossen.

Schloss Cecilienhof, Im Neuen Garten 11, Tel. 0331/9694200,www.spsg.de, April–Okt. Di–So 10–18, Nov.–März Di–So 10–17. Fachwerkschloss im englischen Landhausstil und letzter Schlossbau der Hohenzollern vor ihrer Abdankung 1918; Tagungsort der Alliierten während der Potsdamer Konferenz 1945. Die Privaträume des Kronprinzenpaares sind Di–So mit Führung jeweils um 10, 12, 14 und 16 Uhr zu besichtigen.

Schloss Glienicke, Königstraße 36 (im Schlosspark Klein-Glienicke), Berlin, Tel. 0331/9694200, www.spsg.de, April–Okt. Di–So 10–18 Uhr, Nov.–März Sa/So 10–17 Uhr, im Winter Besichtigung nur mit Führung. 1825–1829 im römischen Landhausstil für Prinz Carl errichtet, entspringt Außen wie Innen einmal mehr den Entwürfen des großen preußischen Baumeisters Karl Friedrich Schinkel.

Plenarsaal im Landtagsschloss, ursprünglich mit weißem Adler über dem Redepult

Schloss Sacrow, Krampnitzer Str. 33 (im Schlosspark Sacrow), Tel. 0331/9694200, www.spsg.de. Der kleine Barockbau am Nordufer des Jungfernsees steht für Wechselausstellungen und zu Veranstaltungen offen, Infos unter www.ars-sacrow.de.
Schloss Sanssouci, im Park Sanssouci, April–Okt. Di–So 10–18 Uhr, Nov.–März Di–So 10–17 Uhr. Das berühmteste Potsdamer Schloss und Lieblingsschloss Friedrichs des Großen. Besichtigung nur mit Führung. Der Kartenverkauf ist limitiert und das Ticket gilt nur für den Tag des Erwerbs. Der Andrang, vor allem im Sommerhalbjahr, ist groß. Es empfiehlt sich deshalb, die Eintrittskarte möglichst früh am Tag zu erstehen, am besten gleich bei Öffnung der Kasse um 10 Uhr, auch wenn man anschließend womöglich noch einmal weggehen muss und erst an einer Führung beispielsweise um 13 Uhr teilnehmen kann. Über https://tickets.spsg.de besteht die Möglichkeit, mit dem Erwerb einer ›Premium Tageskarte Online‹, die zum einmaligen Besuch aller Schlösser der Stiftung Preußische Schlösser und Gärten an einem Tag berechtigt (außer Belvedere auf dem Pfingstberg und Schloss Sacrow), eine feste Einlasszeit für Schloss Sanssouci mitzubuchen, so dass man zeitgenau für die Schlossbesichtigung anreisen kann.
Ohne obligatorische Führung ist der Damenflügel Sa/So 10–18 Uhr zu besichtigen, Schlossküche und Weinkeller April–Okt. Di–So 10–18 Uhr.

Weitere Sehenswürdigkeiten

Biosphäre, Georg-Hermann-Allee 99, Tel. 0331/550740, www.biosphaere-potsdam.de, Mo–Fr 9–18 Uhr, Sa/So 10–19 Uhr. Tropischer Erlebnisgarten im Herzen des Volksparks, der über 20 000 tropische Pflanzen und viele Tiere des Tropenwalds für seine Besucher beherbergt.
Karl-Foerster-Garten und Gärtnerei, Am Raubfang 6, Tel. 0331/5672615, www.foerster-stauden.de. Im Foersterschen Garten gehen allen Profi- und Hobbygärtnern die Augen über, tgl. von 9 Uhr bis zur Dunkelheit; die benachbarte Gärtnerei hat Mitte März bis Mitte Okt. Mo–Sa 9–18, So 11–14 Uhr geöffnet, ab Mitte Okt. eingeschränkte Öffnungszeiten, ab Mitte November ist die Gärtnerei über den Winter geschlossen.
Filmpark Babelsberg, Großbeerenstr. 200, Tel. 0331/7212750, www.filmpark-babelsberg.de, Mitte April–Anfang Nov. tgl. 10–18 Uhr. Abenteuer, Fantasy, Live Shows und Action für die ganze Familie. Im Film-Vergnügungspark lassen sich in originalen Spielfilmkulissen, anhand eines leibhaftigen GZSZ-Außensets, mit spektakulären Stuntshows und vielem mehr 100 Jahre Abenteuer der berühmten Filmstudios nacherleben.

Stadtschloss – Landtag Brandenburg, Besucherdienst, Alter Markt 1, 14467 Potsdam, Tel. 0331/9661253, www.landtag.brandenburg.de. Das wiederaufgebaute und Anfang 2014 neu eingeweihte Potsdamer Stadtschloss fungiert als Landtag von Brandenburg. Über das nördliche Fortunaportal sind der Schloss-Innenhof tgl. 9–20 Uhr, die Cafeteria im Erdgeschoss wochentags 8–18 Uhr und die Kantine im Dachgeschoss wochentags 11–15 Uhr zugänglich. Der Besucherdienst bietet nach Voranmeldung Führungen durch den Landtag an.

Studio Babelsberg, August-Bebel-Straße 26. Mo–Fr finden nach Anmeldung mindestens 10 Tage im Voraus zweistündige Führungen für Gruppen zwischen 2 und 15 Personen ab 18 Jahre durch die legendären Babelsberger Filmproduktionsstudios statt. Anmeldung unter Tel. 0331/7212132 und 7210000, www.studiobabelsberg.com, besucherservice@studiobabelsberg.com.

Aktivitäten

Baden

Badewiese am Heiligen See, im Neuen Garten am Nordufer des Heiligen Sees, zu erreichen entweder über Schloss Cecilienhof oder über die Berliner Vorstadt (dort über die Seestraße oder über die Schwanenallee). Große Wiese mit Blick auf das Marmorpalais, FKK und Textil ist bunt gemischt; mehrere kleinere und größere Wassereinstiege zwischen dem Schilf, teils glitschig und etwas unwegsam. Bei der beliebten Badewiese handelt es sich um keine offizielle Badestelle. Sie ist deshalb unbewacht, das Baden wird toleriert und ist auf eigene Gefahr.

Kristall-Blüthen Therme Werder, Zum Großen Zernsee 15, 14542 Werder, www.kristalltherme-werder.de, vorraussichtliche Eröffnung Herbst 2014.

Bewachte Badestelle

Seebad Caputh, Weg zum Strandbad 1, 14548 Schwielowsee/OT Caputh, Tel. 033209/80851, www.seebad-caputh.de, Strand und Beachcafé April–Sept. Mo–Do 8–18.30 Uhr (ab 20 °C), Fr–So 10–20 Uhr (ab 17 °C), Okt. Fr–So ab 12 Uhr, im Strandhaus jeden Sonntag Lunch 13.30–18.30 Uhr. Auf der Spitze der Landnase zwischen Caputher Gemünde und Schwielowsee, schmaler Sandstrand und herrlicher Blick über den Schwielowsee, mit Strandrestaurant und Cocktailbar.

Strandbad Babelsberg, Am Babelsberger Park 2, Tel. 0331/6619834, www.swp-potsdam.de, Mitte Mai–Ende Aug. tgl. 9–20 Uhr, Ende April–Mitte Mai und Anfang–Mitte Sept. tgl. 10–19 Uhr. Am Rande vom Park Babelsberg, mit Blick über den Tiefen See gegenüber auf das Hans-Otto-Theater, grüne Wiese mit kleinem Sandstrand, FKK-Bereich, Imbiss, Kinderspielplatz.

Strandbad Ferch, Dorfstraße 41a, 14548 Schwielowsee/OT Ferch, Tel. 033209/70295, www.schwielowsee-camping.de, Mai–Sept. Mo–Fr 10–19, Sa/So 10–20 Uhr. Badewiese am Scheitel des Schwielowsees, klein und gemütlich, mit Imbiss-Pavillon und Speiseterrasse.

Strandbad Werder, Am Plessower See 46, 14542 Werder, Tel. 03327/42111, Mai–Sept. bei schönem Wetter 9–21 Uhr. Liegewiese und kleine Sandfläche im Schutz eines bewaldeten Steilhangs am Ostufer des Großen Plessower Sees, mit Imbissbetrieb.

Waldbad Templin, Templiner Straße, Tel. 0331/6619837, www.swp-potsdam.de, im Sommer tgl. 9–20 Uhr. 5 km südlich von Potsdam Richtung Caputh, malerisch auf einer Landnase im Templiner See, weitläufiges Wiesengelände mit kleinen Sandeinsprengseln, Kinder-Planschbecken, Bootsverleih (Kajaks, Ruderboote, Spaßbananen), zahlreichen Freizeitsportmöglichkeiten von Fußball und Freiluftschach über Minigolf bis Volleyball, FKK-Bereich, kleine Gaststätte.

Einkaufen

Potsdams Bummelboulevard Nummer 1 ist die ›**Brandenburger**‹, die, von Cafés und Restaurants gesäumt, von der Kirche St. Peter und Paul von Ost nach West quer durch das barocke historische Zentrum zum Brandenburger Tor fast bis zum Park Sanssouci verläuft. Dort und in den umliegenden, kopfsteingepflasterten Seitenstraßen, in lauschigen Innenhöfen und in Passagen besteht eine bunte Auswahl an unterschiedlichen Läden, Boutiquen und Fachgeschäften. Weitere stilvolle Shops, Restaurants, Szenebars und Galerien finden sich direkt um die Ecke im **Holländischen Viertel.**

Die schönste Gelegenheit, sich unter die Potsdamer zu mischen, bietet sich auf den **Märkten**. Ob Floh- und Bauernmarkt, Wochenmarkt mit Lebensmitteln aus der Region, Kunst- oder Feinschmeckermarkt, hier wird jeder nach seinem Gusto fündig.

Floh- und Bauernmarkt auf dem Weberplatz, Floh- und Bauernmarkt rund um die Friedenskirche in Babelsberg. Von frischen Lebensmitteln bis zu Krimskrams und Trödel wird allerlei angeboten. Weberplatz, Sa 7–13 Uhr.

Potsdamer Kunstmarkt, Antikes, Kitsch, Trödel, Liebhaberstücke und Schnäppchen, in der Lindenstraße/Ecke Brandenburger, immer samstags 10–17 und sonntags 12–17 Uhr.

Spezialitäten und frische Markt am Nauener Tor, Großes Gedrängel zwischen den Kunst- und Kunsthandwerksständen in der Hegelallee und für Feinschmecker nebenan am Nauener Tor. Dort gibt es je nach Saison köstlichen Spargel direkt vom Bauern, Honig vom Imker, Leinöl aus der Werderaner Ölmühle, brandenburgische Kräuter und Wildspezialitäten und vieles mehr. www.markt-am-nauener-tor.de, Mi und Sa 9–16 Uhr.

Wochenmarkt am Bassinplatz, Täglich (außer So) werden zu Füßen der Kirche St. Peter und Paul an den Ständen frische Landprodukte, Käse, Fisch, Fleisch und Wurst, bunte Schnittblumen und allerlei sehr preisgünstige Textilien angeboten. Am Bassinplatz, Mo–Fr 7–16, Sa 7–13, So 7–12 Uhr.

■ Mode

Herr Knuth, Mittelstr. 38, http://herrknuth.de, Mo–Fr 11–20 , Sa 11–18 Uhr. Exklusives Herrenbekleidungsgeschäft im Holländischen Viertel. Premium-Mode und handgefertigte Schuhe werden auf schweren Teppichen zwischen englischen Stilmöbeln präsentiert, seit Neustem auch mit kleiner Damenabteilung.

Honrath Fashion, Dortustr. 60, www.honrath-fashion.de, Mo–Sa 9–18 Uhr. Für alle Frauen mit Spaß an ausgefallener, lässig cooler und trotzdem tragbarer Mode, dazu Schuhe, Schmuck und andere Accessoires, die den Kleiderschrank zu einer Schatzkammer machen.

Wochenmarkt am Bassinplatz

Figuren an der Kirche St. Peter und Paul

maliné – Potsdamer Hutatelier, Jägerstr. 36, www.huete-potsdam.de, Di–Fr 10–19, Sa bis 18 Uhr. Von der Modistin Kristin Müller aus feinsten Materialien handgefertigte Modellhüte, konservativ bis extravagant.

PRAMO, Mittelstr. 2, www.pramo.de, Mo–Sa 11–19 Uhr. Schicke Damenbekleidung aus hochwertigen Naturmaterialien, Schuhe und Accessoires jenseits vom Mainstream.

UNIKATERIE, Lindenstr. 11, www.unikaterie.de, Mo 12–18, Di–Sa 11–18.30 Uhr. Streetware und junge Mode hoch individualistischer Labels.

Wunderkind Potsdam, Friedrich-Ebert-Str. 37, www.wunderkind.com, Mo–Fr 11–19 Uhr, Sa nur bis 18 Uhr. Der Laden des Potsdamer Modepapstes Wolfgang Joop, stilgerecht im Remisengebäude der repräsentativen Persius-Villa Bier untergebracht.

Kunsthandwerk und Design

Erzgebirgische Handwerksstube, Brandenburger Str. 64, www.erzgebirge-rogler-potsdam.de, Mo–Sa 10–18, So 12–16 Uhr. Klassische erzgebirgische Holzkunst: Pyramiden, Räuchermänner Schwibbögen, Engel, Nussknacker, Holzspielzeug.

Kunsttruhe, Benkertstr. 6, www.kunsttruhe-potsdam.de, Mo–Sa 11–18 Uhr (von März bis Nov. auch sonntags). Der liebevoll eingerichtete Laden im Holländischen Viertel führt Landhausmöbel, Geschenkartikel, Seidenblumen und ein großes Bassetti-Sortiment. Herrlich zum Stöbern!

KPM, Brandenburger Str. 3, Tel. 0331/2370633, https://de-de.kpm-berlin.com, Mo–Sa 9–20 Uhr. 1763 wurde die Königlichen Porzellan-Manufaktur (KPM) von Friedrich dem Großen ins Leben gerufenen; im Laden kurz vor dem Brandenburger Tor kann man ihre Porzellan-Klassiker und ausgewählte zeitgenössische Artefakte erstehen.

Juwelier Herrendorf, Brandenburger Str. 57, www.juwelier-herrendorf.de, Mo–Fr 9.30–19, Sa 10–18 Uhr. Der Juwelier in der Brandenburger Straße hat exklusiv einen Potsdam-Ring aus 925er Sterlingsilber und Hightec Ceramic im Programm, der die bedeutendsten Potsdamer Sehenswürdigkeiten als Motive aufnimmt.

WASSERMANN Neues & Antikes, Gutenbergstr. 32, http://wassermann-potsdam.de, Mo–Sa 11–19, So 14–18 Uhr. Bildschön zum Verkauf arrangierte Antiquitäten, Tische, Kommoden, Schränke, Vitrinen, Kristallleuchter, Lampen, Kerzenhalter, Spiegel, Skulpturen und andere Kostbarkeiten.

Kulinarisches

Braumanufaktur ›Forsthaus Templin‹, Templiner Straße 102, www.braumanufaktur.de, April–Sept. tgl. 11–23 Uhr, Okt.–März Mo/Di 11–16, Mi–So 11–22 Uhr. Die Braumanufaktur am Strandbad Templin schenkt Bio-Bier aus historischen Braukesseln aus, darunter das traditionsreiche Potsdamer Stangenbier, goldgelb und feinherb gebittert.

Confiserie Felicitas, Gutenbergstr. 26, www.confiserie-felicitas.de, Mo–Sa 10–18 Uhr. Die Bio-Schokoladen-Manufaktur produziert köstlichste Schokoladen nach Lausitzer Art. Bei der Herstellung kann man den Chocolatiers über die Schulter schauen.

Fischerhof Potsdam, Große Fischerstr. 12, www.fischerhofpotsdam.de, Di–Do 12–16, Fr 11–17, Sa 10–13 Uhr. Delikater Räucherfisch und fangfrischer Havelfisch aus den Potsdamer Gewässern.

Q-Regio-h.o.f.laden, Gutenbergstr. 83, www.q-regio.de, Mo–Fr 9–19, Sa 8–15

Uhr. Der kleine Hofladen im Holländischen Viertel bietet regionale Produkte und traditionelles ländliches Lebensmittelhandwerk. Im Mittelpunkt steht eine Theke mit köstlichen Wurst- und Käsesorten von brandenburgischen und mecklenburgischen Produzenten, die man auch alle probieren kann.

Weinhandlung in vino, Dortustr. 61, http://in-vino-potsdam.de, Mo–Fr 10–19, Sa 10–16 Uhr. Vom Magazin ›Feinschmecker‹ ausgezeichneter Brandenburg-Sieger in Sachen edle Tropfen aus Deutschland, Frankreich, Italien. Dazu kann man wohlmundende mediterrane Öle, Pasteten, Käse, Salami und Schinken kosten.

Mit Kindern in Potsdam unterwegs

Dass Potsdam mit seinen zahlreichen Parkanlagen, ausgedehnten Wald- und Wiesenflächen, Badeseen Spielplätzen und anderen Möglichkeiten mehr für Spiel, Sport und Freizeitspaß eine kinderfreundliche Stadt ist, muss nicht erst bewiesen werden. Dennoch sei eine Umfrage des Prognos-Instituts von Ende 2012 erwähnt, die untermauerte, dass Potsdam mit Abstand die kinderfreundlichste ostdeutsche Stadt und **eine der familienfreundlichsten Städte** in ganz Deutschland sei. Ob Baden an einem herrlichen Sommertag oder Ausflüge zu Wasser mit dem Schiff oder Paddelboot, ob toben oder experimentieren, Kino oder Theater gucken oder einfach nur einen der vielen tollen Spielplätze besuchen – die Angebotspalette für Potsdam mit Kids drinnen und draußen ist breit gefächert.

Einen Überblick über ausgewählte Spielplätze, Sport- und Bolzplätze, Kinderklubs und Kultureinrichtungen, spannende Sehenswürdigkeiten und Naturoasen bietet der mit Beteiligung von 350 Potsdamer Kindern erstellte Kinderstadtplan ›**Hast'n Plan?**‹ Er liegt in zahlreichen kommunalen Einrichtungen aus sowie in vielen Hotels und Cafés und ist im Netz unter www.hastnplan.de zu finden.

Die Besichtigung der Potsdamer Schlösser und Gärten ist auch für Kinder erlebenswert. Besonders beliebt sind dabei **Schloss Sanssouci** und ein Spaziergang auf den nahen **Ruinenberg**, wo man im Sommerhalb-

Am Nauener Tor

jahr immer samstags und sonntags den mittelalterlich ausschauenden Normannischen Turm erklimmen kann.

Das **Krongut Bornstedt** mit seinem fantastischen Zinnfigurenmuseum, verschieden Läden, einer Hofbäckerei und Gastronomie bietet sich für einen herrlichen Ausflug an, ebenso eine **Schiffspartie** über die Havelseen oder ein Tag im **Strandbad**. (→ S.217)

Draußen im Grünen

Abenteuerpark: Kletterwald mit 150 Elementen in 10 verschiedene Parcours auf einer Länge von 1,5 Kilometer. Speziell für Kinder gibt es eine GPS Adventuretour, eine Piratenschatzsuche und betreutes Kinderklettern.

Albert-Einstein-Straße 49, Tel. 0331/6264783, www.abenteuerpark.de, Mitte März–Mitte April tgl. 10–18, Mitte April–Mitte Sept. tgl. 10–19, Mitte Sept.–Mitte Okt. tgl. 10–18, Mitte–Ende Okt. 10–17 Uhr.

Falkenhof und Waldhaus Großer Ravensberg: Einmal einen Greifvogel auf der Faust tragen oder im Sturzflug erleben - im Falkenhof kann man die unterschiedlichen Greifvögel und ihre Lebensweise kennenlernen, außerdem gibt es einen Streichelzoo, Schmetterlingswiese, Feuchtbiotop und dendrologischen Garten. Im nahen Waldhaus kann man Wildtiere besuchen und erfährt alles Wissenswertes rund um den Wald. Hunde dürfen nicht mit!

Regenwald in der Biosphäre

Waldhaus Großer Ravensberg, Caputher Heuweg, und Falkenhof, Ravensberggestell 2, Tel. 0331/2707687, www.waldhaus-potsdam.de. Öffnungszeiten Waldhaus März–Okt. Mo–Fr 12–17 Uhr; Öffnungszeiten Falkenhof Mi–Sa 14–16.30, So 10–16.30 Uhr, Flugvorführungen März–Okt. Mi-So um 14.30 Uhr. Von Nov. bis Feb. kann man beim Füttern der Vögel zuschauen.

Freiluftkino Waschhaus: Das Open-Air-Kino am Waschhaus in der Schiffbauergasse hat im Sommer auch viele schöne Kinderfilme im Programm.

Schiffbauergasse 1, Tel. 0331/271560, www.waschhaus.de.

Volkspark Potsdam: Im Volkspark Potsdam lässt es sich nach Herzenslust herumtollen. Ein langer Rundweg lädt zum Skaten und Radfahren ein, es gibt verschiedene Gartenbereiche, Streuobstwiesen. einen Naturerlebnispfad, Minigolf, Ballspiele-Felder, Kletterwand, Riesenrutsche, Zirkuszelt u.v.m., und das Betreten des Rasens zum Picknicken, Grillen, Sonnenbaden ist ausdrücklich erlaubt. Sport- und Spielgeräte verleiht der Besucherservice am Haupteingang.

Haupteingang Georg-Hermann-Allee 101, Tel. 0331/6206777, www.volkspark-potsdam.de, tgl. 5–23 Uhr.

Überdacht

Biosphäre: Ein Streifzug durch Mangrovensümpfe, Palmenhaine und farbenprächtige Dschungel mit über 20000 Pflanzen und zahlreichen exotischen Tieren, dazu stündlich ein Tropengewitter, versetzt Groß und Klein in ferne Welten.

Georg-Hermann-Allee 99, Tel. 0331/550740, www.biosphaere-potsdam.de, Mo–Fr 9–18, Sa/So 10–19 Uhr.

Dinodschungel: Der riesige Indoor-Spielplatz verfügt auf einer Fläche von über 1500 Quadratmetern über alles, was Kindern von 0 bis 100 Freude macht: Rutschen, Kletterwände, Trampoline, Labyrinthe, Kartbahn und Softballkanone, für die Kleinen unter 3 Jahre mit eigenem Spielbereich.

Spektakuläre Stuntshow im Filmpark Babelsberg

Auf dem Kiewitt 3, Tel. 0331/2434616, www.dinodschungel.de, Mo–Fr 13–19, Sa/So 9.30–19 Uhr.

Extavium: Mitmachmuseum zum spielerischen Erkunden, Erforschen, Ausprobieren für Kinder und Familien, in dem sich alles um die Geheimnisse der Wissenschaft dreht, sei es Physik, Chemie, Biologie oder Mathematik.

Marlene-Dietrich-Allee 9, Tel. 0331/8773628, www.extavium.de, in der Schulzeit Di–Do 9–14, Sa/So 11–17 Uhr, in den Weihnachts-, Herbst-, Winterferien tgl. 11–17 Uhr, in den Oster- und Sommerferien Di–Sa 11–17 Uhr.

Filmpark Babelsberg: Abenteuer, Fantasy, Live Shows und Action für die ganze Familie. Im Babelsberger Film-Vergnügungspark lassen sich 100 Jahre Abenteuer der berühmten Babelsberger Filmstudios nacherleben. Eine Mittelalterstadt mit originaler Filmkulisse, eine Westernstraße mit Saloon, spektakuläre Stuntshows und vieles mehr stehen auf dem Programm.

Großbeerenstraße 200, Tel. 0331/7212750, www.filmpark-babelsberg.de, Mitte April–Anfang Nov. tgl. 10–18 Uhr.

Hans-Otto-Theater: Kindertheater für kleine Menschen ab sechs Jahren spielt das Hans-Otto-Theater in der Reithalle am Kulturstandort Schiffbauergasse.

Schiffbauergasse 11, Tel. 0331/98110, www.hansottotheater.de.

Puppenbühne Burattino: Das kleine Koffertheater präsentiert immer am Wochenende Märchen und Mitmachstücke für Kinder ab drei Jahren. Da es nur 28 Zuschauerplätze gibt, ist eine rechtzeitige Anmeldung wichtig.

Rosenstraße 35, Tel. 0331/742550, www.werkstatt-burattino.de.

T-Werk: Fantasievolles Kindertheater ab drei Jahren, Zauberstücke, Masken- und Figurentheater gibt das Internationale Theaterzentrum T-Werk zum Besten.

Schiffbauergasse 4e, Tel. 0331/719139, www.t-werk.de.

Urania-Planetarium: Unser Sonnensystem auf einer abenteuerlichen Reise von der Erde zu Merkur, Venus, Mars und Jupiter entdecken. Live-Vorführungen zu unterschiedlichen Terminen.

Gutenbergstr. 71/72, Tel. 0331/2702721, www.urania-planetarium.de.

Potsdamer Festkalender

Frühling

Potsdamer Flottenparade: Zum Saisonauftakt in der Regel Mitte April legt die Weiße Flotte mit ihren acht Schiffen vom Pier an der Langen Brücke zum traditionellen Schiffskorso ab. Begleitet wird das Spektakel von einem bunten Hafenfest mit Musik und Bühnenprogramm. Tel. 0331/2759210/-20/-30, www.schiffahrt-in-potsdam.de.

Werderaner Baumblütenfest: Neuntägige Feier von Obstblüte und Obstwein immer zur Obstbaumblüte Ende April/Anfang Mai in Werder. Auf dem Rummelplatz, in den Obstplantagen, in den Werderaner Altstadtgassen und zahlreichen blühenden Obstgärten, die die Einheimischen für ihre Gäste öffnen, tummeln sich zum Obstweingenuss über eine halbe Million Besucher. Tel. 03327/783374, www.baumbluete.de.

Studentisches Filmfestival Sehsüchte: 100 internationale Filme junger Nachwuchsfilmschaffender an fünf Tagen Ende April/Anfang Mai. Das von der Hochschule für Film und Fernsehen ›Konrad Wolf‹ bereits im fünften Jahrzehnt veranstaltete Studentenfilmfestival ist mittlerweile das größte

In der Altstadt von Werder

Europas. Tel. 0331/6202780; http://2014.sehsuechte.de.

Potsdamer Tanztage: Zwölftägiges internationales Festival für Tanz und Performance im Mai/Anfang Juni mit hochkarätigen Tanzkompanien aus der ganzen Welt, in der fabrik Potsdam am Kulturstandort Schiffbauergasse. Tel. 0331/2800314, www.fabrikpotsdam.de.

Sommer

Böhmisches Weberfest: Buntes Markttreiben an einem Wochenende im Juni auf dem Babelsberger Weberplatz. Köche, Fladenbäcker, Schankwirte sorgen für das leibliche Wohl, Weber, Spinner, Töpfer, Schmiede führen ihre traditionellen Handwerkskünste vor, Gaukler, Zauberer, Puppenspieler geben sich auf dem beliebten Familienfest ein Stelldichein. www.epm-markt.de.

Musikfestspiele Potsdam Sanssouci: Mitte bis Ende Juni bringen herausragende Künstler aus aller Welt Potsdams Schlösser und Gärten mit Konzerten und Opernaufführungen zum Klingen; drinnen in den prachtvollsten Schlosssälen, so im Konzertsaal im Marmorpalais oder im Raffaelsaal in der Orangerie Sanssouci, und draußen in den Parkanlagen mit Open-Air-Konzerten; außerdem in den schönsten Potsdamer Kirchen. Tel. 0331/2888828, www.musikfestspiele-potsdam.de.

Fête de la Musique: Internationaler Open-Air-Tag der Rock- und Popmusik, immer zum Sommeranfang am 21. Juni umsonst und draußen auf zahlreichen Bühnen in der Stadt. www.fete-potsdam.de.

Internationaler Orgelsommer: Namhafte internationale Organisten konzertieren einmal wöchentlich von Ende Juni bis Mitte September abwechselnd an der neobarocken Schuke-Orgel in der Erlöserkirche und an der romantisch-symphonischen Woehl-Orgel in der Friedenskirche in Sanssouci. Tel. 0331/901167, www.kulturfeste.de.

Potsdamer Erlebnisnacht: Großes Innenstadtfest an einem Tag im Juli in den Straßen

Übersichtsplan am Parkeingang Babelsberg

der historischen Altstadt, mit Kochshows, Modenschauen, Spiel und Sport, vielen kleinen Bühnen mit Jazz, Rock, Pop, Theater und Puppentheater, einer großen Bühne am Brandenburger Tor und Shopping bis Mitternacht. http://potsdamer-erlebnisnacht.de.

Potsdamer Feuerwerkersinfonie: An zwei Abenden Ende Juli/Anfang August verwandeln Feuerwerkteams aus Deutschland und der ganzen Welt den Himmel über dem Potsdamer Volkspark in ein spektakuläres buntes Lichtermeer. Tel. 0331/6206777, www.feuerwerkersinfonie.de.

Potsdamer Schlössernacht: Ein festlicher Höhepunkt im Potsdamer Veranstaltungskalender. An einem Abend Mitte August lädt der prachtvoll illuminierte Park Sanssouci zum Lustwandeln ein, vorbei an Orchestern, Chören, Solisten, Tänzern, Kleinkünstlern, die an Aufführungsorten wie dem Ehrenhof von Schloss Sanssouci, dem Mopke vor dem Neuen Palais, am Maschinenteich oder einfach um die nächste Hecke herum mit zahlreichen Darbietungen überraschen. Es wird Kulinarisches geboten, Sonderführungen durch die Schlösser zur nächtlichen Stunde und zum krönenden Abschluss das traditionelle Musikfeuerwerk vor dem Neuen Palais. Bereits am Vorabend sorgt ein großes klassisches Konzert im Park für einen rauschenden Auftakt. Die Schlössernacht erfreut sich großer Beliebtheit, die Kartenzahl ist zum Schutz der Anlagen auf 33000 Besucher begrenzt. Deshalb unbedingt rechtzeitig buchen! Tel. 01806/570000, http://kultur-in-potsdam.de oder www.schloessernacht-2010.de.

Tag des offenen Denkmals: Jeden zweiten Sonntag im September öffnen bundesweit zahlreiche Denkmäler, historische Bauten und Stätten, die sonst nicht oder nur teilweise zugänglich sind; so auch in Potsdam. www.potsdam.de.

Töpfermarkt: Fast 100 Töpfer, Keramiker und andere Kunsthandwerker aus allen Regionen Deutschlands bieten an einem Wochenende im September im Holländischen Viertel ihre vorwiegend handgefertigten Waren feil, begleitet von einem bunten Rahmenprogramm. www.potsdam.de.

Potsdamer Jazztage: Drei Tage Jazz in historischen Gebäuden und weiteren interessanten Orten, alljährlich an einem Septemberwochenende. www.potsdamer-dreiklang.de

Herbst und Winter

Internationales Drachenfest: An einem Wochenende im späten September wetteifern im Volkspark zahlreiche Drachen in allen Formen und Farben um die Publikumsgunst, begleitet von Theater, Clownerie, Drachenmarkt und Livemusik. Tel. 0331/6206777, www.volkspark-potsdam.de.

Sanssouci im Lichterglanz: Festliche Abendveranstaltung im Oktober, die Schlösser im illuminierten Park Sanssouci werden geöffnet, dazu Musik, Tanz und szenische Darbietungen. Tel. 0331/9694200, www.spsg.de.

Unidram – Internationales Theaterfestival Potsdam: Treff experimenteller Off-Theater Mittel- und Osteuropas an der Schnittstelle zwischen Schauspiel, Tanz, bildender Kunst und Performance an fünf Tagen Ende Oktober/Anfang November. Tel. 0331/719139, www.t-werk.de und www.unidram.de.

Potsdamer Weihnachtsmarkt ›Blauer Lichterglanz‹: Weihnachtliche Melodien, Tannendekoration und ein stimmungsvolles Lichtermeer laden jedes Jahr von Ende November bis Ende Dezember zum Bummel in die Brandenburger Straße ein. www.potsdam.de.

Böhmischer Weihnachtsmarkt: Romantischer Weihnachtsmarkt am ersten Adventswochenende auf dem Weberplatz in Babelsberg mit böhmischer Handwerkskunst, historischen Klängen und allerlei weihnachtlichen Köstlichkeiten: www.potsdam-babelsberg.de.

Romantischer Weihnachtsmarkt Krongut Bornstedt: Kunsthandwerkliches wie Keramik, Glaserzeugnisse, Schmuck, Metall- und Holzarbeiten bis hin zur Weihnachtsdekorationen aus dem Erzgebirge, dazu ein Bühnenprogramm mit Chören, Bläsergruppen und weihnachtlicher Livemusik von Ende Ende November bis Ende Dezember vor der klassizistischen Kulisse des Kronguts Bornstedt. Tel. 0331/550650, www.krongut-bornstedt.de.

Weihnachtsmarkt am Brandenburger Tor

Kultur, Veranstaltungen, Ausgehen

Obwohl die brandenburgische Landeshauptstadt mit ihren 160 000 Einwohnern noch nicht einmal zu den deutschen Großstädten zählt, kann sich ihr Abend- und Veranstaltungsangebot durchaus sehen lassen. Ob Theater, Kabarett und Konzerte oder Kneipen, Bars und Tanzclubs, es ist für jeden Geschmack etwas dabei.

Tanz, Theater und Konzerte

fabrik Potsdam, Schiffbauergasse 10, Karten-Tel. 0331/240923, www.fabrikpotsdam.de. Das weithin beachtete Theater für zeitgenössischen Tanz präsentiert Gastspiele und eigene Produktionen sowie die jährlichen internationalen ›Potsdamer Tanztage‹.

Hans-Otto-Theater, Schiffbauergasse 11, Theaterkasse Tel. 0331/98118, www.hansottotheater.de. Dramatisches von der Antike über die klassische Moderne bis hin zum Zeitgenössischen, außerdem Gastspiele und Musikalisches in der 2006 eingeweihten, spektakulären neuen Spielstätte am Tiefen See sowie in der Nachbarschaft auf der kleineren Bühne in der historischen Reithalle.

Kabarett Obelisk, Charlottenstr. 31, Tel. 0331/291069, www.kabarett-potsdam.de. Bereits seit 1978 begeistert die Truppe getreu der Parole: ›Obelisk – das einzig Witzige an Preußen!‹

Nikolaisaal, Wilhelm-Staab-Str. 10/11, Tel. 0331/2888828, www.nikolaisaal.de. Im 18. Jahrhundert von Georg Christian Unger barock errichtet, im Zweiten Weltkrieg zerbombt, dann Provisorium für die Gemeinde der zerstörten Nikolaikirche und anschließend Sendesaal für Konzerte, nach der Wiedervereinigung restauriert, technisch modernisiert und im Jahr 2000 feierlich wieder eingeweiht, ist der Nikolaisaal die wichtigste Veranstaltungsbühne in Potsdam. Das Programm umfasst Sinfonie-Konzerte, Kammermusik, Operetten, Musicals, Liederabende, Lesungen, Jazz, Rock- und Pop-Konzerte, Kino und vieles mehr.

Schlosstheater im Neuen Palais im Park Sanssouci, Info-Tel. 0331/9694200, www.spsg.de. Allein der prunkvolle, über zwei Geschosse reichende Saal im Stil des friderizianischen Rokoko ist einen Theaterbesuch wert. Wegen Sanierungsarbeiten leider bis 2017 geschlossen.

Theaterschiff, Schiffbauergasse 9b, Tel. 0331/2800100, www.theaterschiff-potsdam.de. Theater von klassisch bis spritzig, außerdem Lesungen und Revuen im Bauch des ehemaligen Lastschiffs ›Sturmvogel‹, Baujahr 1924, am Kai des Kulturstandorts Schiffbauergasse. Die Schiffsbar serviert passend zum Programm edle Tropfen.

T-Werk, Schiffbauergasse 4e, Tel. 0331/719139, www.t-werk.de. Schauspiel, Kindertheater, Musik- und Puppentheater, Gastspiele, Konzerte, Lesungen und Workshops für Jung und Alt am Kulturstandort Schiffbauergasse.

Kneipen, Bars, Clubs

Bar Gelb, Charlottenstr. 29, Tel. 0331/88715575, www.bargelb.com, tgl. ab 18 Uhr. Sonnengelb gestrichene Wände und draußen im Hof Bierbänke, dazu gut 100 Cocktails und Spirituosen sind das Erfolgsrezept der Institution unter den Potsdamer Bars.

Café Rothenburg, Gutenbergstr. 33, Tel: 0331/2805353, www.cafe-rothenburg.de, tgl. ab 11 Uhr. Café, Biergarten, Restaurant und abends gemütliche Kneipe, von September bis Mai immer freitags Livemusik.

Club Laguna, Friedrich-Ebert-Str. 34, Tel. 0331/20056500, www.clublaguna-potsdam.de, Mo–Do ab 19, Fr/Sa ab 20 Uhr. Loungiger Barbetrieb mit kleiner Tanzfläche, ein wenig im Keller versteckt, für Junge und Junggebliebene.

Gleis 6, Karl-Liebknecht-Str. 4 (am S-Bahnhof Babelsberg), Tel. 0331/7482430, www.gleis-6.de. Hier trifft sich Babelsberg zum gemütlichen Kneipesitzen, Fussball-Bundesliga- und Champions League-Gucken und Quatschen. Dazu gibt es verschiedene Fassbiere und frisch zubereitete Salate, Baguettes, Aufläufe, Gratins, außerdem Schnitzel, Burger und Steak.

Gutenberg 100, Kurfürstenstr. 52, Tel. 0331/2011999 , www.gutenberg100.de, Do–So ab 20 Uhr. Eine Top-Adresse für Livemusik. Im Backsteingewölbe nahe dem Nauener Tor wird immer Donnerstags und Sonntags Karaoke veranstaltet, Freitag und Samstag steht Rock, Pop, Blues live auf dem Programm.

Hafthorn, Friedrich-Ebert-Str. 90, Tel. 0331/2800820, www.hafthorn.de, tgl. ab 18 Uhr. Szenekneipe mit schönem Biergarten im Innenhof, auf der Karte stehen neben einer großen Auswahl von Bieren preisgünstige kleine Gerichte, dazu gelegentlich Livemusik.

Hohle Birne, Mittelstr. 19, Tel. 0331/2800715, www.hohle-birne.de, tgl. ab 12 Uhr. Der Name des ruhigen Bier- und Wein-Etablissements im Holländischen Viertel stammt von dem hohlen Birnbaum im lauschigen Biergarten des historischen Holländerhauses her. 40 Biersorten gibt es, die Weinkarte kann sich ebenfalls sehen lassen und an Speisen stehen herzhafte Gerichte der deutschen Küche an.

Leander, Benkertstr. 1, Tel. 0331/5838408, http://leanderpotsdam.de, Mo–Fr ab 15, Sa/So ab 11 Uhr. La Leander im Holländischen Viertel ist eine queere Institution in der Residenzstadt der schwulen preußischen Könige. Es gibt eine kleine Speisen- und eine große Getränkekarte.

UnscheinBar, Friedrich-Ebert-Str. 118, Tel. 0331/2700642, Mo–Fr ab 18, Sa/So 16 Uhr. Beliebte Cocktailbar, später am Abend sehr voll. Es wird geraucht.

Waschbar, Geschwister-Scholl-Str. 82, Tel. 0331/9678716, www.waschbar-pdm.de, täglich ab 10 Uhr. Kaffee, Bier, Wein, Spirituosen, Frühstück, Salate, Baguettes, Burger, Nachos, dazu kostenloses WLAN, Ausstellungen, Kino und kleine Konzerte. Seine Wäsche waschen kann man in dem urigen Waschsalon mit Restaurantbetrieb natürlich auch.

Waschhaus, Schiffbauergasse 6, Tel. 0331/27156, www.waschhaus.de. Konzerte, Literaturnächte, Ausstellungen und weitere Veranstaltungen im historischen Waschhaus und nebenan in der ehemaligen ›Russenhalle‹.

Schwule und Lesben

Das Angebot in Potsdam ist recht überschaubar. Die einzige Bar, die offiziell die bunte Regenbogenflagge hisst, ist das ›Leander‹ im Holländischen Viertel. Weitere beliebte Ausgeh-Adressen sind die ›Bar Gelb‹ und die ›UnscheinBar‹ (→ Kneipen, Bars und Clubs), beide ebenfalls in der historischen Innenstadt. Fünf Spazierminuten vom ›Leander‹ entfernt unterhält der Verein AndersARTiG in der Gutenbergstraße das LesBiSchwule Infocafé ›come in‹. Seit den 1990er Jahren findet alljährlich in Potsdam ein Christopher Street Day statt, seit 2006 allerdings nicht mehr um den Gedenktag am 28. Juni herum, als 1969 in der New Yorker Christopher Street der Aufstand der Homosexuellen gegen die Polizeiwillkür begann, sondern bereits im April jeden Jahres. Ebenfalls untypisch wird der Potsdamer CSD ohne bunte Parade gefeiert, als knapp zweiwöchiges Straßenfest an von Jahr zu Jahr wechselnden Orten im Stadtgebiet.

come in, Gutenbergstraße 63, tgl. 14–20 Uhr.

Kunstautomat in der Berliner Vorstadt

Literaturtipps

Hans Bentzien, Unterm roten und schwarzen Adler. Geschichte Brandenburg-Preußens für jedermann, Berlin: Volk und Welt 1992. Eine Chronik vom 10. Jahrhundert bis zur Gründung der DDR.

Peter-Michael Hahn, Geschichte Potsdams von den Anfängen bis zur Gegenwart. München: C.H.Beck 2003. Die 1000-jährige Historie der Havelstadt, ebenso anschaulich wie fundiert aus der Feder des Professors für Geschichte an der Universität Potsdam.

Dirk Laubner, Potsdam aus der Luft fotografiert. Berlin: Nicolai 2002. Wer selbst keinen Hubschrauber oder Zeppelin hat, den tröstet der Bildband mit seinen einzigartigen Fotografien der brandenburgischen Landeshauptstadt aus der Vogelperspektive sicher darüber hinweg.

Markus Meyer, Potsdam – früher und heute. Köln: Komet 2009. Faszinierende Bilderpaare, manchmal im Abstand von Jahrzehnten aufgenommen, veranschaulichen eindrucksvoll den Wandel Potsdams von der Preußenresidenz über die Zerstörung im Zweiten Weltkrieg und den Wiederaufbau bis heute.

Heinz Ohff, Preußens Könige. München: Piper 2009. Mit hübschen Anekdoten gewürzte, populäre Geschichte Preußens, anhand der Biografien seiner neun Könige bzw. Kaiser von Friedrich I. bis Wilhelm II. erzählt. Wissenschaftlich nicht immer hundertprozentig korrekt, aber vergnüglich zu lesen.

Antje Rávic Stuvel, Gebrauchsanweisung für Potsdam und Brandenburg. München: Piper 2012. Klischees, nackte Wahrheiten, Insiderwissen über Potsdam und die knurrigen Brandenburger, mit einem Augenzwinkern von der Potsdamer Schriftstellerin Antje Rávic Strubel aus dem Nähkästchen geplaudert.

Thomas Wernicke, Potsdam-Lexikon. Berlin: Verlag für Berlin-Brandenburg 2010. Potsdam für Fortgeschrittene: 52 Autoren aus den Bereichen regionale Geschichtsarbeit und archäologische Forschung, aus den Potsdamer bzw. Brandenburger Museen und Archiven sowie der Potsdamer Universität haben unter rund 700 Stichworten alles Wissenswerte zur Havelmetropole zusammengetragen.

Das Jägertor Ecke Jägerallee und Hegelallee

Über die Autorin

Kristine Jaath

Kristine Jaath, 1962 in Würzburg geboren, zog 1981 in den damals noch eingemauerten Westteil Berlins und lebt seitdem bis auf einen Studienaufenthalt in Rom ununterbrochen am grünen Strand der Spree. Sie studierte Germanistik, Religionswissenschaften und Italienisch in Rom und Berlin, arbeitete anschließend sechs Jahre beim öffentlich-rechtlichen Radiosender RIAS Berlin (seit 1990 DeutschlandRadio) und widmet sich seit Mitte der 1990er Jahre ausschließlich der Reiseschriftstellerei. Sie veröffentlichte zahlreiche Texte und Bildbände sowie Reiseführer über Deutschland, Italien und Polen. Im Trescher Verlag sind von ihr der Titel ›Baden in und um Berlin‹ und der Reiseführer ›Brandenburg‹ erschienen.

Register

M

N

O

P

Q

R

S

Bildnachweis

Alle Fotos Kristine Jaath, außer:
Biosphäre Potsdam/Merkau: 222
Bernd Chill: 10u., 12, 81o., 81u., 113, 121, 134, 136, 138, 144, 160, 225, 228
Sabine Fach: 49, 56, 94, 112, 117, 127, 196, 197
elxeneize/shutterstock.com: 8, 210
Filmpark Babelsberg/Mathwig: 11, 223
JuHer/Fotolia.com: 163
JanHetman/shutterstock.com: 192, 198
Bernd Kröger/Fotolia.com: 202
LianeM/Fotolia.com: 226
Pecold/shutterstock.com: 213
rotschwarzdesign/Fotolia.com: 43
Stiftung Preußische Schlösser und Gärten Berlin-Brandenburg/Kristine Jaath: vordere Umschlagklappe, 5m., 23, 24, 36, 78, 79, 83, 84, 85, 92, 93, 107, 138.
SP-Photo/shutterstock.com: 214
Andrey Starostin/shutterstock.com: 14/15
Katja Xenikis/Fotolia.com: 229
3plusX/shutterstock.com: 35, 203

Kartenlegende

Bahnhof
Brunnen
Café
Campingplatz
Hotel
Kirche
Krankenhaus
Museum
Parken
Post
Restaurant
Strand
Theater
Tor
Touristeninformation
Turm
Sehenswürdigkeit
Zeltplatz

Autobahn
Schnellstraße
Hauptstraße
sonstige Straßen
E 65 Europastraße
A 65 Autobahn
243 Bundesstraße
Eisenbahn
S S-Bahn

Kartenregister